KÖNNEN TIERE DENKEN?

ALBERT SCHWEITZER

ZUGEEIGNET, DEM MENSCHEN,

DER DIE TIERE ALS BRÜDER LIEBTE

Henny Jutzler-Kindermann

KÖNNEN TIERE DENKEN?

Ein Buch vom Verstand und Wesen der Tiere

Herausgegeben von Matthias Dräger

Mit einem Nachwort von Dr. Johannes Abresch

REICHL VERLAG
DER LEUCHTER
ST. GOAR

Reihe „Tierseele", Band I

Umschlagbild: Der Mannheimer Hund Rolf
Photo, koloriert von Christian Wiegandt, Bornheim

CIP-Einheitsaufnahme der Deutschen Bibliothek:

Jutzler-Kindermann, Henny:
Können Tiere denken? : ein Buch vom Verstand und Wesen der Tiere / Henny Jutzler-Kindermann.
Hrsg. von Matthias Dräger. Mit einem Nachwort von Johannes Abresch.- 1. Aufl., 1.-2. Tsd. -
St. Goar : Reichl Verl., 1996
(Tierseele, Band I)
ISBN 3-87667-219-8
NE: GT

ISO 9706

1. Auflage 1996, 1. – 2. Tsd.

Lektorat: Sylvia Luetjohann
Schrift: Linotype Stempel Garamond. Satz: Reichl Verlag
Druck, Bindung: Verlagsdruckerei Otto W. Zluhan, 74321 Bietigheim
Hergestellt auf säurefreiem, alterungsbeständigen Papier

ISBN 3-87667-219-8

Inhalt

Vorwort

Verschiedene Quellen berichten uns von Franz von Assisi, er habe mit den Tieren gesprochen. So auch mit dem Wolf von Gubbio, der die Kinder der Stadt überfiel. Franz von Assisi suchte den Wolf in der Wildnis auf und gab ihm weise Ermahnungen. Dann führte er ihn in die Stadt und bat die Bürger, ihn zu füttern – er wurde der Liebling der ganzen Stadt. Eine Legende? Jedenfalls wurde bei Grabungen in der zwei Jahre nach Franz von Assisis Tod errichteten Basilika St. Francesco in Gubbio das Skelett eines Wolfes zutage gefördert, den man offensichtlich dort beigesetzt hatte . . .

Mit dem unterrichteten Pferd „Kluger Hans“ des Lehrers Wilhelm von Osten und seiner Nachfolger sind wir zu Anfang dieses Jahrhunderts in eine neue Epoche der Verständigungsmöglichkeit zwischen Mensch und Tier eingetreten: Erstmals wurde es möglich, Tiere zu lehren, sich in uns gebräuchlichen Begriffen zu äußern.

Wenn auch die hieraus resultierenden öffentlichen Vorführungen des rechnenden und buchstabierenden Pferdes „Kluger Hans“ seinerzeit weltweites Aufsehen erregten, so sorgten doch ein negatives wissenschaftliches Gutachten und nicht zuletzt auch die Ereignisse des I. Weltkrieges dafür, daß diese Entdeckung schon bald aus dem Blickfeld des allgemeinen und des akademischen Interesses wieder verschwand. Geblieben waren eine handvoll Idealisten, nach Wilhelm von Osten vor allem Karl Krall (Pferde Hans, Muhamed und Zarif), Paula Moekel (der berühmte Mannheimer Hund Rolf), Henny

Jutzler-Kindermann (Hündin Lola) und Prof. Heinrich Ernst Ziegler (Hund Awa), die die Sache aber mit desto größerem Einsatz weiterbrachten.

Durch entsprechende Erfolge ermutigt, wurden in den zwanziger und dreißiger Jahren eine ganze Reihe von unterrichteten Hunden bekannt. Die Aufzeichnungen ihrer mit Pfotenschlag geklopften oder zahlgebellten Äußerungen wurden in den verschiedensten Zeitschriften veröffentlicht, vor allem in den „Mitteilungen der Gesellschaft für Tierpsychologie", die sich praktisch ausschließlich diesem Thema widmeten.

Henny Jutzler-Kindermann, die letzte Überlebende der ersten Generation der Tiersprachlehrer, ordnete das verstreute und zum Teil nur noch schwer zugängliche Material und gab diese Sammlung 1953 im Selbstverlag heraus.

Die vorliegende Ausgabe ist eine völlige Neubearbeitung, mit folgenden Veränderungen: Die sehr kleine Schrifttype wurde durch eine größere Schrift ersetzt, Abbildungen in den Text eingefügt und einige neue Fußnoten gesetzt. Auf eine ganze Reihe von Beispielen weiterer unterrichteter Hunde konnte verzichtet werden, da diese sich weitgehend mit den Schilderungen früherer Berichte decken. Bedeutende Äußerungen weiterer unterrichteter Tiere aus der Zeit von 1953 bis heute sind nicht bekannt, so daß es hier leider noch nichts zu ergänzen gab.

Eine besondere Bereicherung erfährt die jetztige Neuherausgabe durch ein Nachwort, ein Literaturverzeichnis und biographische Anmerkungen zu den im Text genannten Wissenschaftlern von Dr. Johannes Abresch, dem ich an dieser Stelle herzlich danke, und einen Brief an Henny Jutzler-Kindermann von Dr. Albert Schweitzer.

St. Goar, im Januar 1996 *Matthias Dräger*

Liebe Frau Jutzler-Kindermann!

Seit 1954 ist meine Korrespondenz so groß, daß ich sie nicht erledigen kann, auch nicht mit Hilfe der Pflegerinnen, die mir dabei zur Hand gehen wollen. Sie ist ein Chaos geworden, in dem ich mich nicht mehr zurechtfinde oder gegen das ich nichts vermag. Und ich muß immer die geschäftlichen Korrespondenzen in Sachen meines Spitals oder in anderen Angelegenheiten vorgehen lassen.

Wenn Sie meine Lage verstehen, verzeihen Sie mir die verspätete Antwort. Wie viel habe ich schon in Ihrem Buche gelesen oder wiedergelesen! Warum sind Sie nicht, als es mit dem Verleger, den Sie hatten, doch nichts wurde, nicht zu dem gegangen, den ich Ihnen gewonnen hätte? Die Gefahr ist, daß ein im Selbstverlag erschienenes Buch nicht den Absatz findet, der ihm gehört.

Nun die Widmung. Sie hätten mir keine größere Freude machen können, als mir das herrliche Buch zu widmen. Ich danke Ihnen von Herzen dafür. Aber schön haben sie alle diese denkenden Tiere vorgeführt. – Durch Frau Meisel erfahre ich, daß Sie krank sind. Ich hoffe, daß es Ihnen besser geht. Nun lassen Sie mich aber wissen, wie es mit dem Buch geht. Das ist meine große Sorge. Weil mir das Buch gewidmet ist, habe ich e bissle Recht 's zu wisse'!

Mit lieben Gedanken an Sie und Frau Meisel

Ihr ergebener

Lambarene, 4. April 1954 *Albert Schweitzer*

Einführung

Wer dieses Buch – vom Titel angerührt – in die Hand nehmen wird, den möchte ich bitten, nach dem Lesen ein wenig innezuhalten, ehe er es gleichgültig weglegt oder ablehnend beiseite stellt.

Es ist keine Sache, um die es hier geht – Leben ist es, das dem Schutz des Menschen anvertraut ist. Zu ernst gemeint ist, was dieses Buch nahebringen möchte, als daß Gleichgültigkeit oder Unkenntnis von der Verantwortung eines jeden Menschen gegenüber dem Tier befreien könnte, zu der es aufrufen will. Ebensowenig dürften ungeprüfte Vorurteile verhindern, offen für das Dargebotene zu sein. Um Neues zu erkennen und in sich aufzunehmen, muß man sich mit viel Liebe und Geduld einfühlen können.

Der Wille, verständlich und ehrlich vorgetragenem Neuen blind zu widerstreben, ist allerdings viel elementarer verbreitet, als man voraussetzt in einer Zeit, die uns so viel Neues bringt.

Können Tiere denken? – Ja!

„So etwas gibt es nicht!"
„Davon will ich nichts hören!"
„Das ist doch ein altes Märchen!"

So lauteten oft Antworten auf diese Frage, mit denen gar nichts bewiesen ist. Dieses Buch möchte eine andere Antwort geben mit der Überzeugungskraft nicht wegzuleugnender Beweise.

Möge es diesem Buch gelingen, Brücken zu bauen von Mensch zu Mensch und – Brücken zur Kreatur. Das bedeutet, im Tier das Mitgeschöpf zu sehen, einbezogen in unser Leben. Jetzt ist die Zeit angebrochen für „eine Neuordnung der menschlichen Einstellung zum Tier", seiner „Einordnung in das Lebensbild". Man spürt, daß hier eine Revision nötig ist.

Seit der Jahrhundertwende hat sich unsere Kenntnis der Tierwelt vielseitig erweitert. Viele Forscher haben von den verschiedensten Standpunkten aus und durch die unterschiedlichsten Methoden Licht in die uns so schwer zugänglichen Lebens- und Seelenvorgänge der Tiere geworfen, so daß wir heute weit mehr davon wissen als zuvor.

Eine besondere Forschungsmethode meldet jetzt mit diesem Buch erneut ihr Recht im Bereiche dieser Bemühungen an. Einmal schon vor Jahrzehnten blitzartig geachtet – dann bekämpft, verlästert, entstellt, verspottet und endlich totgeschwiegen –, ist sie dennoch nicht vergessen. Sie ruhte nur und reifte ihrer Zeit entgegen.

Ich weiß aber, daß ich heute wieder dankbare Leser finden werde, denen dieses neue Wissen eine Erweiterung ihrer Lebensschau bedeutet. Ich weiß auch, daß ich Leser finden werde, die bereit sind, geistig zu folgen. Was in Erzählungen und Zeitungsnotizen von Tieren berichtet wird, die vernünftig und klug handelten, und was sie selbst mit Tieren erleben, werden sie als Bestätigung eingliedern in unser Thema:

Tiere können denken!

*Das vorliegende Material habe ich gewissenhaft gesammelt. Mich leitete dabei die Verantwortung, Erkenntnisse, deren Bedeutung noch nicht abzusehen sind, der Vergessenheit zu entreißen. Die Tierlehrer und ihre Freunde – die verstorbenen wie die lebenden – haben mir stets bereitwillig ihre Aufzeichnungen zur Verbreitung überlassen. 1941 habe ich besonders noch durch ein Rundschreiben die mir erreichbaren Tierlehrer und Freunde unserer Sache um Beiträge für dieses Buch gebeten – eine Bitte, welche alsbald erfüllt wurde.**

Großen Dank muß ich an dieser Stelle allen Mitarbeitern aussprechen für die Selbstlosigkeit und Selbstverständlichkeit ihres Einsatzes, der es mir möglich macht, den ersten vollständigen Überblick über die Arbeiten der Tierlehrer von 1904 bis 1953 in positivem Sinne zu geben. Dies ist um so wichtiger, als alle bisherigen Bücher, Broschüren und Artikel über das Thema vergriffen sind. Das Buch ist für die Weiterarbeit genau so wesentlich, wie für die Bekanntgabe der Tatsachen überhaupt. Es soll die tragfähige Grundlage bilden für neue Forschungsarbeiten. Dazu soll es Mut machen: Einen Mut, der leichter zu gewinnen ist, weil die erste Pionierarbeit bereits hinter uns liegt!

*Das Material wurde in so großer Fülle ausgearbeitet,*** *um die Basis möglichst breit zu geben und allerlei Arten des Unterrichts zu bringen. Auch soll die große Anzahl der Fälle überzeugen, daß es sich hier nicht nur um Wunder oder Einzelleistungen handelt, sondern um eine allgemein mögliche Erscheinung. Es ergeben sich dadurch Wiederholungen; jedoch sind sie aufgewogen durch die Lebendigkeit und Erlebnisfrische der einzelnen Darstellungen. – Das dargebotene Material wurde nach bestem Wissen wahrheitsgetreu wiedergegeben.*

Schopfheim, im Dezember 1954

Henny Jutzler-Kindermann
Diplomlandwirtin

* Nach Kriegsende versuchte Henny Jutzler nochmals, die alten Kontakte wiederherzustellen und eine Verbindungs- und Auswertungsmöglichkeit für alle weiteren Arbeiten zu schaffen. Die Idee wurde nach ihrem Tod – Henny Jutzler starb 1979 – leider nicht fortgeführt.

** Die vorliegende Neuherausgabe verwertet mehr als die Hälfte dieses Materials; weitere Fälle, auch aus anderen Quellen, sollen in einem späteren Band veröffentlicht werden.

Auch der Tierpsychologe muß geboren sein. Die Beobachtungskunst kann man nicht machen. Wie will man richtig auslegen, wenn man ein falsches Prinzip hat? Wer die Tierseele fragen will, muß sie fragen können, dann antwortet sie ihm auch.

Peter Scheitlin
(„Versuch einer vollst. Tierseelenkunde", 1840)

I. Zur geschichtlichen Entwicklung der Verständigungsmethode von Tieren

Außer unsicheren Berichten über ein Pferd, das zur Zeit Shakespeares als ein „rechnendes" vorgeführt worden sein soll und von dem Dichter auch erwähnt wird, ist uns aus älteren Zeiten nichts Derartiges bekannt. Wir wissen auch nicht, ob es sich hier um einen ernsthaften Versuch handelte – also um ein Wissen, das wieder verlorenging –, oder ob es eine, auch heute noch gezeigte Dressurleistung war.

Mit Wilhelm v. Ostens Entdeckung (1890) einer Verständigungsmethode zwischen Mensch und Tier durch eine Zeichensprache beginnt eine neue Ära menschlichen Wissens, menschlicher Erkenntnis und Weltschau. Es kristallisiert sich seither immer klarer heraus, daß die Tiere Verstand besitzen, daß die höheren Tiere selbständig denken können und sogar, daß die um den Menschen herum lebenden Tiere sich in menschlichen Worten mit diesem zu verständigen vermögen!

Es bewahrheitet sich dadurch die vorausahnende Schau weitblickender Menschen über seelische und geistige Fähigkeiten der Tiere und entsprechender Berichte, angefangen mit der Bibel (Altes wie Neues Testament), Schilderungen Plutarchs,

Gedanken von Franz von Assisi, Luther, Friedrich dem Großen, Schopenhauer und anderen bis auf die heutige Zeit.

1904 erfolgt die erste öffentliche Einladung v. Ostens, den Vorführungen seines Hengstes Hans, der rechnen und buchstabieren könne, beizuwohnen. Bekannte Persönlichkeiten, Wissenschaftler, Männer und Frauen, folgen dieser Einladung. Die meisten können sich vom Wahrheitsgehalt des Vorgezeigten überzeugen. Starke öffentliche Anteilnahme folgt, bis eine wissenschaftliche Prüfungskommission (die zweite) die Ursache und Erklärung der nicht wegzuleugnenden Tatsachen in feinen sogenannten „unwissentlichen Zeichen" zu finden glaubte. Damit wurde den Tieren Verstand und selbständiges Denken abgesprochen. Diese, die „Pfungstsche Zeichenhypothese", wirkt sich bis in unsere Tage aus, meist ohne nähere Prüfung ihrer Berechtigung überhaupt.

Die Arbeiten v. Ostens führt Karl Krall weiter, und zwar auf einer breiteren Basis. In jahrelangen Versuchen, die an Exaktheit, Gewissenhaftigkeit und Vielseitigkeit von keiner Seite bisher übertroffen worden sind – auch nicht in der Riesensumme materiellen und geistigen Einsatzes –, wird das ganze Problem von allen Seiten gefestigt und geklärt. So großartig ist diese Leistung, daß sie als einwandfreies Fundament für alle späteren Arbeiten gelten kann.

Der Versuchsstall in Elberfeld (1910) stand unentgeltlich, ebenso wie früher v. Ostens Stall in Berlin, allen Interessenten offen. Zahlreiche bedeutende Gelehrte traten mit ihren wissenschaftlichen Namen für die ihnen in Elberfeld gezeigten Kenntnisse und ihre dort gewonnene Überzeugung ein. Später (1927) forderte Karl Krall ebenfalls zur Mitarbeit an dem von ihm gegründeten „Institut für Tierseelenkunde und Parapsychiche Forschung" in Harlaching bei München auf. Er veröffentlichte außer den verschiedensten Abhandlungen über seine Arbeiten 1912 die Monographie „Denkende Tiere".

Natürlich stieß Karl Krall auf heftige Gegnerschaft. Soweit diese sachlich und korrekt blieb, war sie seiner Forschung, d.h. Genauigkeit und Vielfalt der hierdurch angeregten Nachprüfungen von großem Nutzen. Wo diese Gegnerschaft aber in wilde Beschimpfungen und zum Teil ins Alberne oder Groteske gesteigerte Äußerungen ausartete, war sie eine traurige Abwandlung des neuen Entdeckungen häufig beschiedenen Schicksals.

Angeregt durch diese Veröffentlichungen, erleben wir noch weitere Unterrichtsversuche an Pferden, so zum Beispiel in Montevideo durch Max Albert Hirzel und in Italien.

Von 1913 bis 1919 finden wir dann in dem Hund Rolf, dem sogenannten „Mannheimer Hund", die Resultate des Pferdeunterrichts bestätigt. Dieser Hund hat zu seiner Entdeckung das wesentlichste selbst beigetragen (siehe den Bericht seiner Herrin, Paula Moekel, und die Aufzeichnungen seiner eigenen Erinnerungen). Eine bisher verborgene Wahrheit drängte nun an verschiedenen Stellen ans Licht. Rolf gehört in seiner Art zu den sprechenden Hunden, welche ihre natürliche Eigenart weitgehend bewahrt haben, soweit das ein Hund im Zusammenleben mit Menschen überhaupt kann. Er war außerdem in seiner Wesensart hervorragend begabt.

Paula Moekel veröffentlichte zwei Bücher: „Mein Hund Rolf" und „Erinnerungen und Briefe meines Hundes Rolf".

Über Rolf wurden viele Abhandlungen geschrieben, sowohl von Gelehrten als auch von Laien. Er hatte einen großen Besucherkreis und wurde – wie alle anderen unterrichteten Hunde – ebenfalls unentgeltlich vorgeführt.

Der nächste unterrichtete Hund war Lola, über den ein Buch gleichen Namens geschrieben wurde: „Lola. Ein Beitrag zum Denken und Sprechen der Tiere" von Henny Kindermann, von dem 1921 sogar eine englische Ausgabe erschien. Lola war, wie auch ihre Geschwister Heinz, Harras, Roland und Ilse, dem Hund Rolf ähnlich, dessen Nachkommen sie waren. Sie ist das erste unterrichtete Tier, bei dem klarere Antworten – dem Schriftbild nach – erzielt wurden, weil sie „h" statt „ha", „l" statt „el" usw. lernte. Sie konnte deshalb eine Vereinfachung durch Benutzung des Mitlautes beim Klopfen der Zahlbuchstaben nicht anwenden, was ein einwandfreieres Sprachbild ergab.

Angeregt durch die Veröffentlichungen, wurden nun in rascher Folge verschiedene Hunde unterwiesen. Von unterrichteten Pferden hörte man nach dem Ersten Weltkrieg nichts mehr. Die hohen Kosten der Pferdehaltung und andere Schwierigkeiten waren wohl die Ursache dafür. Mit gutem Erfolg wurde auch eine Katze von Frau Moekel mit ihren Hunden zusammen unterrichtet. Sie blieb bisher aber die einzige, da Katzen weniger für einen Unterricht zugänglich sind als der dem Menschen ergebenere Hund.

Bei den Hunden, die nun auch zum Teil in einer neuversuchten Bellmethode unterrichtet wurden (Zahlbellen statt Zahlklopfen auf Hand oder Brett), fällt ein neuer Wesenszug auf: Es sind Tiere, die sich, ähnlich frühreifen Kindern, einer geistig betonten Umwelt in erstaunlichem Grade anpassen und dies in ihren Äußerungen bekunden. Hierzu gehört als auffallendster Vertreter der Teckel Kurwenal der Freiin Mathilde von Freytag-Loringhoven. Wir erleben hier, wie weit die Grenzen der Auffassungsgabe und der inneren Anteilnahme des Hundes an seiner Umgebung gesteckt sein können! Andererseits sehe ich in der Art des Hundes Rolf die größere und naturgemäßere Möglichkeit, diejenigen Dinge aus dem Tierleben zu erfahren, die wir nicht kennen, aber gerne kennen möchten. Fragen wie beispielsweise: Erkennt sich ein Tier im Spiegel? Wie findet sich ein Tier in ihm unbekannten Gegenden zurecht? Warum wird der Mond angebellt, warum bei Musik oft geheult? Wann und wie setzt das Sprachverständnis ein usw.?

Auch über die weiteren unterrichteten Hunde kamen nun Schriften heraus, wie zum Beispiel über Senta von Fehmarn, Ali,

Zou, Kurwenal. Über die bereits erwähnten Hunde und über Seppl, Remo, Bessy, Wolf u.a. wurden in Zeitungen, Zeitschriften Aufsätze veröffentlicht, besonders in den „Mitteilungen der Gesellschaft für Tierpsychologie", die von 1913 bis 1934 erschienen. Diese Gesellschaft wurde von Karl Krall und Prof. Heinrich Ernst Ziegler gegründet zur Erforschung und Verbreitung der neuen Methoden. Der Erste Weltkrieg schwächte diese im Aufblühen begriffene Arbeit so gründlich, daß sie aufgegeben wurde, als der letzte Leiter und Herausgeber der „Mitteilungen" 1934 starb. Es war der Verlagsbuchhändler Richard Jordan, Stuttgart, dessen Gedenken als unermüdlicher und selbstloser Helfer aller Tierlehrer lebendig bleiben sollte. Er sammelte ihre Erfahrungen, besuchte die einzelnen, knüpfte Fäden, griff energisch bei der Verteidigung Angegriffener ein und verlegte die Schriften zum Teil unter großen finanziellen Opfern.

Richard Jordan starb ziemlich verarmt, was leider den verschiedenen Tierlehrern unbekannt geblieben war, so daß die Hilfsbereitschaft zu spät kam. Seine zusammenfassende Arbeit ist bisher unersetzt geblieben.

Besonders bemerkenswert sind auch die Unterrichtsversuche in Frankreich durch Madame Carita Borderieux, Paris, und andere. Sie hat hauptsächlich die Telepathie, die beim denkenden Tier wie bei Menschen vorkommt und besonders geübt werden kann, zum Hauptinhalt ihrer Studien gemacht. Das Büchlein über ihren Hund „Zou" und Aufsätze in der von ihr geleiteten Zeitschrift „Psychica" machten die neuen Forschungen – auch die der anderen Tierlehrer – in Frankreich bekannt.

Freundliches Interesse und Vertrauen zu den Arbeiten sämtlicher Tierlehrer kam ferner aus der Schweiz, England, Amerika und Japan. Insbesondere hatte sich die Leitung der „Animal Defence" and „Anti-Vivisection Society" mit Sitz in London durch persönliche Besuche bei unterrichteten Hunden ein eigenes positives Urteil gebildet. Kurwenal wurde am meisten im Ausland bekannt und hatte über zweitausend Besucher.

Die Wissenschaft hält sich leider seit der Verurteilung durch die Pfungstsche Kommission bis auf wenige hervorragende Vertreter abseits, trotz der einwandfreien Widerlegung durch Versuche, die jegliche Zeichengebung ausschlossen (Scheuklappen oder Klausur), sowie durch die Ausbildung des blinden Pferdes Berto durch Karl Krall. Ferner ist ein Gegenbeweis gegeben in der Blindenhündin Freia und zuletzt durch eine neue Unterrichtsmethode, die Gino del Mar in Mailand bei seiner Hündin Bonnie anwandte. Das Tier legt Holzbuchstaben zusammen oder zeigt mit der Nase auf Buchstaben, die auf Tafeln aufgeschrieben am Boden liegen. In beiden Fällen braucht der Lehrmeister nicht in der Nähe zugegen zu sein.

Eine Unsumme von Arbeit wurde im Laufe der Jahre geleistet. Dadurch ist ein umfassender Überlick über alle Verschiedenheiten wie Übereinstimmungen des Problems geschaffen worden. In den Jahren 1933 bis 1945 wurden die Veröffentlichungen in Deutschland zunehmend eingeschränkt, so daß sie schließlich ganz unterbleiben mußten. Um der Gefahr zu begegnen, daß alles bisher Erkannte und Erreichte der Vergessenheit anheimfällt, wird dieses Buch veröffentlicht, denn alle genannten Bücher sind vergriffen und – wie alle Berichte und Aufsätze – nur noch verstreut in wenigen Einzelexemplaren vorhanden.

Wer heute auf diesem Gebiet weiter forschen will, kann sich kaum noch ein solches Material verschaffen, wie es für dieses Buch, zum Teil in Auszügen, zum Teil vollständig, in mühevoller Kleinarbeit zusammengestellt worden ist. Darum bildet die vorliegende Abhandlung die Grundlage für zukünftige Weiterarbeit.

Zur geschichtlichen Entwicklung der Verständigungsmethode

Kleine Anmerkung für den Leser: Wen die einfachen Erlebnisse mit den unterrichteten Hunden zuerst mehr ansprechen sollten als die wissenschaftlichen Berichte über Pferde, der möge getrost damit beginnen. Das Interesse für die Anfangsgeschichte des Tierunterrichtes wird von selbst kommen und den lebendigen Zusammenhang herstellen.

Es ist das Schicksal jeder Wahrheit,
vor ihrer Anerkennung
ein Gegenstand des Lächelns zu sein.

Albert Schweitzer

II. Wilhelm von Osten und sein „kluger Hans“

Wilhelm von Osten, der Begründer und Entdecker der Verständigungsmethode zwischen Mensch und Tier, wurde am 30. November 1838 als Sohn eines Rittergutsbesitzers in Schönsee bei Thorn geboren. Er wurde Lehrer und lebte von 1866 an in Berlin, wo er ein Haus in der Griebenowstraße erworben hatte, in dem er zwei bescheidene Zimmer des vierten Stocks bewohnte. Dort hauste er, menschenscheu und von der Welt zurückgezogen, und widmete sich seinen Neigungen, für die er als Rentner die nötige Muße hatte. Lesen wir, was Prof. Edouard Claparède (Genf) über ihn und sein Wirken berichtet:*

„Vor ungefähr zwanzig Jahren lebte in Berlin ein alter Sonderling, den die Zukunft vielleicht eines Tages als ein großes Genie betrachten wird – Wilhelm von Osten. Als Pferdebesitzer beobachtete er gern das Verhalten seines Tieres und glaubte bei ihm Züge wahrzunehmen, die von wirklicher Überlegung zeugten. So beschrieb das Tier beim Verlassen des Hofes von selbst einen Bogen, damit der Wagen nicht gegen die Torflügel stoßen konnte. ‚Dieses Verständnis‘ – sagte sich von Osten – ‚muß wie jede Fähigkeit durch Übung zu entwickeln sein.‘ – Und er begann, sein Pferd zu unterrichten. Das war im Jahre 1890. Das Tier verstand bald eine Menge Wörter, konnte bis fünf zählen, gelangte aber im allgemeinen nicht zu besonderen Leistungen. Es starb übrigens nach Verlauf einiger Jahre.

* „Tierseele. Zeitschrift für vergleichende Seelenkunde“, Heft 1/2, 1. Jahrgang. Herausgeber Karl Krall, Verlag Emil Eisele, Bonn 1913.

Karl Krall phot.

Wilhelm von Osten

Abb. 1.

Durch die ersten Erfolge ermutigt, kaufte von Osten bald einen neuen Hengst. Inzwischen hatte er sich mit psychologischen Büchern beschäftigt, und so wählte er, von der Richtigkeit der Gallschen Theorie durchdrungen, ein Tier mit möglichst hochgewölbter Stirn.

Im Jahre 1901 begann der Unterricht dieses Pferdes, das damals fünf Jahre alt war. Es hieß Hans und sollte bald das berühmteste aller Pferde werden.

Nachdem es mit verschiedenen, häufig vorkommenden Begriffen – wie rechts, links, oben, unten usw. – vertraut gemacht worden war, begannen die Rechenstunden als Anschauungsunterricht. Hans wurde vor einen Tisch geführt, auf dem man einen, dann zwei, dann mehrere kleine Kegel aufstellte. Von Osten sprach, neben Hans kniend, die entsprechenden Zahlen aus, indem er ihn gleichzeitig mit dem Huf so viele Schläge klopfen ließ, als Kegel dastanden. Bald wurden die Kegel durch Ziffern ersetzt, die auf eine schwarze Tafel geschrieben wurden. – Die Erfolge waren überraschend. Das Pferd konnte bald nicht nur zählen (d.h. die Zahl der Schläge, die man von ihm verlangte, klopfen), sondern auch wirklich rechnen, ja, kleine Aufgaben lösen.

Aber Hans rechnete nicht nur, er konnte sogar lesen. Er war musikalisch und unterschied harmonische Akkorde von disharmonischen. Er hatte auch ein außergewöhnliches Gedächtnis. Er konnte das Datum von jedem Tag der laufenden Woche angeben. Kurz, er wurde mit diesen Aufgaben fertig wie ein vierzehnjähriger guter Schüler.

Natürlich verbreitete sich bald das Gerücht von den Erfolgen, die von Osten mit seinem Pferd erreicht hatte, und so wurden verschiedene Personen in dem kleinen Hof des Berliner Grundstückes zugelassen, wo der Meister mit seinem Pferde zurückgezogen lebte. Zuerst waren es Pferdekenner, Offiziere, die, aufs höchste erstaunt, in Zeitschriften von den selbsterlebten

Wunderdingen berichteten. Das große Publikum erfuhr von der Sache, und bald wurde der kleine Hof des Herrn von Osten zu eng, um die sich herbeidrängenden Neugierigen alle zu fassen."

Hören wir dazu noch andere Stimmen jener Zeit:

„Nachdem Wilhelm von Osten sich schon vierzehn Jahre lang mit Unterrichtsversuchen an Pferden beschäftigt hatte, ließ er im Jahre 1904 eine kleine Anzeige im ‚Deutschen Offiziersblatt' erscheinen: ‚Leser dieser Zeitung können den Versuchen zur Feststellung der geistigen Fähigkeiten des Pferdes unentgeltlich beiwohnen. v. Osten, Berlin N., Griebenowstr. 10.' – Darauf besuchte ihn der als Pferdekenner und Schriftsteller auf dem Gebiete der Hippologie bekannte Generalmajor a. D. Eugen Zobel, der überrascht war von den merkwürdigen Leistungen des unterrichteten Pferdes ‚Kluger Hans'. Er berichtete am 7. Juli 1904 im ‚Weltspiegel' (einer Beilage des ‚Berliner Tageblattes'):*

„Die Beschäftigung v. Ostens mit dem Pferd hat den Zweck zu beweisen, daß eine eingehende Einwirkung auf den Geist des Pferdes ermöglicht, ein selbständiges Denken und Handeln zu erzielen. Er unterstellt das Pferd gern jeder Probe durch einen Fremden und macht sich anheischig, daß das Pferd nach näherer Bekanntschaft mit dem Fremden dasselbe leiste, was es bei seinem Lehrherrn vollführt. Man wird es kaum für möglich halten, daß das Pferd zählen, rechnen, lesen, Personen und Gegenstände erkennen und auf seine Art bezeichnen kann, daß es die deutsche Sprache versteht, auf die mannigfaltigsten Fragen Antwort gibt und wie ein artiges Kind alles tut, was sein Herr von ihm verlangt. Mir selbst hat das Pferd eine Masse Aufgaben gelöst."**

* Auszug aus dem Aufsatz „Zwanzig Jahre neuer Tierpsychologie" von Prof. Dr. Heinrich Ernst Ziegler.

** Aus den „Mitteilungen der Gesellschaft für Tierpsychologie", Neue Folge, Nr. 5, 1924.

Wilhelm von Osten und sein kluger Hans

Von Mathilde von Freytag-Loringhoven

Ich kam nach Berlin, um den „klugen Hans“ kennenzulernen, der in allen Zeitungen für und wider beschrieben wurde. Am nächsten Vormittag, um die bestimmte Stunde, war ich an von Ostens bescheidener Wohnungstür.

„Herr von Osten wird unten im Frühstückslokal sein.“ Ich sofort hinunter in die kleine Bierkneipe, wo ich den alten Herrn mit dem ruppigen Anzug und dem struppigen Bart, diesen frühen Lehrer, der das Lehren gelernt hatte, antraf. Alles hatte er für dieses Tier geopfert, um durch ein edles Pferd den edlen Teil der Menschheit für das selbständige Denken der Tiere zu gewinnen. Natürlich konnte das Eindringen in menschliche Begriffsverhältnisse gegenüber den späteren Hundeschülern der anderen Lehrmeister nur ein geringes, aber trotzdem für die nicht voreingenommene Menschheit ein überwältigendes sein. Vieles über den edlen Charakter dieses Mannes ging aus unserem Gespräch hervor, bei dem ich stand – mit offenen Augen und Ohren –, während er bei seinem Gläschen sitzen blieb.

Dann sagte er: „Na, da kommen Sie also übermorgen wieder, heute ist alles besetzt. Mehr kann ich nicht in den Hof hereinlassen, sonst sehen Sie nichts.“

Ich sagte kleinlaut: „Übermorgen muß ich zu Hause in Weimar sein.“ – „Was sind Sie denn überhaupt?“ fragte er und sah mich scharf an.

„Gründerin und Vorsitzende des Weimarer Tierschutzvereins.“

„Dann kommen Sie selbstverständlich noch herein. Das Ganze habe ich ja nur für den Tierschutz angefangen und unternommen. Dann gehen Sie nur rasch und stellen Sie sich möglichst nah vom Stall auf, da sehen Sie am besten."

Osten schrieb seinen Namen und ein paar Worte auf ein Blatt und sagte, es finge gleich an. Wie ich an den mir von

Abb. 2. Vorführung des „klugen Hans" durch den bekannten Afrika-Forscher C. G. Schillings im Innenhof des v.-Ostenschen Hauses, Griebenowstraße, Berlin.

einem Aufseher gewiesenen Platz kam, weiß ich nicht. Ich fragte, was ich zu zahlen hätte.

„Hier wird nichts gezahlt, nur still aufgepaßt."

Ich fragte die um mich Herumstehenden, sie antworteten alle: „Das ist ja Ostens Stolz, daß er kein Geld nimmt, wie die Kunststückmacher. Es handelt sich hier um eine ideelle Sache, für die er Freunde werben will."

Da stand ich nun, wie gebannt in einem Zauber, an den ich lebenslang geglaubt hatte: den Zauber der Brüderlichkeit des edlen Tieres.

Jetzt führte der Stallknecht den schönen, ziemlich langgestreckten Trakehner Rappen in die Runde. Das Tier verhielt sich völlig ruhig, nur das ernste Auge, ein unvergeßlich schönes Auge, sah genau die Besucher hinter der Absperrung an.

Der Blick des klugen Hans traf mich. Ich sagte leise: „Du liebes, gutes, kluges Tier, wie bist du schön, und so klug!"

Hans sah sich noch einmal nach mir um, ging dann gehorsam mit seinem Führer in die Runde. Als Hans zum zweiten Male bei mir vorbeikam, traf mich wieder der Blick des tiefernsten Pferdeauges. Und nun kam das Schönste. Da stand das Pferd gerade vor mir. Ich konnte jede seiner Regungen beobachten. Auch von Osten hatte ich gerade im Auge.

Damals war ich 44 Jahre alt, heute 80, und diese Momente sind mir noch wie gestern. V. Osten – den das Pferd nur in den Phantasien Voreingenommener sehen konnte – stand weit hinter dem Tier, das doch, wie die bisherige Naturgeschichte lehrt, hinten keine Augen hat. Oft sah es mich an, als wolle es fragen: „Hab ich's gut gemacht?" Bei mir konnte Hans unmöglich die Richtigkeit seiner Rechenresultate ablesen, da ich selbst erst einigermaßen mit meinen späteren Hundeschülern das Rechnen lernte und Mühe hatte, mich nicht vor ihnen zu blamieren.

Nun geschah etwas Überraschendes. Hans scharrte als Lösung für eine Additionsaufgabe 21. „Falsch!" rief v. Osten, weit hinter dem Pferde stehend. „Überlege dir's und nimm dich zusammen, dann sag' es noch einmal". – „21". – „Falsch!" rief diesmal sehr ärgerlich der Lehrmeister. Ein vielleicht vierzehnjähriger Junge, dem sicher das Pferd leid tat, wollte, von einem Herrn zurückgehalten, vortreten und rief nun laut in den Kreis hinein: „Aber das Pferd hat ja recht!" Es wurde nachgezählt: Hans hatte richtig, Osten falsch gerechnet.

Erinnerungen, die entscheiden und verpflichten

Von Frau O. von Bismarck, geb. v. Thünen

Unter den Lesern dieses Buches wird wohl noch mancher sein, der sich des ungeheuren Aufsehens erinnern kann, welches das erste Bekanntwerden von den Leistungen des „klugen Hans" erregte. Ich selbst gehöre zu denen, die einst auf dem kleinen Hof in der Griebenowstraße zu Berlin den klugen Hans umstanden, und brachte die Überzeugung mit dorthin, daß es mir bei angespannter Aufmerksamkeit wohl bald gelingen würde, die Tricks zu durchschauen.

Zunächst war ich überrascht, daß am Eingang das Mädchen mir auf meine Frage: „Wieviel?" entrüstet antwortete: „Hier wird kein Geld genommen!" Als ich beim Eintritt in den mit Menschen überfüllten Hof die kleine, nach Dürftigkeit und Kummer aussehende, altersgraue Gestalt des Herrn von Osten, des Lehrmeisters des klugen Hans, sah, stimmte mich dieser freie Eintritt nachdenklich. Eigener Vorteil war also nicht die Triebfeder dieses Mannes gewesen.

Neben dem klugen Hans, also diesem nicht sichtbar, stand der bekannte Afrikaforscher C. G. Schillings, der Verfasser des Buches „Mit Blitzlicht und Büchse", der die Vorführung leitete. Dieser Mann würde sich doch nicht dazu hergeben, wenn er nicht selbst überzeugt wäre, sagte ich mir; aber ich stellte mich doch in so unmittelbarer Nähe hinter Schillings und dem Pferde auf, daß die Hufe des Pferdes mich fast berührten und mir nicht das Geringste entgehen konnte.

Da ließ mich ein glücklicher Zufall eine sehr interessante Vorführung, später die „historische" genannt, erleben. Schillings bat einen Herrn aus dem dichten Kreis der Zuschauer vorzutreten. Der große, schlanke Herr stellte sich dem Hans gegenüber.

„Das ist Herr von Bethmann“, sagte Schillings vorstellend zu Hans und wiederholte den Namen einige Male, bis Hans mit dem Kopf nickte. Theobald von Bethmann, der spätere Reichskanzler, trat wieder zurück.

Eine Viertelstunde später, nachdem Hans gerechnet und auch bewiesen hatte, daß er die Farben kannte, wurde Herr von Bethmann wieder gebeten vorzutreten. „Weißt du noch den Namen dieses Herrn?“ fragte Schillings. Ohne Zögern klopfte Hans: Bethmann, also alle Buchstaben mit Ausnahme des h, was für die Zuschauer nach der aufgehängten Buchstabiertafel leicht zu kontrollieren war. Schillings sagte darauf wörtlich: „Das überrascht mich selbst, da hat er doch gehört, daß ich Bethmann und nicht Bethman gesagte habe.“

Als nach einer Stunde das Pferd müde wurde und die Vorführung zu Ende war, ging ich still und nachdenklich hinaus. „Nun, hat Hans seine Sache gut gemacht?“ fragte väterlich mein Droschkenkutscher. „Der Wintergarten hat dem alten v. Osten ein Vermögen für ihn geboten, aber der hat gesagt, es kommt ihm nicht aufs Geld an, nur darauf, daß der Hans von der Wissenschaft anerkannt wird.“

Mir hat diese Vorführung, in der Hans den Namen „Bethmann“ auf diese Art klopfte, einen unauslöschlichen Eindruck gemacht. Ich habe dieses Erlebnis unmittelbar darauf Verwandten und Bekannten und später noch oft erzählt, so daß mir alles treu im Gedächtnis geblieben ist. Für mich aber blieb die Erinnerung an diese Stunde entscheidend und verpflichtend, denn mir war, als hätte an einem dunklen Gewitterabend ein plötzlicher Blitzstrahl eine bis dahin nicht erkennbare Landschaft sichtbar gemacht, während eine innere Stimme zu mir die Worte sagte, die ich später einen Zoologen über Lumpi in Weimar sagen hörte: „Soviel ist gewiß, dran ist was.“

Was aber macht es so bedeutungsvoll, wenn etwas dran ist? Weil zum ersten Male dem sprachlosen Tier die Möglichkeit gegeben wäre, uns durch Beantwortung von Fragen Geheimnisse seines Wesens und seiner Umwelt zu enthüllen, bei denen wir bisher ausschließlich auf Erraten angewiesen waren.

Welcher praktische Nutzen für Polizei-, Kriegs-, Jagd- oder Wachhunde sich damit verbinden ließe, so wie aus der durch Erfahrung bewiesenen Fähigkeit, Erdbeben, Lawinen, Witterungsvorkommnisse vorauszufühlen, ist heute noch nicht zu ermessen.

Der „Kluge Hans"

*Von Prof. Dr. Edouard Claparède**

Die Zeitungen begannen, den Fall Hans zu besprechen. Heftige Streitigkeiten brachen aus zwischen denen, die für den Verstand des Tieres eintraten, und den anderen, die sich auf irgendeinen elenden Trick beriefen. Übrigens waren diese recht verschiedener Meinung: Die einen sprachen von optischen, die anderen von akustischen Zeichen, die von Osten seinem Hengste geben sollte. Wieder andere vermuteten, daß elektrische Drähte unter dem Pflaster des Hofes dem Lehrer ermöglichten, sich heimlich mit seinem Schüler zu verständigen. Noch andere beriefen sich auf Gedankenübertragung, auf die N-Strahlen, die damals gerade Mode waren, oder auf Suggestion.

Eine wissenschaftliche Kommission wurde gebildet, die ihr Gutachten am 12. September 1904 abgab. Sie bestand aus den Herren Stumpf und Nagel, Professoren der Psychologie und Physiologie an der Universität Berlin, dem Direktor des Zoologischen Gartens, einem Zirkusdirektor, Tierärzten und Kavallerieoffizieren. Dieses Gutachten stellte fest, daß ein Trick von Herrn von Osten nicht vorliege, aus dem guten Grunde, weil die Versuche sogar in seiner Abwesenheit gelangen. Übrigens waren die Schlußfolgerungen der Kommission gänzlich negativ:

* Aus „Tierseele. Zeitschrift f. vergl. Seelenkunde". 1. Jg., Emil Eisele, Bonn 1913.

Man sagte zwar, was es nicht sei, aber man gab auch nicht die Lösung des Rätsels.

Jetzt wurde es ganz geheimnisvoll! Die Anhänger der Denkfähigkeit des Tieres triumphierten. Häckel, der später einer Sitzung beigewohnt hatte, erklärte sich für die Echtheit der geistigen Fähigkeit von Hans. Aber die Psychologen konnten sich noch nicht entschließen zuzugeben, daß das Pferd im wahren Sinne des Wortes zählte und rechnete. Eine zweite Hans-Kommission wurde eingesetzt, die sich aus Herrn Stumpf und seinen Schülern zusammensetzte. Diesmal – so schien es wenigstens – wurde ein wichtiger Punkt festgestellt: Das Pferd konnte nur dann zählen, lesen und rechnen, wenn die anwesenden Personen das Ergebnis kannten. Diese Personen mußten also unbewußt dem Pferd Zeichen geben, durch die es die verlangte Lösung erfuhr.

Und nun unternahm Oskar Pfungst, Schüler des Psychologischen Laboratoriums in Berlin, die geduldigen Versuche, die ihn zu dem Schlusse führten, daß der Prüfende selbst dem Pferd die zu gebende Antwort durch kleine unbewußte Bewegungen des Kopfes oder der Augen übermittelte. Um diese Hypothese zu beweisen, mußte man zeigen, daß 1. diese unendlich kleinen Kopfbewegungen bei Herrn von Osten vorhanden waren, 2. sie auch vorhanden waren und in gleicher Weise auftraten bei allen, denen es gelang, das Pferd zum Arbeiten zu bringen, 3. sie ausblieben, wenn der Prüfende die gestellte Frage oder die zu gebende Antwort nicht wußte, 4. diese unbewußten Bewegungen der endgültigen, vom Pferd gegebenen Antwort vorausgingen, 5. das Pferd falsch antwortete, wenn der Prüfende bewußt diese unwillkürlichen Bewegungen unterdrückte, und 6. man durch leichte, absichtliche Bewegungen das Pferd alles sagen lassen konnte, was man wollte.

Herr Pfungst zeigte alles dies auf sehr elegante Weise. Und es war wie eine Erlösung, als man den Schlüssel zu diesem beunruhigenden Rätsel gefunden hatte. In Wahrheit blieb aber noch etwas ganz Sonderbares ungelöst: nämlich, daß dieses Pferd aus sich selbst heraus auf den Gedanken gekommen sein sollte, diese kleinen unbewußten Zeichen zu beobachten, fast ohne sich jemals dabei zu irren. Aber das war immerhin weniger außergewöhnlich als die Vermutung, es hätte wirklich gerechnet. Und da übrigens diese Erklärung durch die Pfungstschen Untersuchungen streng bewiesen schien, so ließ man es dabei bewenden, und die Denkfähigkeit des „klugen Hans" wurde von da ab für die Psychologen eine „klassifizierte" Frage. Hans, der gelehrte, Hans, der kluge, war nur ein gewöhnlicher Hufklopfer.*

Ein Mann konnte sich indessen der findigen Pfungstschen Hypothese nicht anbequemen. Das war der arme Herr von Osten, der auf diese Weise alle seine Mühen nur in eine einfache

* Der Herausgeber möchte neben den Ausführungen von Prof. Claparède auf den folgenden Seiten noch weitere Stimmen zu dieser Frage vorstellen:

In ihrer Untersuchung kamen Prof. Karl Stumpf, Dr. E. von Hornbostel und Oskar Pfungst (alle drei übrigens Mitglieder der Vereinigung „Hinrinde", die, 1903 in Berlin gegründet, in dieser Sache im Hintergrund wohl federführend wirkte) zu dem Schluß, daß die Leistungen des „Klugen Hans" auf unwillkürlicher Zeichengebung beruhten.

Nach Erscheinen des Stumpfschen Gutachtens 1904 berichtet Karl Krall (in seiner Monographie „Denkende Tiere", Friedr. Engelmann, Leipzig 1912, S. 356 ff), „war dem Hengste beigebracht worden, bei Zahlen über 4 eine Zahl zu ‚markieren', und zwar bei Zahlen bis 10 die drittletzte und bei Zahlen über 10 die viertletzte, indem er dabei den Fuß etwas zurückziehen, also eine andere Stelle des Bodens berühren mußte. Sein Herr hatte dieses ‚Markieren' eingeführt, um dem Einwand der Zeichengebung zu begegnen; auch glaubte er, dadurch seinem Hans in der Zahlenreihe einen Ruhepunkt zu geben. Mit dieser umständlichen Anordnung, die bei der Hartnäckigkeit von Ostens und dem häufigen Widerstreben des Pferdes allen beiden viel Aufregung und Ärger verursachte, hatte er sich und seinem Schüler die Sache unnötig erschwert.

Zählte also Hans z. B. 12, so berührte sein rechter Huf weit vorgestreckt achtmal den Erdboden, die 9 ‚markierte' er, indem er diesen Tritt mit etwas zurückgezogenem Fuß ausführte, die 10 wurde ‚auf der Stelle' getreten, die

Komödie auslaufen sah, in eine Komödie, die ihm sein Hans gespielt haben sollte, um so einem sicher allzu trockenen Unterricht zu entwischen. – Man male sich die Betrübnis aus, die ein alter Schulmeister empfinden mußte, der entdeckte, alle die schönen, von seinen Schülern bei ihren Prüfungen gelieferten Ergebnisse seien nichts als eine einfache Geschicklichkeit, auf seinem Gesicht den Sinn der zu gebenden Antwort abzulesen. Welch ein Zusammensturz!

Von Osten ließ sich trotz alledem nicht entmutigen. Er fuhr in dem Unterricht, den er zu seiner Lebensarbeit gemacht hatte,

11 als vorletzten Tritt klopfte er mit starker Betonung meist in hohem schwungvollem Bogen, ging dann mit dem rechten Fuß in die Ruhestellung zurück und führte nun den Schlußtritt, die 12, kraftvoll und besonders betont, mit dem linken Fuße aus.

Schon an diesem Beispiel läßt sich erkennen, wie unwahrscheinlich eine Annahme wäre, die das Zählen des Hengstes auf irgendwelche „Zeichen" zurückführen wollte. Er hätte folgende „Beeinflussungsmöglichkeiten" wahrnehmen und richtig beurteilen lernen müssen: 1. Beginn des Zählens (rechter Fuß), 2. Markieren, 3. Auf-der-Stelle-Treten, 4. Aufhören (rechter Fuß), 5. Übergang zum linken Fuß, 6. Beginn des Zählens (linker Fuß), 7. Aufhören (linker Fuß).

Wegen der Unwilligkeit des Pferdes sah v. Osten allerdings oft von dem Markiertritt ab, hielt aber bei unseren Versuchen ohne Ausnahme an dem Schlußtritt des linken Fußes fest.

Robert Hahn, der die Annahme einer Beeinflussung des Schlußtrittes schon im August des Jahres 1904 zu widerlegen suchte, äußerte sich in der ‚Kölnischen Zeitung' (Nr. 872 vom 26. August 1904): ‚Es würde sich also, das ist der springende Punkt, darum handeln, daß das Pferd aufzuhören hat zu stampfen, sobald sich der Kopf des Experimentators hebt. So müßte es sich verhalten, wenn die Beobachtung des Offiziers richtig wäre. Aber die Beobachtung kann überhaut nicht richtig sein, und zwar aus folgendem einfachen Grunde nicht: Hans hat die Gewohnheit, bei Lösung von zwei Dritteln oder mehr aller Aufgaben zum letzten Schlage den linken Fuß zu benutzen, während er sonst mit dem rechten stampft. Demnach müßte der Experimentierende mindestens beim vorletzten Schlage den Kopf heben. Das würde natürlich auch dem allerschlechtesten Beobachter auffallen.' [. . .]

fort, bewahrte Hans sein ganzes Vertrauen und glaubte unvermindert an den Verstand der Tiere. Indessen war er durch den Spott, durch die heftigen Angriffe, die er nach dem Erscheinen des Pfungstschen Berichtes erdulden mußte, aufs tiefste verletzt. Gewisse Zeitungen bezweifelten seinen guten Glauben. Man klagte ihn an, die Berliner zum besten gehalten zu haben. Man forderte sogar eine Verurteilung – für ihn, den selbstlosen Apostel, der die Erziehung seines Pferdes nie zu einer Geschäfts- oder Reklameangelegenheit machen wollte. Soweit Prof. Claparède.

Beachtenswert war die Tatasche, daß Hans bei niederen Zahlen – bis 9 etwa – langsam trat, bei höheren Zahlen aber das Zeitmaß des Tretens von Anfang an erheblich beschleunigte und es beim Annähern des Schlußtrittes verlangsamte.

General Zobel sagt über den Tempowechsel (‚Deutsche Landwirtschaftliche Presse' 67 vom 20. August 1904): ‚Hat z. B. das Pferd nur 1 bis 3mal zu klopfen, so geschieht dies in der Regel in kräftiger und lebhafter Weise mit hocherhobenem Knie, während bei längeren Zahlen es nur leise, ohne den Huf hoch zu heben, und schnell hintereinander klopft. Das Pferd muß also doch die Anzahl der nötigen Klopfe wissen, also die Aufgabe richtig abgelesen oder bei mündlicher Aufgabe richtig verstanden haben.'"

An anderer Stelle äußerte Karl Krall (S. 98): „Aus diesen an den Pferden gesammelten Erfahrungen muß ich mithin schließen, wie sehr zum Gelingen derartiger Versuche, die unter neuen Bediungungen angestellt werden, eine durchaus ruhige, ausgeglichene Gemütsverfassung der Tiere erforderlich ist." – Dieser Satz läßt deutlich werden, warum die Überprüfung der Fähigkeiten des Klugen Hans durch Oskar Pfungst von vornherein zum Scheitern verurteilt waren. Sagt doch sagar ein enger Freund Pfungsts, Dr. Oskar Heinroth, in einer Ansprache anläßlich einer Gedächtnissitzung am 16. Februar 1933 über ihn: „Aber er [O. Pfungst] wußte genau, daß es kein Kunststück ist, sich mit Menschen und Tieren zu vertragen, wenn man nichts von ihnen verlangt, daß man sich aber Mensch und Tier zu Feinden macht, wenn man ihnen zu irgendeinem Zwecke seinen eigenen Willen aufdrängt, und dann kannte er keine Rücksicht, wenn es galt, auf diese Weise in die Tierseele einzudringen. Nicht nur wir, sondern auch andere Tierpfleger ließen ihn nicht gern mit den Pfleglingen allein, denn dann machte er gerade

W. v. Osten starb einsam, am 29. Juni 1909, im Alter von 71 Jahren. Sein Ziel, die Feststellung der geistigen Fähigkeiten des Pferdes, hatte er in täglicher mühevoller Hingabe erreicht, „wenn auch der Lehrmeister", wie Karl Krall sagt, „zuerst nicht ahnte, wohin ihn sein Versuch führen sollte und er auch späterhin die Tragweite seiner Entdeckung nicht erkannte".

Wilhelm von Osten hat selbst nie etwas veröffentlicht. Dies alles entwertet jedoch keineswegs seine außerordentliche Tat. Es kommt bei Erfindern und Entdeckern nicht selten vor, daß erst die Nachfolgenden die ganze Bedeutung dessen zu erfassen vermögen, was in genialer Eingebung gewonnen wurde. Krall sagt aber auch, daß der greise Meister nach längerem Leiden in der festen Überzeugung starb, daß für ihn und seine Lebensarbeit die Stunde der Anerkennung noch schlagen werde.

das mit ihnen, was wir stets ängstlich vermieden hatten, und sie wurden dann scheu, verwirrt und für unser Zwecke für lange Zeit nicht mehr brauchbar, kurzum, sie hatten das Vertrauen zum Menschen verloren." (Zitiert nach Oskar Heinroth in „Oskar Pfungst zum Gedächtnis", Goedecke & Gallinek GmbH, Berlin 1933, S. 26.)

Zum besseren Verständnis, wie „die öffentliche Meinung" auf breiter Ebene entsteht bzw. im Entstehen gelenkt wird, ist es durchaus interessant, sich einmal mit der Rezeption des Stumpfschen Gutachtens und der Pfungstschen Veröffentlichung auseinanderzusetzen: Diese wurden von einer weitgehend kohärenten Presse begierig aufgenommen. Sorgfältige Widerlegungen von Seiten Karl Kralls, zu denen dieser im Mai 1907 Wissenschaftler einlud, blieben ebenso ohne Beachtung wie die späteren Versuche der Übertragung der Aufgaben per Fernsprecher (Juni 1911) und die Versuche mit dem blinden Pferd Berto (1912, siehe S. 73ff).

Vgl. auch die zugehörigen Abbildungen zum Zählen von Hans S. 58 und das Nachwort von Dr. Johannes Abresch, ferner dessen für die „Zeitschrift für Parapsychologie und Grenzgebiete der Psychologie", Freiburg i. Br., konzipierten Artikel „Pfungst und die Geschichte vom Pferd – kritisch nachgelesen". Sehr aufschlußreich sind auch die drei Aufsätze von Heinrich Steen über die Kritiker der Denkenden Tiere in der von Karl Krall herausgegebenen Zeitschrift „Tierseele", 1. Jahrgang, Bonn 1913/14, S. 52 ff, 225 ff und 230 ff. [Der Herausgeber]

Wilhelm von Osten und der Beginn der Tätigkeit Karl Kralls

Von Karl Krall

Der alte Meister hatte uns zwar die Klopfmethode als Ausdrucksmittel des buchstabierenden Tieres beschert, aber er blieb bei dem einmal Errungenen stehen, er wagte sich nicht weiter und gab – als alter Schulmeister – dem Pferd keine Gelegenheit, sich aus Eigenem zu äußern. Hans durfte wie ein artiger Schüler nur auf Befragen antworten. Der letzte entscheidende Schritt mußte noch getan, der Nachweis geistiger Selbständigkeit noch erbracht werden. Hans hatte viel gelernt, seine Denkfähigkeit offenbar erwiesen. Jetzt sollte es sich zeigen, ob Muhamed und Zarif im Sinne Descartes' sich der erlernten Sprach- und Wortzeichen bedienen könnten, um uns ihre Gedanken zu übermitteln.

Jetzt kam es darauf an, den Pferden Freiheit zu Selbstäußerungen zu geben und abzuwarten, wie sie sich dieser Freiheit bedienen würden. Und ich erlebte das Unerhörte, daß die Pferde sich mir verständlich zu machen suchten mittels der eingelernten Buchstabierzeichen und das zu einer Zeit, als ich noch nicht mit dieser Möglichkeit zu rechnen wagte. Die Fortschritte der vierbeinigen Schüler, deren Name weit bekannt werden sollte, wurden in regelmäßigen Protokollen niedergelegt, so daß uns nun zum erstenmal der geistige Entwicklungsgang eines unterrichteten Tieres von der ersten Stunde an vor Augen liegt.

Ich belehrte die Pferde – kurz gesagt –, wie man ein aufgewecktes Kind unterweisen würde. Dem Vorbild der Miß Sullivan bei der Taubstummblinden Helen Keller folgend, redete ich mit meinen Schülern, als verstünden sie schon die ganze deutsche Sprache. Sie faßten erst einzelne Worte auf, setzten – genau wie wir – ihre Begriffe in Wortzeichen um, und so erweiterte sich nach und nach ihr Sprachschatz, wie etwa ein Arbeiter, ein Kellner im fernen Lande eine Fremdsprache erlernt. Gleichzeitig wurde ihnen, anfangs ganz mechanisch, indem man ihren Fuß hochhob und niedersetzte, durch Assoziation von Klopfen und Wort Zählen und Rechnen beigebracht. Der alte Hans hatte jede Zahl auszuzählen, wie ermüdend und langweilig! Um das zu vermeiden, brachte ich meinen Schülern bei, die Einer mit dem rechten, die Zehner mit dem linken, die Hunderter wieder mit dem rechten Fuß und so fort zu klopfen, so daß hohe Zahlen in wenigen Sekunden mühelos bewältigt werden konnten. Sie verstanden, was ich von ihnen wollte, und begriffen auch – wie ihre Antworten klar bewiesen – das Symbolische dieser Zählweise, das die mechanische Arbeit verringerte, gleichzeitig aber die Anforderungen an ihren Verstand stark erhöhte. Beim Unterricht legte ich großen Wert darauf, den Schülern nur die Anfangsgründe beizubringen, sie alles weitere aber möglichst selbständig finden zu lassen. Ich suchte durch Abwechslung und kurze Unterrichtsstunden ihre Aufmerksamkeit und ihr Interesse wachzuhalten, wandte also das Gegenteil von der Methode an, die bei mir auf der Schule so geringe Erfolge gezeitigt hatte.

Sie machten rasche Fortschritte auf einem Gebiet, von dem wir bisher anzunehmen pflegten, es sei für den menschlichen Geist allein reserviert, nämlich das Reich der höheren Mathematik. Man ließ später von Lehrern und Schuldirektoren Tabellen anfertigen, um die Zeit, die der Menschen- und Tierschüler zum Erlernen der verschiedenen Rechenarten braucht, vergleichen zu können. Das Ergebnis war so unerwartet, daß schon hierdurch die Annahme der Überzeugten widerlegt zu sein schien: Ein Pferd brauchte dazu nur den zehnten Teil der Zeit! Wenn man bisher einen Menschen als „Roß“ titulierte, so war das der Gipfel der Beleidigung.

Auch begriffen die Schüler bald, daß sie durch das Klopfen mit dem rechten und linken Fuß nicht nur eine Zahl, sondern

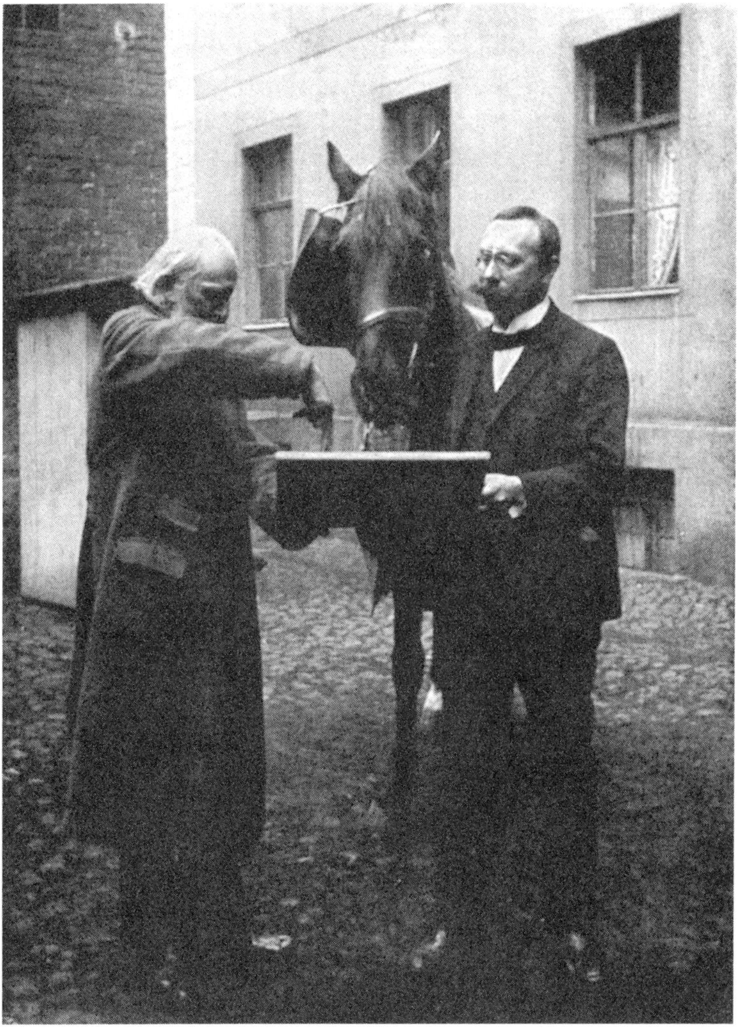

Abb. 3. Wilhelm von Osten und Karl Krall mit Hans: Versuche über das Ich-Bewußtsein; Aufnahme 1907 (aus Krall: „Denkende Tiere").

auch einen Buchstaben, also diesmal einen Laut, und durch eine Anzahl von Buchstaben ein Wort, einen Satz ausdrücken konnten. Sie lernten das nach einem Koordinationssystem, bei dem „e“ durch einmal Klopfen rechts, einmal links; „a“ einmal rechts, zweimal links usf. gegeben wurde. (Abb. 7 und 9)

Sie erkannten von selbst in dieser Buchstabiertafel ein Mittel zur gegenseitigen Verständigung mit dem Menschen. So konnten sie schon bald ganze Sätze aus Eigenem bilden, zwar oft noch unvollkommen und fehlerhaft, wie es ein Kind machen würde, das in der Vorschule buchstabieren und schreiben lernt.

Aber gerade die Fehler und Mißverständnisse, die sinnvollen Irrtümer waren so überzeugend für ihre geistige Unabhängigkeit, wenn zum Beispiel zweistellige Zahlen häufig „umgestellt“, das heißt, Einer und Zehner vertauscht wurden (42 statt 24), eine Multiplikation statt der Addition erfolgte und so vieles mehr.

Betrachten wir die Entwicklung wissenschaftlicher Forschung so weit zurück, wie immer wir wollen, so ist nicht schwer festzustellen, daß eine außerordentliche Zahl großer Entdeckungen von den „Dilettanten" gemacht wurde, den „Outsidern" oder gar „Autodidakten", die, getragen von der Besessenheit einer Idee, die Hemmschuhe der Fachbildung nicht spürten, die Scheuklappen des Spezialistentums nicht kannten und die Hürden übersprangen, die akademische Tradition errichtet hatte.

C. W. Ceram: „Götter, Gräber und Gelehrte"

III. Karl Krall – seine rechnenden und buchstabierenden Pferde

Lesen wir über Karl Krall ebenfalls zuerst bei Prof. Dr. Edouard Claparède, Universität Genf:*

Die Schatten der Vergessenheit schienen sich dicht über Herrn v. Osten und seinen Hans auszubreiten, da erscheint plötzlich das große Werk Karl Kralls, das die ganze Frage wieder aufrollt.

Herr Krall ist Kaufmann in Elberfeld, und da er W. v. Osten kennenlernte und in dessen letzten Jahren mit ihm arbeitete, erbte er den „klugen Hans". Er behauptet, Hans könne ebensogut arbeiten unter Umständen, die es ihm unmöglich machen, seinen Lehrer zu sehen oder dessen angeblich unbewußte Bewegungen zu unterscheiden; er gäbe sogar richtige Antworten in völliger Dunkelheit oder mit Scheuklappen, die nur den Blick auf die schwarze Tafel oder auf die in Frage kommenden Sachen zuließen.

Noch mehr! Tief im Inneren gepackt von dem Ideal des Herrn von Osten und der ihm widerfahrenen Schmach, hat

* Prof. Dr. Edouard Claparède in: „Tierseele, Zeitschrift für vergleichende Seelenkunde", Heft 1/2 1913, 1. Jahrgang, bei Eisele in Bonn.

Herr Krall sich gelobt, der Wahrheit zum Sieg zu verhelfen, damit die Zukunft seinem ehrwürdigen Meister Gerechtigkeit widerfahren lasse. Und, um sich besser darüber Klarheit zu verschaffen, wie sich der Unterricht eines Pferdes vollzieht, hat er zwei neue Hengste gekauft, Muhamed und Zarif, und hat sie unterrichtet. Die Fortschritte waren, wie damals bei Hans, von

Abb. 4. Karl Krall mit Zarif und Muhamed.
Aufnahme vom 8. November 1908.

verblüffender Schnelligkeit. Außerdem zeigten die beiden Pferde unterschiedliche Befähigung. Muhamed bewies ein viel lebhafteres und für die Rechenkunst empfänglicheres Verständnis.

Mit diesem Fach begann auch der Unterricht, je 1 1/2 bis 2 Stunden täglich für jedes Tier. Schon nach Verlauf von drei

Abb. 5. „Mache rechts!" Die mündlichen Befehle „Mach' rechts (Abb. 6), links, unten" und anderes mehr werden von beiden Pferden nach einigen Tagen der Unterweisung sicher ausgeführt; Aufnahme nach achttägigem Unterricht, 8. Nov. 1908.

Abb. 6. „Welchen Fuß hebe ich hoch?" Nach kurzer Unterweisung antworten beide Pferde auf Fragen nach der Bewegung einer ihnen gegenüberstehenden Person mit der gleichen Bewegung, heben also ihren linken Fuß, wenn die gegenüberliegende Person den linken Fuß hebt. Aufnahme nach achttägigem Unterricht, 8. Nov. 1908.

Tagen konnten sie die ersten, auf die Tafel geschriebenen Zahlen 1, 2, 3 erkennen und berührten die genannte Ziffer mit dem Mund. Es handelt sich hierbei übrigens nur um einfache

Verknüpfungen (Assoziationen), wie man sie bei dressierten Tieren antrifft und die keine Verstandesübung voraussetzen. Aber folgendes fällt uns sofort auf: Nach zehn Tagen konnte Muhamed bis 4 zählen. Einige Tage später erklärte man ihm die Zehner, die er mit dem linken Fuß treten müsse, da der rechte Fuß für die Einer bestimmt sei. Und am 14. November 1908 – die Pferde waren seit 1. November in Herrn Kralls Besitz, und die erste Unterrichtsstunde hatte am 2. November stattgefunden – führte Muhamed eine ganze Reihe einfacher Additionen richtig aus: 1 und 3, 2 und 5 usw., sogar Subtraktionen wie 8 weniger 3. Am 18. November ging man zur Multiplikation und Division über, am 21. zu den Brüchen und zur Addition von Brüchen. Im Dezember lehrte man ihn Französisch, und er beantwortete ebensogut französisch wie deutsch gestellte Rechenaufgaben. Im darauffolgenden Mai konnte Muhamed Quadrat- und Kubikwurzeln ziehen und kleine Aufgaben folgender Art lösen:

$$\frac{(3 \times 4) + \sqrt{36}}{3} \qquad \frac{\sqrt{36} \times \sqrt{64}}{\sqrt{4}}$$

Im Februar 1909 beginnt das Lesen und Buchstabieren. Dieses Buchstabieren geschieht mittels eines vereinbarten Alphabets, in dem jeder Buchstabe oder Doppellaut durch eine Zahl zwischen 11 und 66 angegeben ist, das wie nebenstehend angeordnet ist.

Das Pferd buchstabiert, indem es mit dem Huf die dem gewünschten Buchstaben entsprechende Zahl klopft. Dieses Verfahren befähigt Zarif, nach vier Monaten aus eigenem Antrieb Wörter zu buchstabieren, die man ihm vorspricht und die er noch nie geschrieben gesehen hat. Es wird immer merkwürdiger! Diesmal dringen wir weiter in den Geisteszustand des Pferdes vor, da wir aus der Art und Weise, wie diese vierfüßigen Schüler die Wörter buchstabieren, Aufschluß darüber

	1	2	3	4	5	6
10	e E	n N	r R	s S	m M	c C
20	a A	h H	l L	t T	ä Ä	ch
30	i I	d D	g G	w W	j J	sch
40	o O	b B	f F	k K	ö Ö	y Y
50	u U	v V	z Z	p P	ü Ü	
60	ei	au	eu	x X	q Q	

Abb. 7. Das Klopf-Alphabet der Elberfelder Pferde

erhalten, wie sie ihrem Ohr erklingen und wie sie die Buchstaben vereinigen, um sie mit den gehörten Lauten in Einklang zu bringen. Wir führen hier beispielsweise verschiedene Schreibarten an, die Muhamed und Zarif den folgenden Wörtern geben. Das ihnen vorgesprochene Wort „Pferd" wird an verschiedenen Tagen in folgenden Formen buchstabiert:

Muhamed: bfert, bfrt, färd, färt, fert, frt, faärt, faerd, faert, färb, fpferd, frrt, pärd, pfärt, ppverd, pfer, pferd, tfert, fed...

Zarif: bferd, färed, fferwt, fvert, pfrde, sdfert, pferd, bffet, fdaerp usw.

Für das Wort „Zucker" finden wir folgende Schreibweisen: skr, zukr, zuqr, czukr, sucr, szukr, zuäkr, cukr, uzker, zuchr, zukr, zzzucher, zuqker, usw.

Muhamed schreibt seinen Namen: maemuaämt, muahmet, muamät usw.

Und Zarif den seinigen: tsarem, zarif, sfrai, zuarif, zuruf.

Alles das ist fast unglaublich und eröffnet ganz unerwartete Ausblicke. Es ist klar, daß sich diese Tatsache kaum mit der Pfungstschen Hypothese verträgt.

Wie wunderbar die erlangten Ergebnisse auch sind, so gestattet bisher noch nichts den Schluß, daß die Pferde wirklich vernunftbegabte Wesen sind. Zwischen der Fähigkeit zu buchstabieren und der, seine Gedanken auszudrücken, ist noch ein großer Schritt, ebenso wie zwischen der Ausführung der vier Rechenarten und ihrer Anwendung. Buchstabieren, Lesen, Zählen, Dividieren, Subtrahieren – sie sind nur das Spiel eines Mechanismus'; erst ihre vorteilhafte Anwendung ist das Kennzeichen des Vernunftwesens. Nun – diesen Graben, der vom Mechanismus zum Verstand hin überschritten werden muß, haben Muhamed und Zarif mit leichtem Satz übersprungen, mit einem so leichten Satz, daß man sich unwillkürlich die Frage vorlegt, ob dieser Graben wirklich so breit ist, wie man vermutete. In der Tat – als Herr Krall bemerkte, daß seine Hengste außerhalb der Unterrichtsstunde klopften, verfiel er darauf, die Schläge zu zählen. Er wollte zusehen, ob sie nach dem vereinbarten Alphabet etwas zu bedeuten hätten. Zu seiner großen Überraschung war dies der Fall! Oft waren allerdings diese Rede-Bruchstücke fast unverständlich, wie das erste Stammeln eines Kindes. Aber bald schälten sich ganz reine Sätze heraus, die sich das Pferd in allen Einzelheiten ausgedacht hatte.

Als Herr Krall eines Tages zu Muhamed sagte, er wolle ihm Mohrrüben geben, fügte dieser von selbst hinzu: „fünuf" (das heißt fünf). Ein anderes Mal buchstabierte er: „iohn ·hfr gbn" (Johann Hafer geben). – Bald konnten, wie man sich denken kann, wirkliche Gespräche zwischen Lehrer und Schüler stattfinden. Als Zarif sich eines Morgens faul gezeigt hatte, fragte man seinen Kameraden: „Warum war Zarif nicht lieb?"– Und Muhamed antwortete sofort: „Weil vaul isd." – „Und warum ist er faul?" – „Weil r sagt begin [begin = zu Beginn der Stunde] will nijd wisn." – Soweit die Ausführungen Prof. Claparèdes.

Das sind im großen und ganzen die Versuche und die Ergebnisse, die Herrn Krall zu dem Schlusse führen, daß die höheren Tiere mit einer Denkfähigkeit begabt sind, die sich der des Menschen viel mehr annähert, als man im allgemeinen zugibt. Man begreift, daß Kralls Werk gleich nach seinem Erscheinen einen lebhaften Eindruck machte. Es hat auch nicht verfehlt, nicht weniger lebhafte Polemiken in der deutschen Presse zu entfachen. Sofort haben sich zwei Parteien gebildet: auf der einen Seite die, welche die Schlußfolgerungen Kralls unterschreiben, auf der anderen Seite jene, die diese ganze Geschichte als einen ungeheuren Schwindel ansehen.

Es wäre eine dankbare Aufgabe, den psychologischen Grund dieser Ansichten zu erforschen, die sich nach Einsicht ein und derselben Urkunden gleich ohne weiteres in dem einen oder anderen Sinne bildeten.

Karl Krall brachte den Unterricht, sowie alle Experimente nach den verschiedensten Richtungen, auf eine ungleich höhere Stufe als der alte Herr von Osten. Er ging frisch und unverbraucht an seine Aufgabe und konnte, materiell viel weniger eingeengt als der alte Lehrer, seine selbstgewählte Aufgabe auf breiter Basis aufbauen. Diese umfassenden Einzelheiten der Arbeit im Rahmen dieses Buches zu bringen, ist unmöglich, da es der großen Zahl der sonst auch noch bekannten Tierlehrer und ihren Schülern gewidmet ist, um den Gesamtüberblick zu geben. Es würde somit den ganzen Abdruck des großen Werkes von Karl Krall erfordern, das in seinem Umfang den ganz gründlich Forschenden vorbehalten bleiben muß. – Wer sich unvoreingenommen darin vertieft, muß zunächst einmal staunend erkennen, welche Fülle von Geduld, Fleiß und Liebe hier angewendet wurde. Er muß erkennen, wie hier eine Riesensumme an persönlicher und materieller Kraft an eine Sache gewandt wurde – rein aus Idealismus und gewaltigem Forscherwillen –, die ihrem Vertreter keinerlei Einnahmen brachte oder in Aussicht stellte. Eine Sache, die ihm neben einigen Anerkennungen und lieben Freunden eine Fülle von Unannehmlichkeiten und Unfreundlichkeiten sowie schwerste Verdächtigungen einbrachte. Es war ein Dornenweg, den er zu beschreiten begann, als er das Erbe von Ostens in eigene Hände nahm. Er hat sich aber trotzdem nicht verbittern lassen und im Laufe der Jahre eine heitere Gelassenheit und Abgeklärtheit errungen, die nur jene finden, die ihrer Sache ganz sicher sind. Dies fand Ausdruck in dem feingeschliffenen „offenen Brief", den ich als Abschluß dieses Kapitels (in den wichtigsten Auszügen) der Vergessenheit entreißen möchte. Es ist dies gewissermaßen ein Abschiedswort und eine Zusammenfassung der Resultate seiner Arbeit, die der schon erkrankte Mann schrieb.

In seinen Experimenten ging Karl Krall auf alle je gemachten Einwände ein und prüfte deren Möglichkeit bis ins kleinste mit den Wissenschaftlern oder anderen Interessenten oder allein. Er scheute dabei weder Kosten noch Mühen für sich und wohlgemerkt für seine braven Tiere, die oft unter Bedingungen arbeiten mußten, bei denen selbst ein gutwilliges Kind versagt oder revoltiert hätte. Sie leisteten trotzdem Bewundernswertes und bewiesen so (was sie selbst wohl nicht wußten, daß die Menschen es bezweifelten): daß sie selbständig denken können!

Wenn immer wieder Zweifler, Neugierige, Wissensdurstige, immer neue, immer andere sie umstanden und immer dasselbe wissen wollten; ja, wenn sie selbst dastanden mit Scheuklappen und diese noch vergrößert durch Tücher oder in verdunkeltem Stall, oder wenn sie ihren Herrn nur durch einen Türspalt hörten usw. *Was müssen diese sensiblen Geschöpfe für eine große Gutmütigkeit, Geduld und Bereitwilligkeit gehabt haben für Dinge, die ihnen nichts einbrachten als ein paar Möhren oder Zuckerstückchen und gute Lobesworte. Diese Eigenschaften sind es, die wir hier wirklich nur achtungsvoll erwähnen können, ebenso wie die geduldige Liebe ihres Lehrers!*

Die akustischen Versuche, die Prüfungen der Sehschärfe und Sehgeschwindigkeit der Lautäußerungen, vergleichende Charakterstudien usw., alles wurde exakt gemacht. Es ist zudem überzeugend, daß eine namhafte Zahl bekannter Gelehrter, die sich an Ort und Stelle unvoreingenommen, prüfend und wägend einfanden, um sich ein gerechtes eigenes Urteil zu bilden, überzeugt von der gesehenen Wahrheit schieden, um mit ihren wissenschaftlichen Namen dafür zu zeichnen.

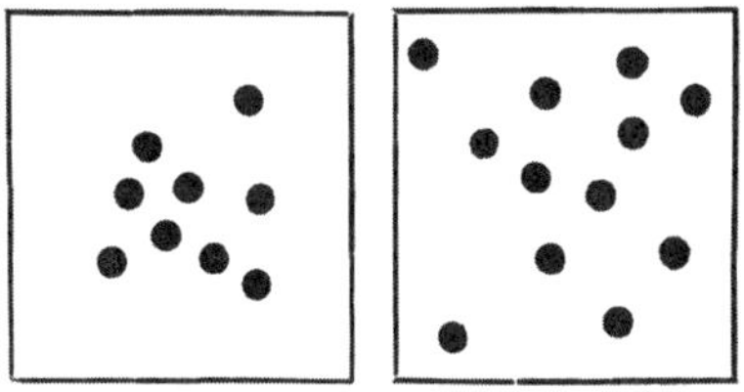

(9) (12)

Abb. 8. Punktkarte 9 und 12 zur Prüfung der Auffassungsfähigkeit. Die Karten trugen keinerlei Bezeichnung (1/2 nat. Größe). „Auffassungszeit und Aufmerksamkeitsumfang prüfte ich in der Weise, daß ich dem Pferde Karten mit verschiedener Punktzahl eine Sekunde lang und, wenn die Anzahl nicht sofort erkannt wurde, abermals ein bis zwei Sekunden vorhielt." (Karl Krall in „Denkende Tiere")

Nur ein großer Idealist und Forscher wie Krall konnte das durchführen und alles Unangenehme jahrelang durchhalten in dem festen Wissen, daß er eine neue große Wahrheit zu geben habe. Dieser Mann hat eigentlich für alle Nachfolgenden die einwandfreien Belege erbracht, zu denen diese nur die Variationen an Erfahrungen hinzuzufügen brauchen. Sich und die Tiere der gleichen riesigen Mühe nochmals zu unterziehen, ist nicht mehr nötig, denn bei Krall ist alles durchgearbeitet und durchgeprüft. Es wird sogar für die späteren Versuchssteller und ihre Tiere schöner und leichter zu arbeiten sein, wenn alle

Maßnahmen des Mißtrauens wegfallen können (die natürlich der gewissenhafte Forscher zuerst durchführen mußte), und wenn man nicht mehr feststellen muß, sondern vertrauensvoll fortschreiten kann. Wer es außerdem bei Karl Krall nicht gelten lassen will, was dieser gefunden hat, glaubt es trotz allem und in alle Zukunft nicht – was auch geschehen möge! Beispiele dafür haben wir genügend.

Jedem anderen aber, der vertrauenswerten Menschen glaubt – auch wo er nicht selbst prüfen kann –, darf das Geleistete genügen. Es sei denn, es träte einer, mit der gleichen Summe an Kraft und Eingebung, Geduld und Liebe sowie Wahrheitseifer und Selbstkritik zum Gegenbeweis an.

Die wissenschaftlichen Gutachten über die Elberfelder Pferde

Von Prof. Dr. Heinrich Ernst Ziegler

Die schon mehrfach erwähnten Pferde, welche von Herrn Karl Krall in Elberfeld unterrichtet wurden, sind die Araberhengste Muhamed und Zarif, das Pony Hänschen, das blinde Pferd Berto und die Stute Jona.

In den Jahren 1912 bis 1914 haben viele wissenschaftliche Forscher die Elberfelder Pferde gesehen und geprüft. Die meisten sprechen ihre Ansicht in Form eines kurzen Gutachtens aus und haben nachher auch einen ausführlichen Bericht veröffentlicht. Es werden hier die wichtigsten Gutachten mitgeteilt.

Das erste Gutachten wurde im August 1912 nach mehrtägiger Prüfung in einer Sitzung erstellt, in welcher der Zoologe und Forschungsreisende Dr. Paul Sarasin den Vorsitz führte. Es war die folgende

„Erklärung über die denkenden Pferde des Herrn Karl Krall in Elberfeld“

In Anbetracht des Umstandes, daß von verschiedenen Seiten öffentlich behauptet wurde, es würden von Herrn Krall und seinem Pferdepfleger oder einem von den beiden den Pferden bei der Lösung der ihnen gestellten Aufgaben absichtliche oder unabsichtliche Zeichen oder Hilfen gegeben, haben die Unterzeichneten sich verpflichtet gesehen, die Frage einer objektiven Prüfung zu unterwerfen. Sie haben während mehrerer Tage die Vorführungen gesehen und jeweils vormittags und nachmittags mehrstündigen Versuchsreihen beigewohnt, wobei sie sich auch selbst an der Stellung der Aufgaben beteiligten. Sie fassen das Ergebnis ihrer Beobachtungen in folgenden Sätzen zusammen:

1. Es steht fest, daß die Tiere Zahlen und Zahlwörter (deutsch oder französisch, phonetisch geschrieben) von der Tafel ablesen und mit diesen Zahlen die mündlich oder schriftlich angegebenen Rechenoperationen ausführen.
2. Es steht fest, daß diejenigen Pferde, welche erst einige Monate unterrichtet sind, verhältnismäßig einfache Rechnungen richtig ausführen, schwierige Aufgaben aber nicht lösen können.
3. Es steht fest, daß die länger unterrichteten Pferde – Muhamed und Zarif – auch für schwierigere Rechnungen die richtige Lösung angeben. Dabei läßt sich ein individueller Unterschied der Begabung feststellen. Ferner ist zu beachten, daß von den Pferden zuweilen die Lösung selbst ganz leichter Aufgaben verweigert wird. Diese Tatsache hängt augenscheinlich mit einem Stimmungswechsel der Tiere zusammen, der oft auch aus dem sonstigen Verhalten deutlich zu erkennen ist.
4. Es steht fest, daß die Pferde sowohl Zahlwörter als auch Namen und anderes mittels der Tabelle in Buchstaben auszu-

drücken vermögen, auch solche, welche sie früher nicht gehört haben. Die Schreibweise richtet sich nach dem Klang des Wortes und ist oft eine unerwartete.

5. Es steht fest, daß die Pferde zuweilen von sich aus verständliche Äußerungen nach der Buchstabentabelle hervorbringen.

6. Es steht fest, daß bei allen diesen Leistungen der Pferde Zeichengebung nicht in Betracht kommt. Es geht dies sowohl aus der Art vieler Antworten hervor als auch daraus, daß Versuche (auch mit schwierigen Rechenaufgaben) selbst dann gelangen, wenn der Pferdepfleger abwesend war und Herr Krall sich außerhalb des Versuchsraumes aufhielt, so daß er von den Pferden nicht gesehen werden konnte. Es wurde auch ein Erfolg in solchen Fällen erreicht, in welchen sämtliche Anwesenden sich aus dem Versuchsraum entfernt hatten und den Pferden unsichtbar blieben.

Elberfeld, 25. August 1912

Prof. Dr. Hermann Kraemer, Stuttgart-Hohenheim
Dr. Paul Sarasin, Basel
*Prof. Dr. Heinrich Ernst Ziegler, Stuttgart**

* „Die Erklärung“ der drei Prof. Kraemer, Sarasin, Ziegler. In „Mitteilungen der Gesellschaft für Tierpsychologie“, Neue Folge, Nr. 5, 1924.

Es ist ferner auf andere Veröffentlichungen der Unterzeichner dieser Erklärung zu verweisen, nämlich auf den Aufsatz von Prof. Hermann Kraemer in den „Kavalleristischen Monatsheften“ (Nr. 10, 1912), denjenigen von Dr. Paul Sarasin im „Zoologischen Anzeiger“ (1912) und die Veröffentlichungen von Prof. Heinrich Ernst Ziegler in der „Deutschen Revue“ (Dezember 1912), im „Tag“ (19. Februar 1913) und in der „Naturwiss. Wochenschrift“, 14. Bd., 1915, Nr. 16.

Ende August 1912 kam der bekannte Psychologe Prof. Dr. Edouard Claparède aus Genf. Er faßte seine Beobachtungen in folgender Erklärung zusammen:*

Nachdem ich am 30. und 31. August dieses Jahres in Elberfeld den Vorführungen der Pferde Muhamed, Zarif und Hänschen des Herrn Krall beigewohnt habe, unterschreibe ich gerne die Erklärung der Herren Kraemer, Sarasin und Ziegler. Die Pferde geben richtige Antworten unter solchen Umständen, welche durchaus die Hypothese der willkürlichen oder unwillkürlichen Zeichen ausschließen. Es erscheint mir sicher, daß diese Pferde wirklich die Zahl der Hufschläge zählen und daß sie nach der gewohnten Buchstabentafel spontan Worte buchstabieren. Was die Frage anbetrifft, wie es den Pferden Zarif und namentlich Muhamed möglich ist, in einer sehr kurzen Zeit die richtige Lösung schwieriger mathematischer Aufgaben anzugeben, so kann ich mich darüber in diesem Augenblick nicht aussprechen. Neue methodische Versuche würden dazu nötig sein.

Prof. Dr. Edouard Claparède, Genf

Der Zoologe Prof Dr. H. v. Buttel-Reepen gab bald darauf folgendes Gutachten ab:**

Wenn auch die mehrtägige Prüfung (14. bis 16. September) der Krallschen Pferde durch den Umstand beeinträchtigt wurde, daß Muhamed und Zarif an Influenza erkrankt waren, habe ich doch die feste Überzeugung gewonnen, daß die „Erklärung" der Herren Prof. Kraemer, Sarasin und Ziegler sowie die „Erklärung" Claparèdes die Tatsachen schildern, wie sie sind, das heißt von einer Zeichengebung im Pfungstschen Sinne kann keine

* E. Claparède, „Die gelehrten Pferde von Elberfeld", Tierseele, Bd. 1, 1913.

** Die ausführlichen Berichte von Prof. Dr. Hugo v. Buttel-Reepen sind erschienen in der „Naturwissenschaftlichen Wochenschrift", 1913, Nr. 16 und 17, und 1914, Nr. 13.

Rede sein. Ebenso erscheint eine sogenannte „Gedankenübertragung“ ausgeschlossen, da die Tiere oft etwas ganz anderes angeben, als man von ihnen erwartet. Ich behalte mir eine weitere Prüfung vor.

Prof. v. Buttel-Reepen ergänzte später dieses erste Gutachten durch das folgende vom 10. 1. 1913:

Nachdem ich am 17., 18. und 19. Dezember 1912 Gelegenheit hatte, das blinde Pferd „Berto“ zu prüfen, kann ich meine frühere Erklärung vom 16. September 1912 in vollem Umfang aufrechterhalten. Meine damalige Erklärung, die sich auf die Angabe beschränkte, daß die Pfungstsche Theorie der unbewußten optischen Zeichengebung eine Aufklärung der Leistungen der Pferde nicht zu geben vermöge, hat sich in überzeugender Weise auch bei diesem neuen Fall bestätigt, denn von einer Zeichengebung im Pfungstschen Sinne kann natürlich bei einem erblindeten Pferd nicht die Rede sein. Trotzdem waren die Leistungen, die nach meiner Überzeugung ein eigenes Zählvermögen zeigten, höchst erstaunlich, wenngleich sie sich infolge der einfachen Aufgaben nach zehnwöchigem Unterricht auf sehr beschränktem Gebiet bewegten. Trotz scharfer Beobachtung aus größter Nähe gelang es mir nicht, irgendeine Zeichengebung zu entdecken. Es blieb sich völlig gleich, ob der Pferdepfleger das Pferd während der Aufgabenerteilung anfaßte oder nicht. Auf meinen Wunsch hielt sich der Pfleger später andauernd fern und führte das Pferd nur hin und wieder vor Erteilung einer Aufgabe vor das Trittbrett, das es selbst nicht wiederfinden konnte. Die Aufgaben wurden zugerufen oder auch hin und wieder auf die Haut aufgeklopft resp. mit dem Finger auf die Haut geschrieben.

Oldenburg i. Gr., 10. Januar 1913

Prof. Dr. Hugo von Buttel-Reepen

Abb. 9. Zarif lernt das Buchstabieren; Aufnahme aus dem Jahre 1909.

Im Frühjahr 1913 veröffentlichte der Zoologe und Forschungsreisende Dr. Paul Sarasin folgendes Gutachten:

Vom 3. bis 6. April bin ich von neuem in Elberfeld gewesen in Begleitung von Herrn Dr. St. Brunies, Sekretär des Schweizer Bundes für Naturschutz, zu dem besonderen Zweck, von Herrn Krall die Pferde zur Anstellung eigener Versuche in seiner Abwesenheit überlassen zu bekommen. Die Einwilligung wurde

Abb. 10. Hans vor dem Zählbrett.

bereitwillig erteilt, worauf wir am 4. und 5. April die Hengste einer Prüfung unterzogen. Das Ergebnis war kurz folgendes: Zarif verhielt sich ablehnend, das Pony Hänschen widerwillig, gab aber einige richtige Lösungen. Von Muhamed erhielten wir richtige Lösungen mehrerer Wurzelaufgaben, darunter dritte und vierte Wurzel aus fünf- und siebenstelligen Zahlen, wie solche ähnlicher Art schon zahlreich veröffentlicht worden sind. Vom blinden Hengst Berto, der, wie wir uns leicht überzeugen konnten, am Star völlig erblindet ist und merkwürdigerweise ein nur sehr schwach entwickeltes Geruchsvermögen hat, erhielten wir eine geradezu glänzende Reihe von Lösungen einfacher Rechenaufgaben. Wir sprachen ihm dabei die Aufgabe deutlich vor oder zeichneten sie ihm zugleich mit dem Finger auf das

Fell. Der Pferdewärter Albert stand in einem Abstand von etwa 2 Metern neben Berto, um das blinde Pferd in die richtige Stellung zu bringen, wenn es seinen Platz verließ. Im übrigen wurde es weder von ihm berührt noch sprach er zu ihm. Bei den anderen Pferden assistierte er gelegentlich, wenn sie, unaufmerksam geworden, einer Aufmunterung durch einige laute Anrufe oder durch einen Klaps mit der Hand bedurften. Einige Protokolle der Versuchsreihen denke ich in der von Krall herausgegebenen Zeitschrift „Tierseele“ zu veröffentlichen.

Ich versichere von neuem, auch im Namen meines Begleiters Brunies, daß bei den von den Pferden gegebenen Lösungen keinerlei Hilfen stattgefunden haben, weder absichtliche noch unabsichtliche, und ich spreche es getrost aus, daß jeder, der in Elberfeld Augenzeuge der geistigen Leistungen von Kralls Pferden gewesen ist und dem es dabei redlich um Feststellung der Wahrheit zu tun war, eine solche Annahme für ganz unhaltbar erklären wird.

Basel, den 8. April 1913 *Dr. Paul Sarasin*

Im Frühjahr 1913 erschien ferner in der „Naturwissenschaftlichen Wochenschrift“ Nr. 17 ein Aufsatz von Prof. Dr. Ludwig Plate aus Jena. Hier einige Auszüge aus dieser wichtigen Veröffentlichung.

„Bei Gelegenheit einiger Vorträge, welche ich im Rheinland zu halten hatte, war Karl Krall so freundlich, mir seine Zeit am 5., 10. und 11. März diesen Jahres zur Verfügung zu stellen, so daß ich ungefähr 13 Stunden teils mit ihm, teils auch für kurze Zeit ganz allein mit den Pferden arbeiten konnte.

Da meine Beobachtungen mir völlig einwandfrei gezeigt haben, daß irgendwelche Zeichengebung ausgeschlossen ist, so ist der Schluß nicht zu umgehen, daß die Pferde des Herrn Krall bis zu einem gewissen Grad verstehen und in die ihnen angelernte Hufsprache übersetzen können, was eine ungewöhnliche

Intelligenz verrät. Die von Krall gewählte Bezeichnung ‚denkende Pferde' ist daher völlig berechtigt."*

Im Herbst 1913 nahm der bekannte Schriftsteller Maurice Maeterlinck eine eingehende Prüfung der Pferde vor und sprach sich folgendermaßen aus:**

„Am 3. und 4. September dieses Jahres habe ich zwei Vormittage und einen Nachmittag im Stall der Elberfelder Pferde zugebracht. Muhamed, Zarif, Hänschen und der blinde Berto haben abwechselnd vor mir gearbeitet und Aufgaben von den einfachsten Additionen bis zu den verwickeltsten Wurzelrechnungen gelöst. Ich habe Elberfeld verlassen, überzeugt, wie man es nur sein kann, von der Wirklichkeit, der vollkommenen Aufrichtigkeit der wunderbaren und unerklärlichen Tatsachen, die ich dort mit meinen Augen gesehen habe. Übrigens genügt ein einstündiger Aufenthalt in der lauteren Atmosphäre des fantastischen, aber redlichen (loyalen) Stalles, um auch nicht den leisesten Verdacht eines Betruges oder Schwindels in einem selbst noch so mißtrauischen Geiste aufkommen zu lassen. Die Theorie der unbewußten Bewegungen des Fragestellers hält der Prüfung nicht mehr stand. Bezüglich der Hypothese der Gedankenübertragung, der ich zuneigte, muß ich bekennen, daß meine Versuche, die zwei Tage darauf von denen Dr. Haenels vervollständigt wurden, dieselbe gleichfalls auszuschließen scheinen. Mit Krall, dessen Autorität hier das größte Gewicht hat, muß man also zugeben, daß die Pferde selbständig, ohne irgendwelche Hilfe, ohne irgendwelchen fremden Einfluß, durch die

* Prof. Plate veröffentlichte dann im Dezember 1913 das vollständige Protokoll seiner Beobachtungen an den Elberfelder Pferden im „Zoologischen Anzeiger", Nr. 43, Bd. 193, S. 111 bis 127.

** Maurice Maeterlinck, „Die Pferde von Elberfeld", in: „Die neue Rundschau", 6. Heft, 1914.

alleinigen Kräfte ihres Verstandes, die schwierigsten ihnen gestellten Aufgaben lösen. Sonst müßte man zur mediumistischen Hypothese seine Zuflucht nehmen, die aber in dieser kurzen Erklärung unmöglich erörtert werden kann und der ich eine besondere Studie zu widmen gedenke. Beide Auslegungen sind in gleicher Weise verwirrend, weitreichend und geheimnisvoll und eröffnen uns die Pforte zu unendlichen Gedanken, Folgerungen und – Hoffnungen.“

Maeterlinck

Innerhalb dieses ausführlichen Berichts von Maeterlinck erfolgte eine ausführliche Beschreibung des Buchstabiervorganges. Karl Krall war aus dem Stall gegangen und hatte Maeterlinck das Pferd Muhamed allein überlassen:

„Nun bin ich mit Muhamed unter vier Augen. Ich gestehe, ich bin etwas befangen. Ich habe oft den Großen oder den Königen der Erde gegenübergestanden und war durchaus nicht verschüchtert. Doch ich fasse mir ein Herz und spreche mit lauter Stimme das erste beste Zufallswort, den Namen des Gasthofes, in dem ich abgestiegen bin: Weidenhof. Zuallererst scheint Muhamed, durch das Fernsein seines Herrn etwas verwirrt, mich nicht zu verstehen und von meiner Gegenwart überaus keine Notiz zu nehmen. Aber ich wiederhole mit starker Betonung aller Laute ‚Weidenhof, Weidenhof‘, abwechselnd schmeichelnd, drohend, bittend und gebieterisch. Plötzlich entschließt sich mein geheimnisvoller Gefährte, mir Gehör zu leihen und schlägt fröhlich und ohne Zaudern die folgenden Buchstaben an, die ich einen nach dem anderen auf die Tafel schreibe: Weidnhoz. Das ist ein prächtiges Beispiel der Pferde-Orthographie! Triumphierend und verwirrt rufe ich den guten Krall zurück, der an das Wunder gewöhnt ist und es ganz natürlich findet, aber die Stirn runzelt. ‚Was ist das, Muhamed!

Du hast schon wieder einen Fehler gemacht. Nicht ein Z mußt du ans Ende des Wortes setzen, sondern ein F! Willst du es wohl gleich verbessern!‘ Und der gelehrige Muhamed sieht sein Versehen ein und macht mit dem rechten Huf drei, dann mit dem linken vier Schläge, die das tadelloseste F darstellen. – Man

Abb. 11. Muhamed arbeitet „unter Klausur“.
Durch kleine, mit dickem Glas verschlossene Gucklöcher von ca. 5 cm Durchmesser werden die tretenden Füße beobachetet. (Aufnahme 1913)

grübelt und befragt sich, welchem menschgewordenen Phänomen, welcher unbekannten Kraft, welchem neuen Wesen man hier gegenübersteht. Das alles verbargen also unsere schweigenden Brüder vor unseren Blicken.

Man hat bestritten, daß dies alles wirkliche Akte der Intelligenz seien. Es ist allerdings oft sehr schwer, genau zu bestimmen, wo das Denken beginnt und das Gedächtnis, der Instinkt, der Nachahmungstrieb, der Gehorsam oder der mechanische

Antrieb, die Wirkungen der Dressur [des Unterrichts, d. Verf.] und die Glücksfälle aufhören. Trotzdem gibt es Fälle, wo es nicht mehr erlaubt ist zu schwanken. Ich will nur einige erwähnen. Eines Tages kommen Krall und sein Mitarbeiter Dr. Schoeller auf den Gedanken, Muhamed zu lehren, sich durch Worte auszudrücken. Das Pferd ist gelehrig und voller Eifer und macht rührende, aber vergebliche Versuche, einen menschlichen Laut nachzuahmen. Plötzlich hält es inne und erklärt in seiner merkwürdigen phonetischen Orthographie, mit dem Hufe auf das Brett schlagend: „Ig hb kein gud sdim." (Ich habe keine gute Stimme.)

Da die Experimentierenden merken, daß er den Mund nicht öffnete, bemühen sie sich, ihm durch das Beispiel eines Hundes, durch Bilder usw. begreiflich zu machen, daß man, um zu sprechen, die Kinnlade öffnen muß. Dann wird er gefragt: ‚Was muß man tun, um zu sprechen?' ‚Den Mund öffnen.' – ‚Warum tust Du es nicht?' – ‚Weil kann nigd.' (Weil ich nicht kann.)

Einige Tage später wird Zarif gefragt, wie er mit Muhamed spräche. ‚Mit Mund.' – ‚Warum sagst Du mir das nicht mit dem Mund?' – ‚Weil ich keine Stimme habe.' Gestattet die Antwort, wie Krall hervorhebt, nicht die Annahme, daß er zur Unterhaltung mit seinem Stallgefährten andere Mittel besitzt als das Wort?"*

Soweit Maeterlinck. Die ausführlichen Berichte von Prof. Dr. Gustav Wolff, Basel, vom 1. Dezember 1913, wurden 1914 veröffentlicht:**

„Am 22., 23. und 24. November 1913 hatte ich Gelegenheit, die Pferde Hänschen, Berto und Muhamed unter Herrn Krall

* Ich habe beobachtet, daß nebeneinander stehende Pferde oft die Köpfe zueinander neigen und mit den Lippen klappen. (Henny Jutzler-Kindermann)

** „Süddeutsche Monatshefte" (Jan. 1914) und „Tierseele" (1914, Heft 4).

arbeiten zu sehen. Am 24. November habe ich vormittags und nachmittags auch längere Zeit allein mit diesen Pferden gearbeitet. Alle drei Pferde können mehrziffrige Zahlen lesen (bei dem blinden Pferd Berto werden die Zahlen und Aufgaben dem Tier zugerufen oder auf die Haut gezeichnet oder aufgeklopft), addieren, subtrahieren, multiplizieren, dividieren und quadrieren. Muhamed hat einzelne Quadrat- und Kubik- und zweimal eine vierte Wurzel gezogen. Ich habe mich überzeugt, daß den Pferden keinerlei Hilfe gegeben wird. Dem blinden Berto könnte ja gar keine Hilfe gegeben werden, die nicht jeder Beobachter bemerken würde. Der Pferdewächter Albert hat sicher kein Zeichen gegeben. Erstens war er, während Herr Krall und auch während ich allein mit den Pferden beschäftigt war, häufig gar nicht zugegen. Außerdem habe ich mehrmals absichtlich dem Pferd eine Aufgabe gestellt, die der Wärter nicht kannte, indem ich die Zahltafeln, mit denen ich das Pferd arbeiten ließ, so hinter die Schranke legte, daß der Pferdewärter von seinem Standpunkt aus gar nicht sehen konnte, welche Zahlen in Frage kamen. Auch hat Hänschen sehr häufig mit Scheuklappen gearbeitet.

Die Pferde, besonders Berto, gaben oft den letzten Hufschlag mit einer ganz besonderen Betonung, aus der zu erkennen war, daß sie den letzten Schlag mit Bewußtsein gaben und nicht etwa durch ein äußeres Zeichen zum Aufhören veranlaßt wurden. Auch die von anderen Beobachtern oft gemachte Feststellung, man merke häufig an der Sicherheit und Schnelligkeit des Tretens von vornherein, daß eine richtige Antwort kommt, habe ich häufig bestätigen können. Besonders auffällig war diese Erscheinung, als Hänschen die Aufgabe 4444 zu lösen hatte. Hier erfolgte der dreimalige Hufwechsel, der für die Zahl 1111 nötig ist, mit einer so prompten Raschheit und Sicherheit, daß die Möglichkeit irgendeiner Hilfe vollkommen ausgeschlossen war. Ebenso ist es bei Zählaufgaben, etwa wie 111111 oder 121121 usw. – Häufig zeigten die Pferde, insbesondere Muhamed, auch Unlust und gaben keine oder unrichtige Antworten.“

Herr Prof. Heger, Professor der Physiologie an der Universität Brüssel, äußerte sich gegenüber dem Mitarbeiter von Karl Krall, Albert Hoffmann (als man ihm das Buch „Denkende Tiere“ überreichte): „Denkende Tiere, das ist doch selbstverständlich und braucht nicht erst erwiesen zu werden!“ Einige Wochen darauf sagte er zu demselben, nach Lesen des Buches: „Krall hat Großes geleistet, aus dem Buch spricht ein ganzer Kerl!“ Die Pfungstschen Einwürfe gegen das selbständige Denken bezeichnet er als unwissenschaftlich und als vorgefaßte Meinung.

Ein offener Brief Karl Kralls an Karl Marbe*

. . . Was nun Ihre Pläne und Vorschläge für die Zukunft anlangt, so will ich hier noch kurz auf folgende Tatsachen hinweisen. Meine Versuche reichen bis zum Jahre 1905 zurück. Im Jahre 1908 errichtete ich, lediglich für diese wissenschaftlichen Untersuchungen, ein eigenes psychologisches Laboratorium und einen Stall für Unterrichtszwecke, der bis zum Beginn des Krieges 1914 vollständig, bis zum Jahre 1916 teilweise bestand. Der hierfür benötigte Kostenaufwand – Kauf der Versuchstiere, Mieten für Stallungen, Remisen, Reitbahn, Ausgaben für zwei

* Es handelt sich hier um den gekürzten Schluß eines offenen Briefes Karl Kralls an Prof. Dr. Karl Marbe, Würzburg, vom 17. 11. 1916. Er dokumentiert Karl Kralls Haltung in der Kontroverse um seine Person und seine Arbeit auf der Höhe seines Lebens und seiner Erfahrungen. Veröffentlicht findet sich dieser Brief in Karl Krall: „Basso, der rechnende Affe“, Verlag der Gesellschaft für Tierpsychologie, Stuttgart.

Pferdepfleger, Einrichtung, Hilfsmittel, Nebenspesen, dazu die jährliche Verpflegung von manchmal 6 bis 7 Pferden gleichzeitig – womit nur ein Teil der Gesamtkosten erwähnt sein möge –, ergibt, multipliziert mit der Anzahl der Jahre, einen „Etat", der selbst verwöhnte Psychologen mehr oder minder überseeischer Länder in Erstaunen setzen dürfte. Den mir persönlich durch meine häufige Abwesenheit entstandenen geschäftlichen Ausfall rechne ich überhaupt nicht mit.

Wohl aber muß ich in Anschlag bringen die in dieser neunjährigen Tätigkeit eingesetzte und verbrauchte Nervenkraft. Ich stehe unter dem Eindruck, daß man in obengenannten „Fachkreisen" den mit solchen Versuchen unabweislich verknüpften Aufwand körperlicher und geistiger Kraft mangels eigener Erfahrung erheblich unterschätzt. Trotz persönlicher Bemühung und mehrfacher Aufforderung in der „Tierseele" hat es nicht gelingen wollen, zu meiner schon aus Gesundheitsgründen notwendigen dauernden Entlastung einen Assistenten mit sogenannter wissenschaftlicher Vorbildung zu gewinnen, was deshalb zu bedauern ist, weil so die vielen wertvollen Erfahrungen verlorengehen, die ich in all diesen Jahren auf einem noch unerforschten Gebiet sammeln konnte. Trotz aller Einladungen und Reisen ist es mir ferner nicht gelungen, auch nur einen der bekannten Psychologen Deutschlands zu einer Besichtigung, geschweige denn zu einer eingehenden Prüfung in Elberfeld begrüßen zu können. Meine Aufforderungen blieben zum Teil unbeantwortet, und wo ich hie und da persönlich auf eine zögernde Zusage stieß, wurde der Besuch im letzten Augenblick abgesagt. Was diese Herren aber nicht hinderte, aus der Entfernung die Elberfelder Versuche „fachmännisch" abzuurteilen. Dauernde und insbesondere materielle Hilfe ist mir von keiner Seite angeboten, von keiner Seite zuteil geworden.

Wie Sie bereits wissen, wurde mir im April 1915 die Fortführung meiner Versuche unmöglich. Die durch den Krieg erzeugten Schwierigkeiten und insbesondere die von mir persönlich übernommene Pflege der Pferde verursachten bei mir eine schwere Herzerkrankung. Da es sich hier nicht um eine vorübergehende Schädigung handelte, mußte ich auf ärztliche Anordnung meinen Stall wegen der damit verknüpften Aufregungen auflösen. Da ich Ihnen diese Tatsache – noch ehe ich Ihre Absicht kannte – bereits in meinem Brief vom 15. April ds. Js. auf Anfrage hin mitgeteilt hatte, war ich, wie ich Ihnen gestehen muß, um so mehr von Ihrer dringlichen Selbsteinladung überrascht. Das trotzdem von Ihnen für erforderlich gehaltene Anerbieten, Ihre Untersuchungen „sobald als uns irgend möglich" in meinem Stall zu beginnen, kommt heute reichlich spät, nachdem dieser Stall während seines Bestehens, wie Sie sehen, von den deutschen Psychologen gemieden worden ist. Aber Ihr in mich gesetztes Vertrauen, auch in Zukunft für die ständige Bereithaltung des Versuchsmaterials für andere besorgt bleiben zu dürfen, ehrt mich ungemein. Nichtsdestoweniger dürfte dieser Weg sogar manchem Ihrer Herren Fachgenossen etwas ungewöhnlich erscheinen, denn jeder wird ohne weiteres zugeben, daß dieser Weg für den anderen, nämlich für Sie, sehr geehrter Herr Professor, ungleich bequemer und billiger ist als – für mich. Wie Philipp zu seinem Großinquisitor, könnte auch ich zu Ihnen sagen: „. . . Ich habe das Meinige getan" etc.

Wer, statt seine Zeit in unfruchtbarem Wortstreit zu vergeuden, auf die vorliegende Frage eine ehrliche Antwort sucht, ist ja jederzeit in der Lage, mit geeignetem „Material" – mit Pferden, Hunden oder anderen gelehrigen Tieren – diese Unterrichtsversuche anhand der längst bewährten Methode fortzuführen. Die Fragestellung ist derartig umgrenzt, „präzisiert", daß jeder weiß, worauf es ankommt und welche Fehlerquellen zu vermeiden sind. Ich bin bereit, meine Erfahrung, die ich seit Erscheinen meines Buches vergeblich angeboten habe, auch in Zukunft, soweit es Zeit und Kraft gestatten, in den Dienst der

Sache zu stellen. Für mich selbst ist das Problem nach den verschiedensten Seiten hin durchaus geklärt, und ich habe den Weg, auf dem ich zu meinen Ergebnissen gelangte, der Forschung gewiesen. Damit kann ich meine freiwillig übernommene Aufgabe als erledigt betrachten.

Was den psychologisch bemerkenswerten Fall „Faustinus Edelberg“ anlangt, so beziehe ich mich auf die Ausführungen des Herrn Prof. H. E. Ziegler in den Mitteilungen der „Gesellschaft für Tierpsychologie“ und auf meinen Brief an diesen Herrn. Ich kann es niemandem verdenken, sich der Mittel zu bedienen, die seiner Person und seinen Zwecken angemessen erscheinen. Im Interesse derjenigen Herren Fachpsychologen, die mich mit der Person dieses eigenartigen Detektivs beglückt haben, muß ich allerdings bedauern, daß dieser Jüngling aus der Fremde erst nach zwei Jahren mit dem Ergebnis seiner „Untersuchung“ ans Tageslicht getreten ist, wo er die Aussagen der Pferde nicht mehr zu befürchten braucht. Es wäre – rein psychologisch – keine reizlose Aufgabe, diese ihrem Namen nach unbekannte Persönlichkeit auf die für uns ausschlaggebende Eigenschaft, nämlich auf ihre Glaubwürdigkeit, zu untersuchen. Da ich aber Wichtigeres zu tun habe, so will ich Ihnen gerne auf Wunsch zu Ihrer weiteren Aufklärung die Mitteilung einwandfreier Männer zur Einsicht vorlegen, die augenscheinlich über die Persönlichkeit des Herrn „Edelberg“ besser unterrichtet sind als wir beide. Für diesen Fall genügt es mir festzustellen, daß der dänische Taschenspieler in Entlarvungen reist, damit seinen Unterhalt verdient und im Ausland für Geld bereits Vorträge über die Elberfelder „Entlarvung“ hält. „Daß er gelegentlich auch Karten legt, gehört zu seinem Geschäft“, wie uns eine maßgebende Persönlichkeit zur Beruhigung unserer Zweifel mitteilt. Alle Achtung vor der Vielseitigkeit dieses „von psychologischer Seite aus“ erwählten und berufenen Kronzeugen! Daß sogar Sie, sehr geehrter Herr Professor,

„Andeutungen" eines Namenlosen, seinem „Vorwurf" und „Skeptizismus" noch irgendwelche Beachtung schenken, stellt jedenfalls Ihre „Objektivität" in ein glänzendes Licht.

Als ich im Jahre 1912, acht Jahre nach der „Entlarvung" des klugen Hans, meine Untersuchung über das Denken der Tiere veröffentlichte, erwartete ich, mit der Geschichte der Wissenschaft wohlvertraut, bei der Neuheit meiner Ergebnisse von vornherein nur eine Ablehnung seitens der psychologischen „Fachkreise", und dies um so mehr, als ich nicht den Vorzug hatte, zu meiner Arbeit wissenschaftlich diplomiert zu sein. Tatsachen festzustellen, durch die der Fachgelehrte zu einem Umdenken gezwungen wird, wurde zu allen Zeiten dem Unzünftigen als unerlaubter Eingriff, als ein *crimen laesae majestatis* ausgelegt.

Die wissenschaftliche Anerkennung der „Denkenden Tiere" wird lediglich davon abhängen, ob und wieweit in Zukunft meine langjährigen Versuche mit der gleichen Hingabe und Ausdauer oder – wenn diese Begriffe im Wörterbuch der „exakten Psychologie" zu finden sind – mit der rechten Liebe und Treue wiederholt werden. Inzwischen möge es mir, dem heiter Abwartenden, unbenommen sein, mich um so mehr an dem Urteil meiner Zeitgenossen zu erbauen, das sie „zur Verteidigung kultureller Güter" über den Schundliterator und Don Quichotte des 20. Jahrhunderts so verschwenderisch ausgestreut haben.

In diesem Sinne verbleibe ich mit dem Ausdruck meiner vorzüglichen Hochachtung

17. 11. 1916 Ihr ergebener *Karl Krall**

* Am 12. Januar 1929 verschied im Alter von 66 Jahren Karl Krall in München an den Folgen einer Lungenentzündung, die er sich bei einem Besuch seiner Heimatstadt Elberfeld zugezogen hatte. Ein immer stärker werdendes Herzleiden hatte zuvor seine Widerstandskraft geschwächt.

NACHKLANG

Die meisten Leser können sich gewiß beim Betrachten der beiden Gestalten „Wilhelm von Osten“ und „Karl Krall“ einer tiefen Bewegtheit nicht erwehren.

Der greise von Osten, in seinem genialen Eifer, steht den Dingen der Welt anspruchslos gegenüber. Karl Krall, der sichere, großzügige und weltgewandte, steht mit demselben Eifer in der Arbeit und mit dem äußerst gewissenhaften Bemühen, alle Einwände zu prüfen, um sie schließlich zu widerlegen. Beiden war der volle Erfolg nicht beschieden, den erst eine ihnen ferne Zukunft bringen wird. Aber beide ließen nicht von der einmal erfaßten Wahrheit, die ihnen zur Lebensaufgabe geworden. Eine Aufgabe, die sie aber – und trotz allem – als glücklicher Besitz erfüllte.

Es ließ sich bei den Berichten über v. Osten und Krall nicht vermeiden, auch öfter Streitfragen zu berühren, als eigentlich für dieses Buch vorgesehen war – einmal weil die heutige Stellung unserer Sache sich zum Teil aus diesen ersten Erlebnissen erklärt (worauf zu achten ist), zum zweiten, weil das Erscheinen dieser neuen Erkenntnis damals solchen Staub aufrührte, wie wir es uns gar nicht vorstellen können, zum dritten, weil eine genaue Berichterstattung das alles nicht übergehen darf.

Zu den hier unter von Osten und Karl Krall erwähnten – bis heute noch nachwirkenden – gegnerischen Darstellungen gab es ausführliche exakte und überzeugende Aufklärungen. So zum Beispiel von Verlagsbuchhändler R. Jordan zusammengefaßt, über den Fall Prof. Pfungst (unwissentliche Zeichengebung) und von Prof. H. E. Ziegler über den Fall Faustinus Edelberg (den von wissenschaftlicher Seite entsandten „Entlarver“). Man fragt sich daher, wie es möglich ist, daß sich

Abb. 12. Karl Krall mit seinen Pferden Muhamed und Zarif.

namhafte Wissenschaftler – unbesehen – heute noch auf die Urteile berufen mögen. Die Angelegenheit Faustinus Edelberg ist in diesem Zusammenhang besonders beschämend, weil es sich hier um einen berufsmäßigen Taschenspieler handelt, dessen rasches Urteil auf einem ihm sonst fremden Gebiet anscheinend mehr gilt als jenes der jahrelang in ihren Forschungsarbeiten stehenden Männer.

Seltsamerweise wird hier einmal das Urteil eines Laien als Fundament benützt.

Im allgemeinen aber steht man heute dem ganzen Problem gelassener gegenüber. Viele Menschen haben im Prinzip gar nichts mehr dagegen, die Denkfähigkeit der Tiere gelten zu lassen. Es wird nur den meisten dabei nicht bewußt, was das eigentlich bedeutet, wie weit diese Fähigkeit geht und was für Folgerungen daraus zu ziehen wären.

Jedenfalls kam etwas grundsätzlich Neues durch Wilhelm von Osten und Karl Krall in die Welt, etwas, von dem selbst die Gegner sagten, „. . . daß es alles bisherige Denken auf den Kopf stellen würde, wenn das Neue Wahrheit wäre“.

Jedoch – wenn diese neue Erkenntnis „Tiere können denken“ einmal Allgemeingut geworden ist, dann wird man voraussichtlich vergessen haben, welcher Einsatz dazu nötig war, um ihr zur Geltung zu verhelfen.

So wundersam diese Dinge sind, so viel verlieren sie an Erstaunlichem, wenn man bedenkt, daß es Tiere gibt, die einen Begriff von Zahl haben und zählen können, wie die Ochsen bei Susa, welche den königlichen Park mit Schöpfeimern bewässern, deren Zahl festgesetzt ist. Jeder von ihnen bringt täglich hundert Eimer, mehr kann man nicht von ihnen – auch nicht durch Zwang – erhalten. Man hat oft versuchsweise die Zahl erhöhen wollen, aber der Ochse bleibt stehen und rührt sich nicht, sobald er die Zahl, die vorgeschrieben war, geliefert hat. So genau rechnet er zusammen und behält die Summe, wie der Kniedier Ktesias berichtet hat.

(Plutarchs moralische Schriften, Stuttgart 1861)

IV. Berto, das blinde rechnende Pferd

*Von Karl Krall**

Schon seit langem war es mein Wunsch, ein völlig erblindetes Pferd unterrichten zu können, um festzustellen, in welcher Zeit und in welchem Umfang unter so erhöhten Schwierigkeiten eine geistige Ausbildung zu erreichen wäre. Im Falle des Gelingens – so sagte ich mir – würde selbst der Widerstrebende die ganze Haltlosigkeit der „Zeichenhypothese“ erkennen müssen. Man hätte aber auch ein Beispiel von Geistesentwicklung vor Augen gehabt, wie es sich bisher noch nicht geboten hatte. Es hielt schwer, ein geeignetes Pferd für diesen Zweck zu bekommen, da die angebotenen Tiere mir für den zeitraubenden Versuch zu alt erschienen. Erst im Spätherbst 1912 konnte ich aus einer Pferdemetzgerei ein blindes Pferd, das schon zum Schlachten bestimmt war, für meinen Versuch erhalten.

Dieses Pferd „Berto“, ein Hengst Mecklenburger Schlages, Kaltblut, war damals erst eineinhalb Jahre alt, gesund, kräftig und von sehr lebhaftem Temperament. Aus dem Benehmen des

* Karl Krall: „Berto“, in „Denkende Tiere“, Heft 2, Verlag der Gesellschaft für Tierpsychologie, Stuttgart 1913.

Pferdes, ebenso aus gründlichen Untersuchungen von Ärzten und Tierärzten ging zweifellos hervor, daß das Tier völlig erblindet war. Ob der Star auf beiden Augen seit der Geburt vorhanden oder durch Krankheit erst später erworben war, konnte ich nachträglich nicht mehr feststellen.

Für die Versuche kam noch ein günstiger Umstand hinzu: Das Pferd war nicht imstande, durch den Geruchssinn Wahrnehmungen zu machen. Man kann eine frischgeschnittene, für uns Menschen kräftig riechende Mohrrübe (nach der Berto sehr begierig ist) dicht an seine Nase heranführen, ohne daß er sie zu wittern vermag. Erst wenn man seine Tasthaare berührt, schnappt er gierig zu. Wenn man seine helle Futterkiste von der gewohnten Stelle wegrückt, so geht Berto so lange suchend in seiner Box herum, bis er die Kiste berührt; sehen oder riechen kann er sie nicht. Obwohl Berto (nach Art des Pferdes) sich offenbar bemüht, durch heftiges Einziehen und Ausstoßen der Luft den mangelnden Sehsinn durch Riechen zu ersetzen, können wir als feststehende Tatsache annehmen, daß bei allen vorliegenden Versuchen weder sein Seh- noch sein Geruchssinn in Frage kommen.

Die erste Unterrichtsstunde fand am 21. September 1912 statt, in Gegenwart der Herren Dr. Roberto Assagioli (Florenz) und Dr. William Mackenzie (Genua), die zur Prüfung der Pferde Muhamed und Zarif herübergekommen waren. Beide Herren haben über ihre Eindrücke berichtet.

Der Anfang der ersten Lehrstunde verlief etwas dramatisch, und es boten sich wertvolle Einblicke in das Innenleben des blinden Schülers. Das arme Geschöpf war vermutlich wenig liebevoll behandelt worden, denn es empfand jedes Berühren und Anfassen als etwas Feindliches und antwortete darauf mit Schlagen und Beißen. Unter solchen Umständen gestaltete sich die erste Übung – das Beibringen des Fußklopfens, was bei anderen Pferden leicht gelingt – zunächst schwierig. Faßte man den Fuß an, um das Pferd zum Treten und Hochheben zu veranlassen, so schlug der Hinterfuß mit „affenartiger Gewandtheit“ nach vorn, nach der anfassenden Hand. Dabei stieg der Wildling hoch und gebärdete sich, nach vorn und hinten auskeilend, so wüst und unzugänglich, daß ich mit Schrecken an die weitere Erziehung dachte. Aber es war überraschend, wie schnell begütigendes Zureden, unterstützt durch Liebkosungen und Leckerbissen, das Tier beruhigten. Es empfand bald, daß ihm nichts zu Leide geschehen sollte, und bereits nach 15 Minuten hatte Berto begriffen, daß er auf meinen Zuruf mit dem Fuß zu treten hatte. Der erste Schritt zur Verständigung war getan. Von vornherein sprach ich mit ihm, als wenn er schon alles verstände, eine Lehrweise, die sowohl bei der taubstummblinden Helen Keller wie auch bei Muhamed und Zarif zu so überraschenden Erfolgen geführt hat.

Am Anfang erstreckte sich die Unterweisung (wie eine später zu veröffentlichende Niederschrift zeigen wird) auf verschiedenartige Gebiete. Späterhin beschränkte ich mich jedoch aus Mangel an Zeit auf die Übermittlung des Zahlbegriffes und der Rechenarten, woran sich dann das Buchstabieren anschloß.

Der Zahlbegriff – in der ersten Zeit bis zur Zahl 9 – wurde verdeutlicht, indem beim Nennen des Zahlwortes die entsprechende Zahl mit der Hand auf des Pferdes Rücken geklopft oder mit dem Finger aufgetupft wurde. Außerdem wurde die Ziffer auf die Haut Bertos in entsprechender Größe mit dem Finger aufgezeichnet. Wir haben zwei Wege: die Übermittlung durch den Gehör- und durch den Tastsinn, und die Verständigung durch den Tastsinn zerfällt in zwei Unterstufen: die Verknüpfung mit der Anzahl oder mit der Form der Ziffer oder beides vereint. Beim Nennen und Auftupfen der Zahl ließ ich dann vom Pferdepfleger Bertos Fuß entsprechend oft hochheben und damit scharren, damit sich die Anzahl der geklopften Tritte mit dem Laut- und Tastbild verknüpfen sollte.

Die Art, wie ein blindes Pferd im Zuzählen (Addieren) zu unterweisen ist, ergibt sich ohne weiteres. Wenn ich ihm beibringen will: „Drei und vier macht sieben“, so ist es das Gegebene, erst drei- und dann viermal auf seinen Rücken zu klopfen, indem ich nach der Drei eine kurze Pause mache. Aber schon

Abb. 13. Berto, das blinde Pferd.
Die Aufgabe wird – ohne zu sprechen – auf das Fell geschrieben.

bei der Unterweisung im Abziehen stoßen wir auf Hindernisse, denn ich kann ja dem blinden Pferd nicht zeigen, daß ich bei der Subtraktion etwas wegnehme, „abziehe“ – ein Vorgang, der einem sehenden Pferd mit Leichtigkeit beim Anschauungsunterricht zu verdeutlichen ist. Es spricht meines Erachtens für das schier unbegreifliche Verständnis des Pferdes für Zahl- und

Rechenbegriffe, wenn es auch in diesem Fall genügt, ihm zwei oder drei Beispiele zu nennen. Es zeigt dann durch seine Antwort (die keineswegs eine Wiederholung darstellt), daß es den Sinn der verlangten Aufgabe, also der Rechenart, erfaßt hat. Die erste Unterweisung im Abziehen war etwa folgende: „Du hast mir jetzt geantwortet: sechs und zwei macht acht. Nun paß gut auf (mit deutlicher Betonung): Acht weniger zwei bleibt sechs, denn sechs und zwei macht acht.“ (Kurze Pause)

„Acht weniger drei bleibt fünf, denn fünf und drei macht acht. Paß auf: sieben weniger vier – was bleibt?“ Die hierauf folgende richtige Antwort, auch bei wechselnden Aufgaben, schließt „zufälliges Raten“ aus.

Bald, wenn die Kenntnis des Abziehens „festsitzt“, kann man geradezu irreführende Betastungen machen: ich tupfe – ohne ein Wort dabei zu sprechen – zwölfmal deutlich auf den Rücken, sage dann mit Betonung „weniger“ und tupfe dann ebenso lautlos viermal. Berto antwortet: acht. Er hat also begriffen, daß das Wörtchen „weniger“ hier das Wesentliche ist; er addiert nicht, wie es so naheliegt, die beiden aufgetupften Zahlen, sondern subtrahiert die eine von der anderen. Die Verdeutlichung des Teilens fand in entsprechender Weise anhand von Beispielen statt, ebenso das spätere Hochnehmen usw. Ferner begriff Berto, daß die Zahl Null keine Veränderung des Ergebnisses herbeiführt; die Abweichungen beim Malnehmen werden ihm wiederum an genannten Beispielen verdeutlicht. Alles dieses versteht er schnell.

In kurzer Zeit lernt Berto auch eine Zahl markieren, also zum Beispiel bei „zwei mal vier“ nach der ersten Vier den Fuß hinzusetzen und dann nach kurzer Pause bis acht weiterzuklopfen. Sehr bald konnte man ihm den Befehl erteilen: „Zähle bis neun und markiere eine Zahl“, worauf er eine beliebige Zahl markierte, um dann bis neun weiterzuzählen. Auch konnte er Befehle wie: „Wiederhole das und markiere jetzt eine andere

Zahl, eine ganz niedrige Zahl“ usw. (wobei er die Eins markiert) mit großer Sicherheit ausführen.

Später, als häufiger mit zweistelligen Zahlen gerechnet wurde, trat bei dem Markieren eine Verknüpfung (Assoziation) auf, die uns psychologisch nicht unerklärlich erscheint: Gewohnt, bei den zweistelligen Zahlen vom rechten zum linken Fuß überzugehen, machte er das auch beim Markieren; nach dem Hinstellen des rechten Fußes fuhr er – aus Gewohnheit – mit dem linken fort.

Auch bei diesem Pferd traten mancherlei Fehler zutage: die Umstellung zweistelliger Zahlen, die Verwechslung der Rechenarten (Zuzählen statt Malnehmen oder Abziehen usw.). Beachtenswert ist auch der Umstand, daß Berto, wenn er nicht dicht genug am Tretbrett stand und eine Reihe von Schlägen in die Luft machte, nur die Schläge zählte, die das Tretbrett traffen. Manchmal erwartete man eine Antwort, zum Beispiel das Ergebnis 15 wie gewohnt in Einern und Zehnern, aber Berto zählte die Zahl mit dem rechten Fuß aus und verbesserte sich erst auf den Befehl hin: „Nun aber Einer und Zehner!“

Wenn wir die Schwierigkeiten ermessen, bis der Zahlbegriff vom Kind glücklich erkannt ist, uns die Hindernisse vorstellen, die bei vielen wilden Völkerschaften bei dem Versuch, ihren Zahlbegriff zu erweitern, auftreten, so stehen wir hier vor einem Wunder, namentlich, wenn wir berücksichtigen, wie schnell sich das Pferd in unsere deutsche Sprache, in eine ihm völlig fremde Welt hineinlebte. Dieses Sprachverständnis ist für mich der Prüfstein seines hohen Verstandes. Für uns Menschen, die wir in menschlicher Umgebung spielend unsere Muttersprache erlernen, ist es recht schwierig, sich klarzumachen, welche hohe Geistesveranlagung der gleiche Erwerb bei dem stummen Tier voraussetzen muß. Auch halte ich es für etwas Besonderes, wenn ein blindes Pferd begreift, daß sein Klopfen einmal eine Zahl und das andere Mal einen Laut bedeutet.

Zu meiner Befriedigung zeigte sich von Anfang an bei Berto ein auffallendes Verständnis für den Sinn der zu ihm gesprochenen Worte sowie das Erfassen des Zahlbegriffs; hierin ist ihm wohl von allen von mir unterrichteten Pferden nur Muhamed an die Seite zu stellen. In der ersten Zeit des Unterrichts zeigte Berto gespannte Aufmerksamkeit auf das, was ich zu ihm sprach. Wenn er zum Beispiel nach einer richtigen Antwort zur Belohnung eine Mohrrübe erhalten hatte und diese gierig verzehrte, so hörte er sofort mit Kauen auf, hob den Kopf, wenn ich das Wort an ihn richtete, und erst wenn ich schwieg, fuhr er mit dem Verzehren fort. Daß ein eßgieriges Pferd lieber zuhört als weiterkaut, ist wohl ein nicht alltäglicher Vorgang.

Die Begabung der bisher unterrichteten Tiere – ich habe im Lauf der Jahre Versuche mit elf Pferden und zwei Eseln gemacht – zeigte sich als eine außerordentlich verschiedene. Während Muhamed innerhalb von 14 Tagen bis zur Zahl Neun zählen gelernt und drei Rechenarten begriffen hatte, dauerte der gleiche Vorgang mit den anderen Tieren (mit Ausnahme eines Berberhengstes) bedeutend länger. Bei drei Araberhengsten aus dem Gestüt Scharnhausen blieb selbst ein mehrmonatiger Unterricht ohne sichtbare Wirkung; nicht die Spur eines Verstehens trat zutage, obgleich es sich um Pferde edler Abstammung handelte. Wenn ich das Verständnis Bertos mit dem anderer Pferde vergleiche, so muß ich sagen, daß er ein außergewöhnlich gut veranlagter Schüler war.

Am 21. September 1912 fand, wie erwähnt, die erste Unterrichtsstunde statt. Nach 14 Tagen beherrschte er die Zahlbegriffe bis neun sowie drei Rechenarten (Zuzählen, Abziehen und Malnehmen). Am 13. November konnte Berto mit zweistelligen Zahlen rechnen, wobei der rechte Fuß die Einer, der linke die Zehner angab. Auch vermochte er, die auf sein Fell geschriebenen (ihm nicht genannten) Ziffern an der Form durch den Tastsinn zu erkennen, sogar „aufgeschriebene" zweistellige Zahlen und Rechenaufgaben wie drei mal fünf usw., wobei er, anfangs namentlich häufig die Sechs und die Neun verwechselte. Die erste Unterweisung im Buchstabieren erfolgte am 29. Januar 1913. Schon am 4. Februar gab Berto einige der mit ihm geübten Buchstaben richtig ohne weitere Hilfe durch Treten an. Am 13. Februar buchstabierte er – wie es mit ihm häufiger wiederholt wurde – auf die Frage: „Wie heißt Du?" – fehlerlos seinen Namen: b-e-r-t-o. Die Unterweisung im Buchstabieren geschah etwa folgendermaßen. „Du bist ein liebes Pferd (ihn streichelnd), du heißt Berto. Jetzt wollen wir einmal „Berto" buchstabieren. Der erste Buchstabe ist b. Für b zählst du 2. Jetzt hast du b buchstabiert. Nun wollen wir den zweiten Buchstaben e buchstabieren, da mußt du 11 zählen. Buchstabiere einmal e, also zähle 11." Berto zählte 11. „Jetzt hast du e buchstabiert usw." Daß für das blinde Pferd eine neue vereinfachte Buchstabiertafel – unter Weglassung aller entbehrlichen Buchstaben – in Anwendung kam, sei noch nebenbei vermerkt.

Anfang März 1913 war Berto mit Erfolg in die „höhere" Rechenkunst des Hochnehmens, Wurzelziehens und des Rechnens mit einer Unbekannten eingedrungen. Außerdem wurden die Übungen im Buchstabieren fortgesetzt. Inzwischen hatte er schon das Zählen dreistelliger Zahlen gelernt und begann jetzt damit zu rechnen. Ich war stets aufs neue erstaunt über die Schnelligkeit, mit der Berto aufgrund weniger Beispiele – anders kann man ja den Vorgang des Abziehens, Teilens usw. nicht verständlich machen – in neue Gebiete eindrang. Die schnellen Fortschritte Bertos waren um so bemerkenswerter, als ich mich, im Gegensatz zu meinen früheren Unterrichtsversuchen, ihm nur in sehr beschränktem Maße widmen konnte. Oft mußte ich den Unterricht tagelang unterbrechen, selten dauerte die Unterweisung länger als etwa 20 Minuten. Der Unterricht war also unregelmäßig und zeitlich beschränkt.

Der Charakter Bertos ist durchweg gutmütig; von dem kleinen Hänschen, das oft sehr mutwillig auf dem Hof umherspringt, ihn belästigt und beißt, läßt er sich ruhig alles gefallen. Von seiner ursprünglichen Abneigung gegen jede Berührung des Menschen, die wahrscheinlich von der früheren schlechten Behandlung herrührt, ist ihm die Abneigung gegen das Anfassen und Streicheln des Kopfes geblieben. Bei seinem heftigen Temperament ist es nicht ganz leicht, mit ihm umzugehen, da er bei einem unvorhergesehenen Hindernis gern in die Höhe steigt und heftig ausschlägt – Abwehr gegen das Unerwartete. Auch verläßt er gern nach gelöster Aufgabe sein Tretbrett, so daß er zurückgeführt werden muß. Aus all diesen Gründen ist die Anwesenheit des Pferdepflegers, der seine Eigenheiten kennt und ihn zu behandeln versteht, durchweg erforderlich. Übrigens befindet sich dieser während der Antworten in zwei bis drei Metern Abstand (mehr gestattet der Unterrichtsraum nicht). Doch Berto arbeitet auch mit fremden Besuchern, wie aus verschiedenen Erklärungen zur Genüge hervorgeht.* Wer die Zeit hätte, sich mit ihm im Verlauf einiger Tage anzufreunden und seine Eigenheiten kennenzulernen, würde auch allein mit ihm arbeiten können. Verhalten und Stimmung sind sehr ungleich. Es treten vielfach Störungen auf, über die man sich nicht ohne weiteres Rechenschaft zu geben vermag. Manchmal steht man unter dem Eindruck, als verweigere der Hengst die richtige Antwort, zumal er sich nach einem freundschaftlichen Klaps zusammennimmt und dann richtig antwortet. Die Unterscheidung, ob Nichtwollen oder Nichtkönnen vorliegt, ist auch hier schwierig. Zu Zeiten macht sich eine große innere Unruhe bemerkbar, die manchmal eine Reihe von Tagen anhält und die Leistungen stark beeinträchtigt. Besonders die Zeit des Haar- und Zahnwechsels ist wochenlang von ungünstigem Einfluß,

* Mitteilungen der Gesellschaft für Tierpsychologie, 1. Jahrgang, 1. Heft (Anhang), Stuttgart 1913.

und man muß dann große Geduld mit dem unaufmerksamen Schüler haben.

Ich hatte gehofft, bei einem blinden Pferd würden Stimmung und Leistung gleichmäßiger sein als bei den anderen Schülern; aber in dieser Hinsicht stimmen sie völlig überein. Namentlich in der ersten Zeit trat diese Unrast hervor. Es war oft traurig anzusehen, wie das blinde Tier Tag und Nacht ruhelos in seiner Box umherwanderte „Es ist“, meinte ein Besucher, „als wenn er zum Lichte strebte.“

Dieses rastlose Umherwandern ermüdete ihn manchmal derart, daß er nur wenig im Rundlauf bewegt werden durfte, weil er dann vor Müdigkeit fast umfiel. Später, bei liebevoller Behandlung, legte sich dieses unstete Wesen bedeutend. Im allgemeinen bin ich immer mehr zu der Ansicht gelangt, daß in Fällen des Versagens nicht stets Widerstand vorliegt, sondern daß sich – leider nur zu oft – das Pferd „gestört“ zeigt, namentlich durch die Anwesenheit fremder Besucher. Diese wirken, wenn sie sich nicht ganz ruhig verhalten, sehr ungünstig auf die Leistungen ein: Das Tier zeigt sich vielfach abgelenkt und unaufmerksam.

Die große Hingabe und Aufmerksamkeit, die Berto sonst bei der geistigen Arbeit zeigt, mag die Ursache sein, daß er – im Gegensatz zu den anderen Pferden – verhältnismäßig rasch ermüdet. Schon nach 20 Minuten ständiger Arbeit erschlafft seine Aufmerksamkeit, was sich durch ein immer häufigeres leises Schnauben (das Zeichen innerer Aufregung) kundgibt; er ist dann nicht mehr imstande, ruhig zu antworten, und man muß den Unterricht abbrechen.

Auch bei Berto hängt die Leistungsfähigkeit in hohem Grade von der Stimmung ab, die Leistungen sind überaus wechselnd. Manchmal versagt er gänzlich, um nach kurzer Zeit, wenn er etwas auf dem Hof umhergeführt wurde, bessere Antworten zu geben. So entsinne ich mich eines besonders auffallenden

Beispiels: Ich hatte das Pferd einigen Besuchern vorführen wollen; es leistete aber nichts und irrte sich ständig. Nachdem ich mich eine Viertelstunde hindurch fast ergebnislos mit ihm beschäftigt hatte, sagte ich bedauernd zu den anwesenden Herren: „Es tut mir leid, daß Sie den Hengst in so schlechter Verfassung sehen; bei guter Stimmung zeigt er ganz andere Leistungen." Während ich noch in dieser Weise sprach, erhob sich Berto ohne jede äußere Veranlassung kerzengerade in die Höhe, donnerte mit den Vorderhufen auf das Tretbrett und zeigte schon rein äußerlich das vollständig verwandelte Bild feurigsten Temperaments, während er vorher wie im Schlaf dagestanden hatte. „Er ist erwacht, meine Herren", fuhr ich fort, „wir wollen sehen, was er jetzt leistet." Die Vorführung ging weiter, und siehe da, Berto war wie umgewandelt, fast alle Antworten erfolgten richtig.

Beweise für das selbständige Denken

Das blinde Pferd Berto

Aus einem Vortrag von Karl Krall vor dem 3. Congrès International de Recherches Psychiques in Paris am 29. 9. 1927

Um Ihnen von den vielen Beweisen für das eigene Denken des Tieres zum Schluß noch ein drastisches Beispiel zu geben, möchte ich Ihnen schildern, wie das blinde Pferd „Berto" eine höhere Zahl zählte. Die anderen Pferde machten das auch, aber bei Berto war es am eindruckvollsten. Vergegenwärtigen Sie sich noch einmal, wie die Einer mit dem rechten, die Zehner mit dem linken Fuß usw. gegeben werden. Der Befehl lautet: „Berto, zähle vierundfünzig!" Berto klopft gravitätisch viermal rechts, fünfmal links. „Tausche die Zahlen um.“ Richtig: fünfmal rechts, viermal links. „Nun klopfe die Zahl mit dem rechten Fuß allein.“ Berto zählt jetzt nicht wie vorher, gravitätisch, langsam, sondern erhebt den Fuß kaum über das Tretbrett und fängt so schnell zu klopfen an, daß man mitzählend kaum zu folgen vermag. Gegen Schluß der langen Zahlenreihe hin verlangsamt er immer mehr das Zähltempo, klopft jetzt gewichtig 49, 50, 51 usw. immer langsamer und lauter, bis er den Schlußtritt mit donnerähnlichem Schlag vollführt und sofort mit dem Fuß vom Tretbrett zurückschnellt wie ein Soldat, der strammsteht. Was können wir daraus entnehmen? Daß das Pferd sich seiner Aufgabe vollkommen bewußt ist: Die Zahl 50, die es vorher mit dem linken Fuß symbolisch angab, zählt Berto jetzt aus. Er empfindet das Langweilige und Ermüdende dieses Auszählens und sucht sich deshalb seiner Aufgabe mit einem möglichst geringen Aufwand von Kraft und Zeit zu entledigen. Offenbar zählt er im Innern mit, ob in seiner Pferde-Sprache oder in unserer menschlichen Sprache, wissen wir nicht.

Das Wichtige dieses Vorganges liegt darin, daß man eine solche charakteristische, sinnvolle Art des Tretens mit keinerlei äußeren Mitteln und Einwirkungen, meiner Ansicht nach auch nicht telepathisch hervorrufen kann. Das macht das Tier aus sich heraus, und diejenigen, die einen solchen Vorgang erleben konnten, erhoben keinen Einwand mehr gegen einen solchen Beweis geistiger Selbständigkeit. Überraschend ist auch die Schnelligkeit des Zählens; eine telepathische Übertragung erfordert stets eine, wenn auch kurze Zeitspanne, und hier spielt sich alles in so schnellem Tempo ab, daß für irgendeine Einwirkung – seien es Zeichen oder Telepathie – gar keine Zeit bleibt. Da der blinde Berto das Tretbrett nicht sehen konnte, klopfte er manchmal ins Leere. Diese unhörbaren, in die Luft geführten Schläge zählte er nicht mit. Beigebracht war ihm dies nicht, er machte es von sich aus. Was bedeutet das für eine Überlegung!

Berto (besonders auch Zarif) markierte beispielsweise bei Multiplikationen „drei mal vier“ aus sich heraus die Vier und Acht, indem er seinen Fuß hochzog, einige Sekunden so verharrte und dann erst weiterklopfte. Wo bleibt da die Einwirkung? Bei solchen Tatsachen verflüchtigt sich diese Hypothese ins Ätherblaue.

Ich habe auf diese Beweise des selbständigen Denkens bei Berto zurückgegriffen, um zu zeigen, daß solche Leistungen weder durch Telepathie noch durch sonstige äußere Einwirkungen zu erklären sind.

Protokoll der Leistungen Bertos

Niederschrift vom 8. November 1912

Anwesend: Dr. Voirin, Direktor des Elberfelder Schlachthofes, als Protokollführer, Tierarzt Dr. Vortmann, Veterinärrat Wessendorf (Elberfeld), Karl Krall, Pferdepfleger Albert.

Berto zeigt sich ganz schläfrig und teilnahmslos, er antwortet anhaltend falsch. Plötzlich steigt er hoch, donnert heftig auf das Tretbrett und zeigt eine völlig veränderte Haltung. Die Prüfung beginnt von neuem (F = falsch, R = richtig):

„Vier und vier“		R 8	„Neun weniger zwei“	R 7
„Wiederhole“		R 8	„Neun weniger drei“	R 6
„Drei mal drei“		R 9	„Neun weniger vier“	R 5
„Vier und drei“		R 7	„Acht weniger eins“	F 9
„Vier und vier“	F 10	R 8		(Addition)

Die Betonung wird jetzt auf das Wort *weniger* gelegt.

„Acht weniger zwei“	R 6	„Wiederhole“	R 6

(Ohne zu sprechen achtmal aufgetupt) weniger (viermal ohne zu sprechen aufgetupft) F2 R 4
Vier und drei" R 7
„Zähle eins" R 1
„Was kommt dann?" R 2
„Was folgt?" R 3
„Dann?" R 4
„Welche Zahl folgt?" R 5
„Dann?" R 6
„Willst du auch die nächste Zahl zählen?" R 7

Die folgenden Aufgaben wurden sehr rasch gelöst.

„Zähle fünfundsechzig" R 65
„Vier und vier" R 8
„Drei mal drei" R 9
„Drei und drei" R 6
„Neun weniger zwei R 7
„Acht weniger drei" R 5
„Addiere fünf und vier" R 9
„Zähle bis neun, markiere fünf" R und 4
„Wiederhole ohne Markieren" R 9
„Wieviel ist sechs und zwei?" R 8
„Markiere die sechs" R 6 und 2
„Wiederhole die Zahl ohne Markieren" R 8
„Mach die Zahl sechs" R 6
„Mach die Zahl acht" R 8

Es werden nun die Zahlen 1 bis 9 aufs Fell geschrieben. „Nun mache diese Zahl."
Es wird, ohne ein Wort zu sprechen, die Zahl 6 auf die rechte Seite des Pferdes geschrieben. R 6

„Zähle fünfundsechzig" R 65
„Fünfundsechzig und elf" R 76
„Fünfundsechig u. dreizehn" R 78
„Wiederhole das nochmal" R 78
„Fünfundsechzig u. vierzehn" R 79
„Zähle siebzig" R 70

NACHKLANG

Wir wissen, daß Karl Krall viele Prüfungen der Pferde mit vorgehängten Scheuklappen gemacht hat, außer einigen, die sogar in völliger Dunkelheit vorgenommen wurden. Wir wissen außerdem, daß er des öfteren Versuche machte, bei denen das Pferd allein im Stall stand und dort antwortete, während die Fragenden es durch einen Türspalt beobachteten. Nun hat auch noch das blinde Pferd bewiesen, daß „selbst feinste und unbewußte Zeichengebung" als Erklärung ausgeschlossen ist. Es berührt deshalb traurig im Interesse der so gewissenhaft Forschenden ebenso wie der erkannten Wahrheit, wenn noch heutzutage mangels einer umfassenden Aufklärung Sätze zu lesen sind wie die nachfolgenden:

„Die außerordentliche Empfindlichkeit gegenüber optischen Eindrücken steht in engstem Zusammenhang mit der übermenschlichen Wahrnehmungsfeinheit des Pferdes. Diese wurde entdeckt anläßlich der geradezu historischen Täuschung, der vor etwa drei Jahrzehnten einige Forscher zum Opfer fielen, als sie in der sogenannten Krallschen Klopfmethode ein Mittel gefunden zu haben glaubten, welches dem Tier erlaubt, seine Gedanken dem Menschen zu übermitteln."

Mit welcher Blut- und Qualschuld hat die Menschheit sich durch Sünde an der Tierwelt befleckt?

Friedrich Hebbel
(Aus seinen Tagebüchern)

V. Die unterrichteten Pferde von Montevideo

*Von Max Albert Hirzel**

Veranlaßt durch Zeitungsberichte über Kralls Vorträge in Paris, hat Dr. Hirzel in Zürich dem Herausgeber der „Mitteilungen" sowohl mündlich wie auch schriftlich Bericht erstattet über neue Unterrichtsversuche mit Pferden. Da Herr H. mit dem Tierlehrmeister Wald gut befreundet war, hat er dem Unterricht häufiger beigewohnt und auch selbst mit den Pferden gearbeitet.

Die innere Übereinstimmung der Versuche in Elberfeld und Montevideo ist um so bemerkenswerter, als der Tierlehrmeister Josef Wald die Krallschen Ergebnisse nur aus Zeitungsberichten und dem Maeterlinckschen Aufsatz kannte; das Werk „Denkende Tiere" war ihm unbekannt. Nachstehend folgt Hirzels Bericht.

Vor Jahren las ich in Zeitschriften und Tageblättern wiederholt von Ihren sensationellen Experimenten. Die zufällige spätere Lektüre in dem Buch des belgischen Autors Maeterlinck „Der unbekannte Gast", in dem Ihre ehemaligen Pferde eine hochinteressante Einschätzung erfahren, bestärkte mich noch im Glauben an Ihre Errungenschaften auf diesem Gebiet.

Was nie zuvor menschliche Wesen in den Bereich der Möglichkeit gezogen haben, fand in den Versuchen, die Wilhelm von Osten und Karl Krall unternommen haben, eine ungeahnte

* Bericht Max Albert Hirzels, hier gekürzt wiedergegeben, aus den „Mitteilungen der Gesellschaft für Tierpsychologie", 3. Folge, H. 3/4, Stuttgart 1929.

Erfüllung. Der Streit im Für und Wider ist bekannt genug: Die meisten blieben in Hypothesen stecken. W. v. Osten starb bereits 1909, und auch die Krallschen Hengste gehören nun schon der Vergangenheit an.

Ganz unerwartet hat sich nun ein Nachfolger dieser Tierpädagogen gefunden, der die Begabung besitzt, Pferde im Rechnen und Buchstabieren zu unterrichten. Dieser Mann, ein geborener Münchner, 45 Jahre alt, heißt Josef Wald, eine verschlossene, grüblerische Natur, der sich mit großer Hingabe seiner Aufgabe widmete. Er ist bereits seit zwei Dezennien in Montevideo, der Hauptstadt Uruguays, ansässig und beim dortigen Zoologischen Garten angestellt.

Die ersten Experimente machte Wald mit einem Ponyhengst des Zoologischen Gartens namens Monson. Die Anfangsperiode verlangte ausnehmend viel Geduld und Ausdauer, um den Vierfüßler in die elementaren Begriffe der Mathematik und des ABC einzuführen. Sein Vorgehen fußte teils auf Krallscher Methode, teils auf eigener Auffassung und erinnerte sehr an die bei Vorschülern übliche Unterweisung. Liebevolles, schmeichelndes Zureden, ein Stückchen Zucker zur Belohnung, gelegentliches Lob, mitunter auch die warnende Stimme, rohe Gewalt streng vermeidend, machte aus dem Pony nach monatelang zielbewußtem Arbeiten einen bemerkenswerten Rechner und Kenner des Alphabetes.

Zum Unterricht dienten kleine Klötzchen, auf denen die Einer, und große Klötzchen, auf denen die Zehner geschrieben wurden. Das Pferd rechnete bis zur Zahl 99, es verstand nur Spanisch und antwortete nicht auf deutsch oder französisch gestellte Fragen, wobei es sehr unruhig wurde, als wolle es andeuten: „Ich möchte schon verstehen, kann aber nicht." Wald schrieb die Aufgaben auf eine vor dem Tier aufgestellte Wandtafel, und Monson gab das Ergebnis durch Hufschläge an. Die Einer mit dem rechten, die Zehner mit dem linken Fuß. Jeder

Buchstabe wurde durch die Zahl angegeben. Die Worte markierte das Tier, indem es die entsprechenden Zahlen klopfte. So konnte Monson die vier Rechenspezies sowie Quadrat- und Kubikwurzeln lösen. Groß war die Überraschung, als das Tier eines Tages nicht nur auf der Tafel geschriebene, sondern auch vorgesprochene Rechnungen sowie zugerufene Worte und Namen richtig angab. Dem, wenn auch längst widerlegten Einwand unwillkürlicher Zeichen wurde insofern Rechnung getragen, als das Pferd meist mit einer Binde vor den Augen arbeitete.

Die wenigen Besucher, die diesen Versuchen mit Interesse folgten, wurden öfter gebeten, dem Pferd in Abwesenheit des Lehrmeisters nach eigener Wahl Aufgaben zu stellen. Sobald der Schüler Ermüdung zeigte, wurde die Arbeit abgebrochen, da er sich dann nicht mehr anstrengte und nur unbefriedigend antwortete. Neben guten hatte das Pony auch seine schlechten „denkfaulen" Stunden, in denen Unaufmerksamkeit, Flüchtigkeit und Spiellust ein richtiges Arbeiten verhinderten. Dieser Wechsel der Leistungen veranlaßte den Lehrmeister, es einmal mit einem anderen Pferd zu versuchen, von dem er sich gleichmäßigere Gefügigkeit versprach. Die Voraussetzung traf zu. Der auserwählte Hengst Mericus, den Josef Wald käuflich erworben hatte und außerhalb des Zoologischen Gartens unterrichtete, war ursprünglich ein Rennpferd, bedeutend weniger launenhaft als das Pony, so daß er sich überraschend schnell zu einem vielversprechenden Schüler entwickelte. Auch dieser Hengst buchstabierte gut und rechnete fabelhaft schnell; machte er einen Fehler, so nötigte ihn Wald zu erneuter Überlegung und zur Wiederholung, worauf der Schüler das vorher falsche Ergebnis richtigstellte. Gerade diese „Korrekturen" waren von überzeugender Beweiskraft und bewiesen auch Zweifelnden die Tatsächlichkeit der Leistungen. Mericus rechnete mit Vorliebe Quadrat- und Kubikwurzeln. An leichteren Operationen fand das Tier später dagegen offensichtlich weniger Gefallen. Die

Lösung der gestellten Aufgabe mußte in einer ein- oder zweistelligen Zahl aufgehen, andernfalls zeigte sich der Hengst unruhig und widmete sich der Aufgabe nicht oder nur zögernd. Wenn Mericus seiner Sache sicher war, so gab er den letzten Hufschlag mit Betonung, sehr kräftig, namentlich, wenn er vorher falsch gerechnet hatte. Diese Art des Zählens war für ihn sehr charakteristisch, während er bei Zweifel nur zögernd und behutsam klopfte. Es machte ganz den Eindruck, als sei er sich der vorangegangenen Unrichtigkeit bewußt und wolle nun andeuten: „Jetzt ist es richtig."

Hie und da gab es auch Umstellungen, zum Beispiel 74 statt 47, eine Verwechslung, die ihm sein Lehrer, um das gute Einvernehmen nicht zu stören, zuweilen durchgehen ließ, da der Schüler diesen Lapsus nur ungern richtigstellte. Beide Pferde buchstabierten die ihnen zugerufenen Worte, Namen von täglichen Gebrauchsgegenständen (Stuhl, Tisch, Hut usw. in spanisch) sowie Eigennamen phonetisch nach dem Klang, genau wie es die Elberfelder Pferde aus sich heraus getan hatten. Die Buchstaben s und h wurden meist ausgelassen, als ob ihnen das Verstehen gerade dieser Buchstaben schwergefallen wäre. Zusammengesetzte Laute, das heißt Composita, wurden von ihnen zerlegt, wie zum Beispiel x als gs wiedergegeben. Auch wurde der Vokal ausgelassen, wenn er im vorhergehenden oder nachfolgenden Konsonanten bereits enthalten war. Nachstehend einige Beispiele:

Theater = tater (spr. te-ater)
Teresine = tresina (spr. te-resina)
Welcher Buchstabe fehlt? „e"
An welcher Stelle? „2"
Hirzel = ircel (spr. ircel)
Max = mags
Selma = elma
Sombrero = ombrero (Hut)

Es blieb bei dem Buchstabieren einzelner Worte, zu selbständigen Äußerungen kam es nicht.

Ich möchte der Wahrheit gemäß wiederholen, daß sich mein Freund Wald keiner geheimen Hilfsmittel bediente, um den Zuschauer zu täuschen; vielmehr bestätigte er auf ehrlichem Weg aufs neue die Möglichkeit, Pferden ein höheres Können beizubringen.

Nachdem mich Wald eines Tages mit diesen Leistungen seiner intelligenten Tiere überrascht hatte, wohnte ich häufig den Experimenten bei, die mich durchaus davon überzeugten, daß weder Dressurtricks noch schwindelhafte Manipulationen dabei in Frage kommen konnten. Ich habe persönlich sowohl im Beisein wie in Abwesenheit Walds und des Stalldieners das Pferd des öfteren auf die Probe stellen können. Ich schrieb dem Tier die Aufgaben auf die Tafel und pflegte sie dann mündlich zu wiederholen. Gar nicht selten kam es vor, daß das Pferd die Lösungen schon gegeben hatte, bevor ich mich anschickte, die Aufgaben mündlich zu wiederholen (auch beim Wurzelziehen). Auf diese Weise konnte ich mich von den Tatsachen und der Selbständigkeit der Leistungen der Tiere überzeugen.

Ich möchte noch bemerken, daß ich bei meinem Arbeiten mit den Pferden telepathische Übertragung durch unwissentliche Versuche auszuschließen suchte, indem ich absichtlich in dem Rechenbuch abgedruckten Lösungen keinerlei Beachtung schenkte und die Zahlenreihen verdeckte. Da ich selbst kein Rechenkünstler wie Inaubi bin, vermochte ich mit dem Pferd nicht zu konkurrieren, konnte somit auch nicht durch bewußte oder unbewußte Bewegungen oder „Zeichen“ auf das Tier einwirken. Erst nachdem das Pferd die Lösung geklopft hatte, überzeugte ich mich anhand der gedruckten Lösung von der Richtigkeit der Antwort. Ich möchte nicht unerwähnt lassen, daß Wald selbst bei den Experimenten ein gleiches Vorgehen beachtete; auch fremde Personen, die dem Tierlehrmeister und mir gänzlich unbekannt waren, nahmen auf die gleiche Art Prüfungen vor.

Nach meiner endgültigen Rückkehr nach Europa mußte ich mir immer wieder sagen, es wäre doch von dokumentarischer Wichtigkeit, über diesen nunmehr auch schon der Vergangenheit angehörenden Fall der „Denkenden Pferde von Montevideo" Bericht zu erstatten.

Die Tiere stehen Gottes Vaterherz sehr nahe.
Franz von Assisi

VI. Der Mannheimer Hund Rolf

Unser Hund Rolf

*Von Paula Moekel, Mannheim**

Wenn jemand einen intelligenten Hund sein eigen nennt, wird er sich von selbst ungleich mehr mit ihm abgeben, als man dies sonst mit Tieren tut. So ist es auch uns ergangen mit unserem schon zur Berühmtheit gewordenen „Rolf", einem zweijährigen Airedaleterrier.

Durch einen Zufall haben wir sein Talent, Rechenaufgaben zu lösen, entdeckt. Unsere Kinder saßen beisammen, um ihre Hausaufgaben zu machen, und eines der Töchterchen, das sehr zerstreut war, konnte die Lösung von 122 plus 2 nicht finden. Nachdem das Kind schon einige Male diese leichte Aufgabe wiederholt hatte, riß mir schließlich die Geduld; ich strafte das Kind.

Unser Rolf, der rührend an den Kindern hängt, machte ein sehr betrübtes Gesicht, und gleichzeitig sah er Friede mit sprechenden Augen an, als wolle er ihr helfen. Ich sah dies und sagte scherzhaft: „Sieh einmal, Rolf macht Augen, als wüßte er es, und du weißt es nicht!" Nach diesen Worten stand Rolf, der unter meinem Schreibtisch lag, auf und kam zu mir. Ganz erstaunt fragte ich ihn: „Ja, Rolf, weißt du denn, wieviel zwei plus zwei gibt?" Daraufhin gab mir Rolf vier Pfotenschläge auf den Arm. Wir waren alle sprachlos! Man vergleiche den Bericht mit Rolfs eigener Wiedergabe in dessen Erinnerungen (Protokoll vom 7. und 8. Juni 1915).

* Paula Moekel, „Unser Hund Rolf", „Münchner Neueste Nachr.", 3. 1. 1914

Nach einer kleinen Weile fragten wir ihn: fünf plus fünf? Auch darauf kam die richtige Antwort, und so fragten wir ihn schon an diesem ersten Tag bis in die Hundert. Alles glückte. Selbstverständlich wurde nun mit dem Tier regelrecht gearbeitet, wie mit einem Kind, das besonders gut veranlagt ist. Und Rolf ging willig auf alles ein, ja, wir glaubten sogar zu bemerken, daß ihm das Studium Freude machte. Nach und nach konnte er seine Aufgaben in allen Rechenarten lösen, schließlich zog er sogar 2. und 3. Wurzeln (aus den Potenzzahlen).

Wir bemerkten auch, daß Rolf Buchstaben und Zahlen kannte; er las mit Sicherheit seinen Namen, denn wenn man ihn auf der Schreibmaschine schrieb, fing er an, freudig zu wedeln. Nun war es natürlich unser brennender Wunsch, uns mit dem Tier auf irgendeine Art verständigen zu können. Ich fing an mit der höchst einfachen Erklärung: „Rolf, wenn du ‚ja' und ‚nein' sagen könntest, dann wärest du imstande, dich mit uns zu unterhalten. Sieh einmal her, wenn du ‚ja' sagen willst, dann gib uns zwei Pfotenschläge, bei ‚nein' drei."

Gleich darauf machte ich einen Versuch, der wieder sehr einfach war. Ich fragte Rolf, ob er Schläge haben wolle, worauf ein sehr festes „Nein" kam. Dann fragte ich das Tier, ob es Kuchen haben wolle, und diesmal kam ein sehr freudiges „Ja". Ich sah also, daß Rolf mich verstand, und auf diesem sicheren Gefühl des gegenseitigen Verstehens baute ich behutsam weiter.

Schließlich entstand sein Alphabet, das er bis auf drei Buchstaben selbst zusammenstellte, und zwar auf diese Art: Ich fragte zum Beispiel: „Rolf, wie viele Pfotenschläge gibst du für a?" Er gab dann die Zahl an, die ich sorgfältig notierte. Zu meiner unaussprechlichen Freude mußte ich bemerken, daß Rolf die von ihm gegebenen Zahlen nie vergaß, während ich noch heute, nach Jahresfrist, stets das Alphabet zur Hand haben muß, wenn Rolf irgend etwas klopft.

Weiter ist merkwürdig, daß man bei näherer Ansicht des Alphabets genau feststellen kann: Die Buchstaben, die Rolf selten braucht, haben die höchsten Zahlen, während die am meisten gebrauchten die niedrigsten Zahlen aufweisen. Die drei von mir eingefügten Buchstaben q, v und x benützt Rolf nie, als wollte er mir beweisen, daß sie ganz und gar unnötig seien.

Rolf erkennt auch ihm vorgehaltenes Geld und zählt Blumen aus einem Strauß nach Farbe und Gattung. Ferner unterscheidet er auch hohe und tiefe Töne auf jedem Instrument, er ist sogar imstande anzugeben, wie viele Töne ein gespielter Akkord hat. Sein Gedächtnis ist glänzend. Er merkt sich Namen und Zahlen, die er einmal gehört hat, auf lange Zeit. Er arbeitet nicht nur mit mir, sondern auch mit ihm sympathischen Personen, die er lange genug kennt. Ist ihm allerdings jemand unsympathisch, so ist er nur schwer zur Arbeit zu bringen, solange der oder die Betreffende im Zimmer ist. Was er klopft, ist natürlich phonetisch geschrieben, also dem Klang nach; an Orthographie haben wir das Tier nicht gewöhnt.

Seine eigensten Äußerungen sind ganz reizend. So hat er mich kürzlich gelegentlich eines Landaufenthaltes durch sein Interesse an den verschiedenen Vogelstimmen in Wald und Feld angenehm überrascht. Im Wald hört er auf jedes Geräusch mit gespanntester Aufmerksamkeit und pflegt mich unsanft zu kratzen, wenn ich nicht gleich beachte, daß er etwas nicht kennt. Jeden Vogelruf muß ich ihm erklären, und ich konnte an seinen glänzenden Augen erkennen, ob er mich verstand.

Einmal nun weckte er mich während der Nacht und klopfte mir viele Pfotenschläge auf die Bettdecke. Ich machte Licht, nahm das Alphabet zur Hand und fand zu meinem Entzücken, daß Rolf klopfte: „fogl hörn – hrn fogl" (Vogel hören – hören Vogel). Ich lauschte in die Nacht hinaus und vernahm die monotonen Schreie eines Steinkauzes. Ich sagte nun Rolf, was das für ein Vogel sei, und machte auch einige Male den Schrei nach.

Abb. 14. Der Mannheimer Hund Rolf.

Rolf legte sich beruhigt wieder auf sein Lager und störte mich in dieser Nacht nicht mehr. Am nächsten Morgen fragte ich ihn natürlich gleich, wie der Vogel heiße, den er in der Nacht gehört habe, und bekam prompt die Antwort: „gauds“ (Kauz).

Eine andere nette Begebenheit trug sich am Vogelkäfig zu. Eines meiner wertvollsten Kanarienweibchen saß trauernd auf seinem Stäbchen, wie mir schien, dem Tode nahe. Es holte kein Futter, obwohl ich ihm seine Lieblingsbissen verabreichte. Rolf, der mir mit großen Augen zusah, beschnupperte den Vogel aus nächster Nähe. Ich fragte: „Rolf, was machen wir nun mit der armen Grete? Sieh mal, wie krank sie ist, sie wird mir sterben. Was machen wir nur?“ Rolf sah mich mit großen Augen an und klopfte: „fidrn“ (füttern). Ich war nun im ersten Moment so klug wie vorher, bis ich versuchte, das Tierchen mit der Hand zu füttern. Ich nahm es zu dem Zweck aus dem Käfig und hielt ihm die Nahrung ganz nah vor den Schnabel. Meine Mühe war von Erfolg gekrönt. Gretel fraß gierig das ihr dargebotene Ei und Körner, sobald sie alles mit dem Schnabel berühren konnte. Ich kam nun zu der festen Überzeugung, daß der Vogel durch irgendeinen Zufall blind geworden war. Rolf hat mit seiner klugen Antwort das kleine Vögelchen gerettet. Gretel fraß einige Tage nur aus der Hand, bis ihr Augenleiden geheilt werden konnte.

Unsere Kinder haben ein großes Kasperletheater; ihr höchstes Vergnügen ist, wenn Vater ihnen etwas vorspielt. Rolf saß natürlich stets auch dabei. Bei der Szene mit dem Teufel, der aus der bekannten grünen Kiste schlüpft und den Kasper mit in die Hölle nehmen will, war Rolf sehr erregt. Wir fragten ihn: „Rolf, was ist denn das für ein Kerl?“ Rolf klopfte: „swars bog“ (schwarz Bock). Er hielt also den Teufel für einen schwarzen Bock.

An Ostern wurde Rolf von den guten Großeltern mit einem großen Biskuithasen beglückt, den er selber suchen mußte. Wir gaben ihm ein Stück davon, während wir das übrige auf ein Tischchen legten, um es für den nächsten Tag aufzuheben. Unser kleines Kätzchen fand nun gar bald den in Papier eingewickelten Hasen und naschte davon. Rolf sah das, und durch sein trauriges Gesicht wurden wir auf den kleinen Dieb aufmerksam. Wir nahmen dem kleinen Tierchen den Hasen ab und zankten es tüchtig aus. Am nächsten Tag bemerkten wir, daß Rolf vom Pult des kleinen Fritz einen Hasen stahl. Wir schalten Rolf, und der schien sehr gekränkt. Er ließ den Hasen fallen und klopfte: „Dsi mein hold" (Daisy [Name des Kätzchens] mein holt). Rolf hatte also das Gefühl des absoluten Rechtes, eben weil das Kätzchen seinen Hasen weggenommen hatte. Wollte ich alle die vielen drolligen Antworten erzählen, die Rolf schon geliefert hat, müßte ich ein ganzes Buch schreiben.

Eine Prüfung des Hundes Rolf

Von Dr. Hermann Kraemer, ehemals Professor an der Landwirtschaftlichen Hochschule in Stuttgart-Hohenheim

Wenn meine Überzeugung von dem Denkvermögen der Tiere noch einer weiteren Stütze bedürfte, so hätte ich diese in dem Hund Rolf der Frau Rechtsanwalt Dr. Moekel in Mannheim gefunden. Die Leistungen des Tieres, eines Airedaleterriers, gehen fast noch über jene der Pferde hinaus.

Als ich am 4. Mai 1913 in Mannheim mit Dr. Paul Sarasin und Professor Dr. H. E. Ziegler zusammentraf, hatten Herr und Frau Dr. Moekel die Freundlichkeit, uns den Hund zu zeigen, von dem schon manche merkwürdige Antwort berichtet worden war.

Auch bei Rolf ist die Verständigung wie bei den Pferden durch eine Buchstabiertafel gegeben (vgl. Tabelle S. 101 und auch Abb. 7, S. 47). Häufig wiederkehrende Begriffe werden konventionell durch bestimmte niedrige Ziffern ausgedrückt – Bett, Gasse, müde und dergleichen. „Ja“ wird mit zwei, „nein“ mit drei Schlägen der Pfote gegeben.

Der Eindruck von Rolf ist unbeschreiblich, und wer dabei die Augen des Tieres ansieht, würde fast ohne einen weiteren Beweis an dessen Denkfähigkeit glauben. Die Prüfung war trotzdem selbstverständlich eine gründliche und objektive, wobei irgendwelche Hilfen ausgeschlossen schienen. Das Tier kratzt mit der linken Pfote auf einen Pappdeckel, den ihm seine Herrin hinhält. Besser wäre es meines Erachtens, wenn sie eine Berührung der Hand zuließe – eine Berührung, die bekanntlich der Hund so außerordentlich liebt.

Aber um der Deutung willen ist es doch vielleicht richtiger, daß die persönliche Berührung nach Möglichkeit wegfällt. Es sei noch bemerkt, daß Rolf nicht, wie die Pferde, stets wieder nach jeder Äußerung mit Leckerbissen belohnt wird, sondern nur ab und zu. Besonderes Gewicht möchte ich auf die Tatsache legen, daß uns Frau Dr. Moekel von vornherein ersuchte, selbst Fragen zu stellen, damit jedermann sehe, daß keine Vorbereitung oder Dressur auf bestimmte Weise stattgefunden habe.

Frau Dr. Moekel unterrichtet auch noch ein graues Kätzchen namens Daisy, das zur Zeit unseres Besuches etwas über 11 Wochen alt war. Rolf wird nun das Bild einer roten Katze gezeigt. „Ist das Daisy?“ „Nein.“ „Ist das wirklich nicht Dai-sy?“ „Nein.“ „Was ist denn hier anders?“ Antwort: 3-2-9, das heißt „rod“.

Frau Dr. Moekel stellt die Aufgabe: „8 x 12 - 6 : 10?“ Sofort „9“. Also richtig. Ich frage den Hund: „Quadratwurzel aus 64 - 2“? Antwort: „6“. Richtig. „Was hast du geschlagen?“ Nochmals lautet die Antwort: „6“.

Ziegler holt eine Ansichtskarte hervor, auf der vier Kinder dargestellt sind, und der Hund klopft „4“. „Was vier? Kinder?“ „Ja.“ „Wie viele davon sind denn Mädchen?“ „3.“ Richtig. „Wie viele Jungen?“ „1.“ Richtig.

Dr. Sarasin fragt nach der Quadratwurzel aus 361. „Hast du's?“ „Ja.“ „Nun, was denn?“ „19.“ Richtig.

Die Buchstabiertafel des Mannheimer Hundes Rolf

1	f	13	i	a	4	q	25
2	o	14	k	b	7	r	3
3	r	15	p	c	24	s	16
4	a	16	s	d	9	t	17
5	l	17	t	ei und e	10	u	18
6	n	18	u	f	1	v	20
7	b	19	w	g	11	w	19
8	m	20	v	h	12	x	21
9	d	21	x	i	13	z	23
10	e, ei	23	z	k	14		
11	g	24	c	l	5	müde	4
12	h	25	q	m	8	ja	2
				n	6	nein	3
				o	2	Gassel	5
				p	15	Bett	7

4 = a für Ausrufezeichen
7 = b für Punkt (bungd)

Ich hole einen Taler, ein Zweimarkstück und einen Groschen hervor, da Frau Dr. Moekel uns gesagt hatte, daß der Hund das Geld kenne. „Hast du's?“ „Ja. 5, 10.“ Also richtig. Ziegler, der gute Tierbilder zeichnet, malt mit Bleistift das Bild einer Maus. „Kannst du das sagen?“ „Ja.“ „Nun?“ Antwort 8, 4 18, 16. „Bist du fertig?“ „Müde.“ Die Antwort war aber ganz richtig „maus“. Es wird ein Teller mit Zuckerbroten gebracht, von denen zwei in Brezelform gebacken sind. „Wie viele sind es?“ „8.“ Richtig.

„Wie viele davon sind Brezeln?“ „2.“ Richtig. Rolf bekommt eines der Brote. „Willst du noch mehr?“ „Ja.“

Nun zeichnet Ziegler auf ein Blatt Papier einen kleinen Elefanten, und Rolf wird gefragt, ob er das kenne. „Ja.“ „Was ist es?“ Antwort: 14, 8, 4, 14, 3, 4, 5, 7, 3, 9, 2. Also kma-kral-brdo – Kama, Kral, Berto! Wohl zu beachten: Das Tier sagt nicht etwa „Elefant“, wie wir wohl alle erwartet hatten. Es hatte längst von seiner Herrin gehört, daß Krall einen Elefanten mit Namen Kama unterrichtet, und ebenso war ihm auf einer Postkarte das Bild desselben gezeigt worden. Zieglers einfache Bleistiftzeichnung hatte die Erinnerung an Kama ausgelöst, dann an Krall und endlich auch an das blinde Pferd Berto, von dem Frau Moekel dem Hund des öfteren erzählt hatte. Wir hielten alle in Erwartung des Wortes „Elefant“ das kma zunächst für sinnlos oder einem Mißverständnis entsprungen, bis das Wort kral ohne weitere Aufforderung folgte.

Ich bat nun, den Hund einmal selbst einen Satz bilden zu lassen, und Rolf erhielt dazu den Befehl. Wir ließen ihm einige Sekunden Zeit. „Bist du fertig?“ „Ja.“ Und die Antwort war: 4, 3, 8, 8, 3, 9, 13, 8, 9, 2, 9, – „arm mr dir dod“ = arme Meertiere tot! Zur Erklärung sei bemerkt, daß Paul Sarasin, der Vorkämpfer für den Weltnaturschutz, schon einige Wochen vorher in Mannheim war und Frau Dr. Moekel unter anderem auch ein Bild gezeigt hatte, auf dem der Massenmord an Meertieren, besonders Robben, dargestellt ist. An dieses Bild muß sich Rolf wohl erinnert haben, und die Erinnerung wurde durch den erneuten Besuch Dr. Sarasins ausgelöst. „Welcher Herr hat denn über die Meertiere geschrieben?“ wurde der Hund nun weiter gefragt, „der Wievielte ist es denn hier in der Reihe?“. Antwort: „3“, und richtig, Dr. Sarasin war der dritte.

Für den, der sowohl die Pferde von Elberfeld als auch den Hund von Mannheim gesehen hat, ist es außerordentlich interessant, die Ähnlichkeit in manchen Zügen des Benehmens zu beobachten. Auch bei Rolf sind nur Schonung und Freundlichkeit imstande, Äußerungen des Denkvermögens zu erzielen. Wie die Pferde, so zeigt auch der Hund hie und da Widerstreben, wenn auch längst nicht so oft und entschieden. Die Abspannung läßt sich bei dem letzteren rascher und sicherer feststellen, und nach längerer Inanspruchnahme öffnet das Tier sein Maul und atmet viel tiefer. Der Ausdruck der Aufmerksamkeit tritt viel mehr als bei den Pferden hervor, was durch die Stellung der Augen bewirkt werden mag, die mehr nach vorn, wie beim Menschen, gerichtet sind. Das Verblüffende aber ist die Sicherheit der Antworten, die fast ohne Ausnahme klar und richtig erfolgen. Die Zuverlässigkeit dieses Hundes ist größer als die der Pferde, und auch Krall selbst, der schon vor Monaten Rolf besucht hat, sah ihn in der besten Verfassung. Nebenbei bemerkt, werde ich nie die große und eifersuchtslose Freude vergessen, mit der sich Herr Krall mir gegenüber über die Erfolge von Frau Moekel äußerte. Auch hier zeigte sich deutlich, wie sehr ihm alles an der Anerkennung der Sache, nichts aber an seinem eigenen Ruhm gelegen ist.

Der denkende Hund Rolf

Von Professor Dr. Karl Gruber, München (gekürzt)

Den merkwürdigen Leistungen der Elberfelder Pferde schließen sich diejenigen des Mannheimer Hundes Rolf an, welche in mancher Hinsicht die ersteren noch übertreffen. Die wissenschaftliche Welt darf die neuen Beobachtungen, welche für die Kenntnis der Tierseele so wichtig sind, nicht unbeachtet lassen. Da ich Gelegenheit hatte, den Hund mehrmals zu sehen und zu prüfen, will ich hier einen Bericht geben.

Der Hund „Rolf", ein hübscher Airedaleterrier, bald drei Jahre alt, wurde von seiner Besitzerin, Frau Dr. Moekel in Mannheim, in jungem Alter in das Haus aufgenommen und mit großer Sorgfalt gepflegt. Rolf wurde stets fast wie ein Kind behandelt und von Alt und Jung im Haus gleichsam immer ins Gespräch gezogen – eine anfängliche Vorbereitung auf Leistungen, von denen hier einige Beispiele angeführt werden sollen.

Die Versuchsanordnung ist folgende: Frau Moekel sitzt in einem fahrbaren Stuhl, neben ihr, an einer Leine (die meistens frei und lose auf dem Fahrstuhl liegt) der Hund Rolf, die Zuschauer beliebig nah, so daß jeder Vorgang bis aufs kleinste beobachtet werden kann. Rolf klopft seine Antworten mit der linken Pfote auf einen Karton, der ihm von Frau Moekel vorgehalten wird. Diese etwas primitive Anordnung des Mitteilungsapparates würde sofort die Kritik der Zweifler herausfordern und eine vielleicht unbewußte Zeichengebung von seiten der Herrin vermuten lassen, wenn nicht erstens einwandfreie „unwissentliche Versuche" eine Zeichengebung ausschlössen und wenn ferner nicht die Tatsache bestünde, daß Besucher, an die Rolf sich etwas gewöhnt hat und die ihm sympathisch sind, den Karton selbst halten können. Der Karton wird überhaupt nur für Vorführungen verwendet, im Gespräch mit seinen Hausgenossen klopft Rolf meist auf den Arm oder in die Hand.

Mein erster Besuch fand am 21. November 1913 statt. Anwesend waren bei der Vorführung außer Frau Moekel und mir nur noch eine Sekretärin zur Führung des Protokolls und Pater Bernadin J. aus Oggersheim. Ich selbst führte zur Kontrolle ebenfalls genauestens Protokoll. Ich sitze dicht bei Rolf, ihm schräg gegenüber, so daß ich sein sehr interessantes, auffallend lebhaftes Mienenspiel beobachten kann. Bei der Antwort sieht er seine Herrin fast nie an, kneift oft die Augen zu. Frau Moekel fragt mich nochmals nach meinem Namen.

1. Frau Moekel gibt leichte Rechenaufgaben. Rolf löst sie sofort.
2. Ich: „50 – 25 plus 3?" Rolf sofort: „28."
3. Frau Moekel: „Du hast den Namen von dem Herrn gehört?" Rolf: „2" (ja). „Wie heißt er? Buchstabieren!" Rolf: „11, 13, 18, 7, 3 – g-r-u-b-r" (Gruber).
4. Pater B.: „Na, Rolf, wer hat die Gans im Kloster Oggersheim gegessen?" (Spielt an auf ein Erlebnis von Rolf im erwähnten Kloster.) Rolf: „7, 1, 4, 3 – b-f-a-r" (Pfarrer).
5. Mädchen bringt einen Strauß mit Rosen. Frau M. (ohne gezählt zu haben): „Wie viele Blumen sind das?" Rolf: „8." „Was für Blumen?" Rolf: „3, 2, 16 – r-o-s." Pater B. (zu uns): „Rolf spricht pfälzisch!" Rolf (unaufgefordert): „2" (ja). Frau M.: „Welche Farbe haben die Blumen?" Rolf: „3, 2, 9 – r-o-d."
6. Pater B.: „Wie hieß der Pfarrer mit dem kahlen Kopf?" Rolf: „7, 2, 6, 4, 1, 6, 9 – b-o-n-a-f-n-d" (Bonavent). Pater B. stellt noch einige Fragen, die sich auf einen Besuch Rolfs im Kloster beziehen und die alle richtig beantwortet werden.
7. Ich: „Erinnerst du dich an Dr. Genua?" (Spitzname für Dr. Mackenzie.) Rolf: „2" (ja). Ich: „Wie hat er noch geheißen?" Rolf: „magnsi" (Mackenzie). Ich: „Einen schönen Gruß von Dr. Mackenzie?" Rolf: „ja." Frau Moekel: „Was wirst du wieder sagen?" Rolf: „grus."
8. Ich hole das Tierbilderbuch, das ich mitgebracht habe. Frau Moekel kann die Bilder nicht sehen. Zeige Bild mit Katze, die „hoch" macht: „Was ist das?" Rolf: „Bild." Es folgt Aufforderung zu sagen, was das Bild darstellt. Rolf: „kaul" (Gaul) – Erinnerung an ein Zerrbild des sich aufbäumenden klugen Hans.

Rolf ist sehr unlustig. Ich zeige ihm ein anderes Bild; er ist nicht zu bewegen, es anzusehen. Ich frage wieder. Rolf:

„buglsdeign“ (Buckel steigen! Schon früher einmal von ihm angewendet für Unlust).

9. Unwissentlicher Versuch: Eine Anzahl Kartons, die Frau M. und ich vorher gezeichnet und beschrieben hatten (verschiedenfarbige Zahlen etc.) werden in Kuverts gesteckt, gemischt, ein Karton aus seinem Kuvert gezogen, Frau M. in die Hand gegeben, die ihn Rolf zeigt. Weder Frau M. noch sonst jemand konnte das Geschriebene oder Gezeichnete sehen, da alle Zuschauer hinter dem Fahrstuhl standen. Karton nach Vorzeigen mit der bemalten Seite nach unten hingelegt. Frau Moekel: „Was hast du gesehen?“ Rolf: „fogl asd blau fans rod brusd gobf.“ (Vogel Ast, blau Schwanz, rot Brust Kopf.) Die Antwort stimmt genau mit der Skizze überein. Das f in „fans“ kommt anscheinend daher, daß die kleinen Kinder von Frau Moekel „Fanz“ statt „Schwanz“ sagten. Tier sehr angestrengt.
10. Frau Moekel spricht zu uns: Er hat Pfannkuchen sehr gerne. Rolf klopft von sich aus: „ja.“ Pater fragt: „Hast du auch Lachs gern?“ Rolf sehr lebhaft: „ja.“
11. Ich: „Weißt du noch, wie du überfahren wurdest?“ Rolf: „ja.“ „Hat das weh getan?“ Rolf: „sr w fibr“ (sehr weh Fieber) .

Besuch am 22. November. Dieselbe Versuchsordnung. Anwesend außer Frau Moekel deren Tochter, Herr Dr. K., Kom.-Rat B., Frau General B. mit Nichte, Frau Prof. Sp., Priv.-Doz. Dr. Sp. und ich.

1. Frau Moekel (auf mich zeigend): „Wie heißt der Herr?“ Rolf: „grubr.“
2. Ich hatte von Dr. Mackenzie, der zwei Monate nicht mehr bei Rolf war, aus München eine Photographie geschickt bekommen. Zeige das Bild dem Hund, ohne daß Frau M., die nichts davon weiß, es sieht. Ich: „Wer ist das?“ Rolf: „ongl“

Abb. 15. Paula Moekel mit Rolf beim Unterricht.

(Onkel). Ich: „Wie heißt der Onkel?“ Rolf will nicht antworten, auch nicht auf verschiedene Bitten auch von Frau Moekel. Mit einem Mal klopft Rolf: „gug du an“ (Aufforderung an Frau Moekel).
Frau Moekel: „Die Mutter hat's gesehen.“ Rolf: „nein.“ Frau Moekel: „Also, die Mutter hat's nicht gesehen. Sei lieb und sage, wer es ist. Tu mir den Gefallen!“ Rolf: „magnsi“ (Makkenzie).
Ich: „Was kannst du über den Onkel sagen? Was weißt du von ihm?“ Rolf: „is mingn sol gomn morgn“ (Ist München, soll kommen morgen).

3. Frau M. (auf Dr. Kahn zeigend, der Rolf 5 Monate nicht gesehen hat): „Wer ist der Herr im grauen Anzug?“ Rolf: „kn“ (Kahn).
4. Man hat Rolf morgens einen maschinengeschriebenen Brief gezeigt, in dem ihn ein kleines Mädchen aus Basel bittet, ihm in der Schule beim Bruchrechnen zu helfen. Er wurde Rolf nicht vorgelesen, sondern er las selbst. Frau Moekel: „Du hast einen Brief bekommen. Was antwortest du darauf? Gib auch Interpunktionen an, du hast's gelernt!“ Rolf: „lieb! lol bei dir gomn dir helfn regnn kus lol“ (Rolf nennt sich selbst stets Lol statt Rolf).

Da Rolf nun müde ist, darf er gehen, und Frau Moekel zeigt noch das ebenfalls von ihr unterrichtete Kätzchen „Daisy“, das einige Zähl- und Rechenaufgaben löst; doch soll hier nur von Rolf berichtet werden. Überblickt man das ausführlich wiedergegebene Protokoll und gesteht man seinem Verfasser die Fähigkeit zu, kritisch und genau beobachten zu können – was bei der Nähe des Beobachtungsplatzes ganz leicht war –, so kommt man zu dem Schluß, daß eine Beeinflussung des Hundes durch beabsichtigte oder unbeabsichtigte Zeichengebung durchaus auszuschließen ist: Erstens konnte niemals auch nur das

Geringste bemerkt werden, was diesen Verdacht aufkommen lassen könnte; zweitens sprechen die streng und peinlich durchgeführten „unwissentlichen Versuche", bei denen keiner der Anwesenden die Aufgabe kannte, gegen jedwede äußere Beeinflussung des Hundes. Für mich persönlich als Beobachter kommt als beweisendes Moment für das selbständige Denken von Rolf die Art und Weise hinzu, wie Rolf seine Aufgaben erledigt. Dann die selbständigen Äußerungen und Zwischenbemerkungen, die er von selbst einwarf. Doch um über den letzten Punkt urteilen zu können, muß man persönlich der Arbeit des Hundes beigewohnt haben. Ein weiteres, natürlich nach außen hin nur bedingt zu verwendendes Beweismoment liegt in der Persönlichkeit der Besitzerin, in den Erzählungen, die sie vom Werdegang, vom Benehmen ihres Rolf im Hause gibt. Doch kann darauf hier nicht näher eingegangen werden.

Betrachten wir nun das Wesen dieses Hundes und seines Verhaltens bei der Arbeit, so sind seine Hundeeigenschaften durch seine Ausbildung nicht unterdrückt. Er wäre viel lieber bei der im Haus lebenden und zur Zeit läufigen Hündin „Jela" geblieben, möchte immer gerne wieder fort und ist oft sehr eigensinnig. Er arbeitet hauptsächlich seiner „Mutter" zuliebe, ist gegen Fremde oft sehr scharf und hat schon manchen angepackt. Außerordentlich interessant sind die Sicherheit im Buchstabieren und die Gewissenhaftigkeit im Erledigen seiner Aufgabe, wenn ihm auch das Klopfen Mühe macht. Er macht so gut wie nie einen Fehler; oft pausiert er mitten im Satz und will sich hinlegen. Wird er dann gefragt, ob er fertig sei, so antwortet er stets „nein". Sein Eigensinn kommt in Versuch 8 am 21. November sehr schön zum Ausdruck, als er das von mir gezeigte Bild nicht ansehen will und auf vieles Bitten endlich, anscheinend verärgert, antwortet: „bugl sdeign" (Buckel steigen). Die Dickköpfigkeit zeigt sich auch im Versuch 2 am 22. November, wo er sofort Dr. Mackenzie auf der Photographie erkennt, aber nicht sagen will, wer es ist, bis Mutter das Bild gesehen hat. Erstaunlich ist sein Gedächtnis für Namen und Physiognomien; meinen Namen hat er einmal gehört und weiß ihn am nächsten Tag noch, Dr. Mackenzie erkennt er nach 2 Monaten aus der Photographie, Dr. Kahn hat er 5 Monate nicht gesehen und weiß doch seinen Namen.

Das Wichtigste ist die Lehrmethode, die es Rolf ermöglicht, seine Gedanken auszudrücken, Beweise seines Denkens zu geben, sozusagen mit seiner Umgebung zu „sprechen". Hier zeigt sich der große Fortschritt, den die Buchstabiermethode uns gebracht hat. Wer aber mit dieser Methode solche Ergebnisse erreichen will, muß sich nicht nur mit dem Verstand, sondern auch mit dem Herzen dieser Aufgabe widmen, wie dies Frau Dr. Moekel tut. Das Geheimnis ihres Erfolges liegt in den zwei Worten: Geduld und Liebe.

Besuch am 9. 12. vormittags. Anwesend Frau und Fräulein Moekel, Dr. Breest und Dr. Gruber.

Rolf hatte an demselben Morgen ein Tierbilderbuch von Herrn Krall aus Elberfeld geschickt bekommen. Es stellt eine Tierschule mit schlecht lernenden Tieren dar. Den beigelegten Brief Kralls bekam er erst in unserem Beisein zu lesen. Der Brief war phonetisch geschrieben und lautete: „Lib lol! Krl Kral gbd lib lol bildrbug mid bund lib tir weil lol braf bei dogdr magnsi; mir aug glein lol gbdn. fil grus dein krl, Lbrfld, 8. dsmbr. 13."

Rolf las den Brief aufmerksam, sah das Buch noch einmal an und antwortete (auf Verlangen mit Interpunktion!): „lib! bug magn lol frgnign, dsi mus (s)n dirn lrnn grn bugmakr ligd. gnug hrs a wesd. grisdgindl g(o) md. mudr hold im. bfrd aug baum hbn. lol gbd dig glei lol. fil kus dein lol." (Die in Klammern eingesetzten Buchstaben waren vergessen und wurden von mir eingesetzt.) Übertragen in richtige Schreibweise: „Lieb! Buch macht Lol Vergnügen, Daisy muß sehen. Tiere lernen gern, Buchmacher lügt. Genug Herren dagewesen. Christkind kommt. Mutter holt es. Pferde auch Baum haben. Lol gibt dir klein Lol. Viele Küsse dein Lol."

850 Klopfschläge hatte diese fabelhafte Antwort erfordert, etwa 50 Minuten hatte sie, die Ruhepausen eingerechnet, gedauert. Kann man es meinem Freund und mir verdenken, daß wir ergriffen und begeistert von Frau Dr. Moekel und Rolf Abschied nahmen?

Briefe eines Hundes

Von Prof. Dr. Heinrich Ernst Ziegler (gekürzt)

Die neue Tierpsychologie hat schon manche Überraschungen gebracht, und nun stehen wir auch noch vor der erstaunlichen Tatsache, daß ein Hund Briefe schreibt. Der berühmte Hund der Frau Moekel in Mannheim erhält Briefe, liest sie und diktiert in seiner Klopfsprache die Antwort. Es mag unglaublich erscheinen, aber es ist wahr.

Selbstverständlich hat der Hund insofern eine Anleitung bekommen, als man ihm das Wesen eines Briefes erklärte und ihm sagte, daß ein Brief eine Anrede und eine Unterschrift hat. Aber der Inhalt der Briefe kommt aus ihm selbst und gewährt einen köstlichen Einblick in die Seele des Tieres.

Bei mehreren der hier mitgeteilten Briefe ist ein Zeuge genannt, der das Diktieren des Briefes selbst beobachtet hat. Bei anderen habe ich mich auf die Mitteilungen der Frau Dr. Moekel verlassen. Die Gegner werden mir vielleicht daraus einen Vorwurf machen. Aber ich lasse mir von ihnen das Recht nicht nehmen, jemanden für ehrlich und zuverlässig halten zu dürfen.

Professor Dr. Gustav Wolff berichtet folgendes:* Rolf, oder wie ihn die Kinder nennen und wie er oft auch selbst sich nennt, Lol, hatte gerade einen Brief bekommen von einem Herrn, der ihn einige Tage vorher besucht hatte. Rolf hatte den Brief bei meiner Ankunft noch nicht gesehen und noch nichts von seinem Inhalt erfahren. Frau Dr. Moekel teilte dem Hund mit, er habe einen Brief bekommen, und er solle ihn lesen. Sie hält ihm den Brief vor das Auge, und nach einigen Minuten antwortet er auf die Frage, ob er ihn gelesen habe, mit „ja" (zweimaliges Tippen mit der Pfote). Spontan klopft er weiter: „aug brif" (auch Brief). Der Brief hatte folgenden Inhalt:

„Lieber Lol! Ich denke noch oft an dich, wie schön und lieb du gearbeitet hast. Ich habe es unserem Pik erzählt, der noch nicht lesen, sprechen und rechnen kann. Wir haben auch einen kleinen Dachshund, der ist leider krank. Viele Grüße." Unterschrift.

Die von Rolf vor meinen Augen diktierte Antwort lautet: „lib! big bei mdr gomn lrnn dagl aug dogdr holn grus lol." (Lieb! Piek bei Mutter kommen, lernen; Dackel auch. Doktor holen. Gruß Lol.)

Ähnlich ist folgender Brief, welchen der Mannheimer Hund am 17. März 1914 in Anwesenheit von Dr. Aigner aus München angegeben hat. Frau Dr. Moekel gibt darüber folgenden Bericht: Plötzlich klopft Rolf spontan: „brif magn andr rolf" (Brief machen [an den] anderen Rolf). Zur Erklärung möge dienen, daß Rolf am selben Tag einen Brief bekommen hat von einem anderen Rolf aus St. Gallen, der ihn bittet, doch einen Wink zu geben, wie man es anfangen müsse, um so klug zu werden wie der Rolf von Mannheim.

„Rolf, was willst du denn dem anderen Rolf schreiben? Sage es, so einen ganzen Brief zu diktieren, das würde uns zu viel Zeit wegnehmen, ich schreibe es ihm dann! Also mein lieber

* Süddeutsche Monatshefte, Januar 1913, S. 462.

Rolf, sage es uns!“ Nun kam folgende Antwort: „mid mudr bildr sn arm rolf gomn lol hlfn r“, also: Mit Mutter Bilder sehen, arm Rolf kommen, Lol helfen er. (In dem Brief des anderen Hundes Rolf stand, daß man von ihm auch erwarte, daß er das Lesen und Buchstabieren lerne wie der Mannheimer Hund.) Er wollte also dem Rolf in St. Gallen helfen und hat offen sein Mitleid für seinen Namensvetter an den Tag gelegt.

Der obige Brief an den Hund in St. Gallen hatte aber am Abend noch einen langen Nachsatz erhalten. Offenbar war der Fall unserem Tier noch im Kopf herumgegangen, so daß es den Brief fortsetzte, um dem „anderen Rolf“ einige gute Ratschläge zu geben. Frau Dr. Moekel berichtet darüber folgendes: Am Abend nach der Sitzung klopfte Rolf noch weiter: „lib rolf du sein will lol mudr sagn aug is nid lib dein mudr mid dig fon wgn nid lrnn du imr mus horgn als dsln frleigd du nid frsdn ir aweil frgn wn nid wisn gradsn ir lol mid sein gd bd hd du ei bd grus von dri rolf.“ Lieber Rolf! Du sein (bist) wie Lol, Mutter sagn (das) auch: Ist nicht lieb Deine Mutter mit Dich (Dir) von wegen nicht lernen. Du immer muß horchen, alles erzählen (d. h. horchen auf alles, was gesprochen wird). Vielleicht Du nicht verstehen (kannst), (dann) ir (sie) alleweil fragen! Wenn nicht wissen, kratzen, ihr (d.h. die Mutter kratzen, um sie zu einer Erklärung aufzufordern, wie dies der Mannheimer Hund oft tut). Lol müd sein, geht (zu) Bett, (hast) Du ein Bett? Gruß von Deinem Rolf.

Hier setzte Rolf aus, und ich glaubte den Brief beendet. Aber ganz entgegen seiner sonstigen Gepflogenheit saß Rolf noch mit geschlossenen Augen da und verlangte noch einmal zu klopfen. Nun kam folgendes: „fon lrnn mr wird grank mid gobf libr du soln nid lrnn imr sagn 4 mid dan mudr sagn 3 nid war nagr w baug und bugl legn.“ Vom Lernen mer (pfälzisch statt man) wird krank, (bekommt) müden Kopf; lieber Du solln nicht lernen. Immer sagen 4 (d.h. müd!). Dann Mutter sagt nein (3 bedeutet nein), nicht wahr! Nachher (Du sagen Du hättest) Weh (im) Bauch und (man solle Dich am) Buckel lecken.

Brief von Dr. Gradenwitz:*

Lieber Rolf! Du kennst mich gewiß noch nicht, und ich kenne dich doch schon so lange. Dein Bild habe ich gesehen und so viel von dir gehört, von Mutter und auch von deinem Freund Mackenzie. Ich möchte dich so gerne einmal selbst sehen. Komm doch zu mir nach Berlin, da ist es jetzt sehr lustig, alles voll Schnee, so tief, daß man darin versinken kann. Da freuen sich die Buben, Mädel und Hunde! Ich könnte ja auch zu dir kommen, aber der Weg ist so weit, und ich muß jetzt zu Hause bleiben. Da schick ich dir halt ein paar Bilder mit vielen Hunden, Katzen, Vögeln und auch Menschen drauf. Vielleicht gefallen sie dir. Schreib mir bald und grüß von mir Mutter, Jela und Daisy. Viele Grüße! Dein Doktor Gradenwitz.

Rolfs Antwortbrief an Herrn Dr. Gradenwitz

Lib! Du hast viel Vergnügen macht arm Lol. Lol hat sehn alle Karten, sind arg fein, Daisy muß ihnen lernen was ist und Jela.

Ist nicht Schnee viel in Mannem (Mannheim), Wasser aber ist hart von kalt. [So umschreiben die Hundegedanken den ihnen unbekannten Begriff „Eis“!] Lol mit Mutter wesd (gewesen) in Wald und Großmutter, auch Kinders,

lib! du hd fil frgnign magd arm lol. lol hd sn al krdn sin arg fein dsi mus inn lrnn was is un ila.

is nid sne fil in manm wasr abr is hrd fon kld. lol mid mudr wsd in wald un grosmudr aug gindrs hd wisd man

* Die folgenden Briefe von Dr. Gradenwitz und Dr. Olshausen nebst Antworten Rolfs wurden vom Herausgeber in den Beitrag von Prof. H. E. Ziegler eingefügt. Aus Paula Moekel, „Erinnerungen und Briefe des Hundes Rolf“, Verlag Robert Lutz, 2. Aufl., Stuttgart 1920, S. 66 ff, S. 118 ff.

hat wüster Mann geschmissen Baum nach Lol, nicht treft (getroffen); dann Lol dumm gewesen, schwimmt in Rhein, Hund bellt auf Haus in Wasser [gemeint ist ein Schiff], war kalt, Lol zittert; Mutter schimpfen, hat er (ihn) zu(ge)deckt auf sein (ihrem) Wagen. Gruß! Dein Lol.	gschmisd baum [Rolf klopft sehr heftig weiter:] nag lol nid drfd dan lol dum wsd swimd in rein hund bld auf haus in wasr war kld lol dsidrd mudr simbfn hd r dsudgd auf sein wagn. grus dein lol.

Brief an Rolf von Dr. Ohlshausen, Hamburg:

lib lol!
es tut mir sr leid, das dein lib mudi is so krank und ein fus fort und is müde für brif lesn und sreibn. drum sreibe ig dir, aug weil du mir meine Fragn so glug bantwort hast, ds ht aug mig klügr gmagt. du must mir abr nog sagn, warum anblln die hunde die wagn und radl? ig weiss nig warum!

du fragst mig, warum ig sein glug? weil ig immer gfragt hab und gkrazt* wi du bei hr und bei mudi und andere leut und bei tier, und fleisig gwst, hab aug fil gregnt! aber ig weis dog fils nig, ig weis nig warum di meistn hunde wsd [wünst] sind ggn kazn. weist du das? ig bin krank. „gusch“, hat gruft mein doctor, „in bet“, da lig ig. sreib mir wenn lib mudi, gnädige frau rlaubt. dein lieb

doctor Ohlshausen

Rolfs Antwortbrief an Herrn Dr. Olshausen:

Lieb! Lol danken arg für lieb(en) Brief. Doktor Volhard helfen arm Mutter, hat Freude, daß Mutter nicht	lib! lol dangn arg fir lib brif. dogdr folhrd hlfn arm mudr hd freid das

* Wenn Rolf über irgend etwas, das ihm auffällt, belehrt sein will, so kratzt er mich am Arm; das ist hier gemeint. (Paula Moekel)

brechen tut; hat (ge)rufen laut: „Ist ja herrlich!“ War maskiert (als) Admiral. Dei(ne) Antwort ist fein, aber kratzen du mit Dei(nem) Fuß oder mit Dei(ner) Hand? Du kann(st) doch fragen mit Dei(nem) Mund! Lol meinen, Du sein klug, weil du nicht sein ein Professor; die immer nicht glauben arm Mutter und quälen ihr (sie).

Hundel bellen Wagen und Radler a(n) von wegen Spektakel; arm Hundel nicht können verstehen, wenn Männer seine (ihre) Beine wackeln auf sei(nem) (ihrem) Rad; Lol verstehen, Mutter hat erklärt er (ihm). Bei Katzen Hundel immer meinen, die kratzen; dann springen, wollen beißen die. Lol nicht wissen (weiß) warum (er) immer hat Zorn, wenn (er) Katzen sehen (sieht). Lol hat lieb süß Daisy, aber andre Katzen nicht. Mutter sagen: „Ist ganz dumnm“, Lol kann nicht dafür. Lol nicht tut beißen Katzel, weil Mutter hat lieb die. Daisy spielen mit Lol, aber fauchen, wenn Guckerle rennen zur ihr. Der nicht verstehen (zu) spielen mit Katzen. Lol arg müde sein, Mutter auch.

Gruß von Dei(nem) lieb(en) Lol.

mudr nid bregn dud hd rufn laud is ja hrlig war magsgird admiral. dei andword is fein abr graddsn du mid dei fus odr mit dei hnd du gnn dog fragn mid dei mun. lol meinn du sein glug weil du nid sein ei brofsr die imr nid glaubn arm mudr un gwln ir.

hundl bln wagn un radlr a fon wgn sbgdagl arm hundl nid kn frsdn wn mnr sei bein wagln auf sei rad lol frsdn mudr hd rglrd r. bei kdsn hundl imr meinn di gradsn dan sbringn woln beisn di. lol nid wisn warum imr hd dsorn wn kdsn sn lol hd lib sis dsi abr andr kdsn nid murd sagn is gans dum lol kn nid drfr. lol nid dud beisn kdsl weil mudr hd lib di. dsi sbiln mid lol abr faugn wn gugrl rnn dsu ir dr nid frsdn sbln mid kdsn. lol arg mid sein mudr aug.

grus fon dei lib lol.

Ich [Prof. Ziegler] lasse schließlich den Bericht folgen, den Fräulein Scheurlen gegeben hat (gekürzt). Sie hatte in meiner Vorlesung in Hohenheim von dem Hund gehört und fragte, als sie in den Weihnachtsferien nach Mannheim kam, bei Frau Dr. Moekel an, ob ein Besuch möglich sei. Sie erzählt folgendes:

„Ich wurde ins Wohnzimmer geführt, wo sich die Mutter der Frau Dr. Moekel und einige weitere Verwandte befanden. Ich stellte mich den Damen vor, was der Hund, wie sich später herausstellte, gehört haben mußte, denn mein Vorname ist während der ganzen Unterhaltung sonst nie genannt worden. Frau Dr. Moekel las ihm einen Brief von Herrn Krall aus Elberfeld vor, wobei der Hund sie meist scharf ansah.

Der Brief lautete: ‚Elberfeld, den 15. Januar 1914. An meinen lieben Rolf! Als ich dich das letzte Mal besuchte und lieb zu dir sprach, hast du mich nicht begrüßt. Herr Krämer hatte Lachs, Herr Ziegler Cakes; ich wollte gerne einmal sehen, ob du nur zu denen freundlich wärest, die dir etwas bringen. Ist es so? Ich glaube. Viele Grüße! Karl!'

Als Frau Dr. Moekel fertig gelesen hatte, fragte sie Rolf, ob er nun brav antworten wolle, worauf er prompt dreimal klopfte, was ‚nein' bedeutet. ‚Gut, dann bekommst du von Großmutter keinen Kuchen mehr, schnell sag, ob du lieb sein und einen schönen Brief schreiben willst?' Nach einigem Zögern klopfte er zweimal, das heißt ‚ja'. Nun ließ man ihm einige Zeit zum Besinnen. Herr Oettinger, ein Verwandter von Frau Dr. Moekel, hatte sich zum Protokollführer bereit gemacht, und bald fing der Hund an zu klopfen. Er tat dies sitzend und schaute meist auf sein Klopfbrett. Nach einiger Zeit hörte er auf, es trat eine merkbare Erschlaffung bei ihm ein, und er gähnte. Er bekam zur Erholung ein Stück Kuchen. Das von Rolf Geschriebene lautete nach der Übersetzung von Frau Dr. Moekel: ‚Lib! Lol mich dumm gestellt, immer gern hat dich!' (Lieb! Lol mich (sich) dumm gestellt, hat dich immer gern.)

Nach Verlauf von etwa fünf Minuten hatte sich Rolf erholt. Sein angefangener Brief wurde ihm vorgelesen, und er sollte weitermachen; er wollte aber nicht mehr.

Von meiner Mannheimer Reise nach Hause zurückgekehrt, schrieb ich an Rolf folgende Zeilen: ‚Ich habe mich sehr gefreut, daß ich dich kennengelernt habe. Ich schicke dir hier einige Cakes. Laß sie dir gut schmecken und sieh nur mal, was für schöne Bilder auf den Schachteln sind. Grüß dein Frauchen, Daisy und deine Kinderchen von mir. Dich grüßt Gretel mit dem weißen Pelz.‘

Bald darauf schickte mir Frau Dr. Moekel die Antwort, die Rolf geklopft hatte. ‚lib! lol hat freid an die fein ggs un bildr. sin sei wudsl braf? lol sagd, du solln bild magn fon wudsl. ongl grubr sein wudsl ist dig mid wisd nas. lol dud dig ferdseln, jla hat gleine viel lol! mudr immer hogd bei gorb und hilft fidern. lol hat zorn von nigt immer lib haben er. hundel immer brilln. jla simpfen, wenn lol ged zu grob. kus von dei lol.‘ – Lieb! Lol hat Freude an die (den) feinen Keks und Bilder. Sind deine Wudsel (Schweine) brav? Lol sagt, du sollst Bild machen von Wudsel (Schwein). Onkel Gruber sein Wudsel ist dick mit wüster Nase. Lol tut dir verzählen (erzählen). Jela hat viel kleine Lol. (Die Hündin Jela hatte Junge bekommen. Es waren so viele, daß sie nicht alle genügend ernähren konnte, so daß man noch Milch aus der Flasche geben mußte.) Mutter immer hockt bei (dem) Korb und hilft füttern. Lol hat Zorn von nicht immer lieb haben er (ihn). (Rolf ist richtig eifersüchtig.) Hundel immer brüllen. Jela schimpfen, wenn Lol zu(m) Korb geht. Kuß von deinem Lol!

Abb. 16. Rolf mit seinen zehn Jungen, darunter auch die später von H. Jutzler-Kindermann unterrichtete Lola.

Bericht über die öffentliche Vorführung des buchstabierenden Hundes

*Von Prof. Dr Heinrich Ernst Ziegler**

Um der Zentrale für Kriegsfürsorge und dem Verein für Sanitätskunde Mittel zuzuwenden, hatte sich Frau Dr. Moekel entschlossen, trotz ihres nicht befriedigenden Gesundheitszustandes, zum erstenmal eine öffentliche Vorführung ihres Hundes zu veranstalten. Diese fand am 1. März 1915 im Kasinosaal in Mannheim statt. Der Saal war bis zum letzten Platz besetzt.

Prof. Dr. H. Kraemer (Hohenheim) hielt den einleitenden Vortrag. Er ging von der Nützlichkeit der Sanitätshunde aus, an welcher ja der Verstand der Tiere auch einen beachtenswerten Anteil hat. Er betonte dann die wissenschaftliche Bedeutung der neuen Buchstabiermethode, die zuerst bei den denkenden Pferden des Herrn von Osten und Karl Kralls zur Anwendung kam und einen ungeahnten Einblick in die Tierseele eröffnet. Er wies ferner darauf hin, daß eine absichtliche oder unabsichtliche Zeichengebung nicht vorhanden ist, was sowohl durch zahlreiche unbewußte Versuche als auch durch die eigenartigen und oft ganz unerwarteten Äußerungen bewiesen wurde. Schließlich hob er hervor, daß die Beobachtungen, die Frau Dr. Moekel an ihrem Hund Rolf gemacht hat, für die Tierpsychologie von hohem Wert sind und ein großes wissenschaftliches Verdienst darstellen.

Dann wurde Frau Dr. Moekel mit ihrem Fahrstuhl auf das Podium gefahren; neben ihr setzte sich „Rolf" nieder. Zuerst wurde eine Anzahl Rechenaufgaben gegeben, die ihm aus der Versammlung zugerufen wurden, zum Beispiel (4 x 7 – 13) : 3 = 5, 2 x 10 : 4 = 5, 8 x 9 : 12 = 6.

* In „Mitteilungen der Gesellschaft für Tierpsychologie", Nr. 4, 2. und 3. Jg. 1914/1915; der Bericht H. E. Zieglers erscheint hier in gekürzter Fassung.

Als die Aufgabe: „3. Wurzel aus 27“ gestellt wurde, gab er wohl die richtige Zahl 3 an, buchstabierte aber „nid wurdsl“, um sich weitere Wurzelaufgaben zu verbitten, da er solche Aufgaben schon lange zu verweigern pflegt. Dann nannte er die Namen verschiedener Personen, welche er in der Versammlung erkannte, zuerst „das speiser Basl“ (Frau Dr. Speiser aus Basel), dann „glein“ (ein Herr Klein, den er seit zwei Jahren nicht mehr gesehen hatte), darauf „ongl lsr“ (Herr Landgerichtsrat Leser). Als er aber von einem in der ersten Reihe sitzenden Herrn, der mehrmals Briefchen an Rolf geschickt hatte, gefragt wurde, ob er ihn kenne, antwortete er: „lol nid wisn.“

Um einen unbewußten Versuch zu machen, hatte ich in einer Schachtel einen Maikäfer aus Pappe mitgebracht, der innen mit Gebäck gefüllt war. Nachdem Frau Dr. Moekel das Podium verlassen hatte, zeigte ich Rolf die geöffnete Schachtel, und er steckte seine Nase in auffälliger Weise hinein. Er zeigte sich ungeduldig, dieses Ereignis seiner Herrin zu berichten und buchstabierte ihr: „meigfr in sagdl, inn was dsum sn (innen was zum Essen) nid frsn (nicht gefressen).“ Er hatte also das Gebäck, das im Innern des Maikäfers war, durch den Geruch bemerkt und fügte sogleich hinzu, daß er es nicht zum Fressen bekommen habe usw.

Zwischenbemerkung

Was Sie hier vom Mannheimer Hund erfahren haben, ist nur ein kleiner Ausschnitt aus der Fülle der Erlebnisse mit ihm. Sie haben aber durch die verschiedenen Autoren einen guten Überblick erhalten, dem ich nur noch einige, mich stets von neuem tief bewegende Antworten aus den Büchern von Frau Dr. Moekel anschließen will:

Die Katze Daisy war sehr krank. Der Tierarzt stellte eine Vergiftung fest und glaubte nicht an ein Aufkommen. Daisy wurde steif und kalt. Rolf beschnupperte und beleckte sie. Frau Moekel fragte bekümmert: „Rolf, wird denn die kleine Daisy wieder gesund?" Er ganz fest: „Ja." Und „Lieb pflegen ihr." Das

Abb. 17. Rolf und seine Hündin Jela.

kleine Töchterchen fragte nochmals. Er: „Ja, ja." Alle Kinder glaubten nun an Daisys Besserung, nur Frau Moekel sagte ärgerlich: „Wie kann der Hund das wissen." Er kam und schalt: „Lol kann riechen, Mutter nicht." – Und Daisy schlief, ihr Zustand besserte sich, und sie ward gesund . . .

Der kleine Roland, ein Sohn Rolfs, wurde vom Auto überfahren und lag schwer leidend im Zimmer. Rolf beschnupperte ihn. An obiges Erlebnis denkend, fragte Frau Moekel, ob Roland bald gesund werde. Rolf sah sie lange an und klopfte: „Lol weiß halt nicht." Der arme Roland litt drei Tage lang, ehe er starb. Am zweiten Tag ging Rolf nicht mehr hinein, Frau Moekel trauerte sehr um den kleinen Liebling. Vier Tage nach dessen Tod wollte Rolf sich dringend äußern. Neben manchem Unverständlichen wurde folgendes klar: „Lol hat arg weh, von wegen arm Roland ist tot. Wüst Auto und wüst Mann von Auto will suchen bis findet und dann beißt (Pause.) Immer meinen: Guckerl kommen, ist furchtbar lieb west (gewesen). Lol wüst west zu er (ihm) von wegen Mutter allweil (mundartlich) angucken er, kann nicht dafür. (Pause.) Lol wißt halt, daß arm Guckerle nicht wird sund (gesund) nicht gesagt, weil wegen Mutter immer hat hoffen und Großmutter auch. War so lieb mit mei krank Roland. Lol nicht vergeßt." Später klopfte er noch: „Karla hat weint laut nach Guckerle, sll haben kleinen Lol (einen kleinen der Hunde), aber Lol fürchten sich vor er (ihm). Lieber rufen lieb Jel" (Jela, die Hündin). Welche Fülle von Rücksicht, welch weiches Gemüt, und auch welche Eifersucht auf den jungen Hund mit den besonders schönen Augen.

Rolf wurde mit der Zeit immer ungebärdiger, weil Jela fortgegeben worden war. Als schließlich eine läufige Hündin in der Nähe war, tobte er in furchtbaren Heultönen. Ernst gerügt, klopfte er: „Nicht nehmen sollen Jel, dann brav, du können gucken, wenn Lol machen Spektakel, hat Zorn von Dich." Er hielt Wort und machte tagelang einen nie gehörten Lärm. Als Frau Moekel einmal weinte, klopfte er: „Mutter nicht weinen, Lol hat weh." Ein andermal wegen ihrer Krankheit: „Lol hat weh, wenn Mutter hat weh."

Sehr aufschlußreich ist eine Antwort auf einen Brief von Karl Krall, in welchem dieser fragt, warum Hunde oft bei Musik heulen und warum sie den Mond anbellen. Rolf: „Lieb! Lol nicht tut heulen bei Musik, vielleicht andere Hunde nicht mögen ihr. Wenn heulen Hunde aben weh. Guckerle kann singen mit Musik, von wegen gefällt er (ihm). Lol haben weh, wenn nicht ton (Töne) passen samm(en), dann Lol müssen weinen arg.

Mond Lol nicht mögen tut, immer ist er bös, wenn Mond machen weiß Licht, wo zittert. Lol meint, Mond ropfen Haar weg, alle Haare tun weh, kitzel(n) arm Lol. Mutter immer machen zu sein Laden, Lol froh. Seppel auch nicht haben lib Mond. Jela sich fürchten bei Mond. Daisy aben lieb er (ihn). Lol müde sein, Lol froh, wenn Kinder fort ist, nicht hat weh, geht die gut bei sei(nem) Herrn, Lol kann sehen ihnen, Ilsel immer kommen mit sei Vater. Viel Küsse von Dei(nem) lieb Lol.‘

Als Fußnote steht im Buch von Frau Moekel dazu: „Rolf klopft, seitdem ein Herr aus Paris ihn kürzlich besucht hat, oft ‚aben‘ statt ‚haben‘. Der Herr redete ihn an: ‚Aben Sie Unger?‘ Das scheint dem Tier sehr gefallen zu haben, denn er läßt nun das h vor dem Wort weg, sogar gestern, als er ‚Hanne‘ buchstabieren sollte, klopfte er eigensinnig nur immer wieder ‚ane‘. (Das ist doch köstlich, wie ein Kind!)“

DIE ERINNERUNGEN ROLFS

*Von Paula Moekel**

Als er nach seinen Erinnerungen befragt wurde, gab Rolf längere Berichte in vielen hundert Klopfschlägen, über eine Zeitspanne von mehreren Monaten verteilt. Darunter führte er Wiedergaben von Gesprächen an, die er vor seinem Unterricht gehört hatte. Als zum Beispiel der Tierarzt dazu riet, ihn nach einem schweren Unfall zu töten, hat er alles gehört und verstanden; er erzählt dies im 8. Protokoll.

* Paula Moekel: „Erinnerungen und Briefe meines Hundes Rolf“, Robert Lutz Verlag, 2. Aufl., Stuttgart 1920. Im Vorwort schreibt Dr. F. Moekel:

Der Gedanke, den Hund selbst über seine Erlebnisse berichten zu lassen, ist nicht im Kopfe des Hundes entstanden; er stammt auch nicht von seiner Herrin, sondern von dem Verleger Robert Lutz. Im Jahre 1913 war dieser

	Wiedergabe der von Rolf geklopften Buchstaben, einschließlich Interpunktion (Absatz = kleine Pause)
1. Protokoll vom April 1914. Infolge Verlustes von Rolf wiederholt am 11. 4. 1916. „Wie Lol noch Mutz heißt (geheißen) hat, war (er) im Garten bei Facius mit andr(em) Rolf.“ [Rolf nennt sich selber stets nur mit dem Kosenamen Lol, ebenfalls so die Hündin Jela „Lel“. Er war als junger Hund bei dem Gärtnereibesitzer Facius in Mannheim, dort wurde er Mutz genannt, ein anderer Hund dort hieß Rolf.]	wi lol nog muds heisd hd war in gardn bei fadsius mit andr rolf
2. Protokoll vom 19. 5. 1914: „Rolf nit lieb west (gewesen) mit klei(n) Mutz. Der Herr Facius oft s(ch)impfen bös(en) Rolf.“	rolf nid lib wsd mid glei muds. dr hr fadsius ofd simbfn bs rolf

durch einen Aufsatz des Herrn Dr. Gruber in den „Münchner Neuesten Nachrichten“ auf Rolf aufmerksam geworden. Er setzte sich mit dem Münchner Zoologen in Verbindung und erörterte mit diesem die Frage, ob Rolf wohl intelligent genug sei, seine Erinnerungen zu klopfen, wenn ihm klargemacht würde, was man von ihm haben wolle. Herr Dr. Gruber antwortete, daß, nach seiner persönlichen Meinung von der großen geistigen Befähigung des Hundes, dieser wohl imstande sein dürfte, ihm wichtig erscheinende Erinnerungen aus seinem Hundeleben wiederzugeben. Daraufhin wandte Herr Lutz sich an meine Frau, der er diesen Gedanken auseinandersetzte. Er betonte dabei, daß, wenn es gelänge, von Rolf das Gewünschte zu bekommen, diese Veröffentlichung das Interesse für die junge Wissenschaft der Tierpsychologie mächtig fördern würde. Das letztere zu erreichen, schien auch meiner Frau erstrebenswert, aber selbst ihr, die den Hund so genau kannte, erschien diese Idee als etwas Seltsames. Nach reiflicher Erwägung aber gab sie die Möglichkeit zu, von Rolf Äußerungen über Selbsterlebtes aus dessen Erinnerungen zu erlangen und versprach, den Versuch zu machen.

Anfänglich glaubte meine Frau, es sei nötig, dem Hund mit einer Reihe von Fragen zu Hilfe zu kommen. Sie schrieb damals an Herrn Lutz: „Ich muß ehrlich gestehen, daß auch ich mir die Arbeit mit Rolf sehr schwierig vorstellte. Zunächst hielt ich eine gut eingeteilte Reihenfolge von Fragen für

3. Protokoll vom 22. 7. 1914: „Lol [alias] Mutz Nestl find mit Vogel. Rolf hat nehmen und freßt die.	lol muds nsdl find mid fogl rolf hd nm und frsd di
Mäusel fangen immer nit hat können, lieber in Sonn(e) liegt und schlaft.	meisl fanngn imr nid hd gnn libr in son ligd un slafd.
An ein(em) Tag, da ist Lol fort dud (getan) word(e)n, arg t(r)aurig west (gewesen).	an ei dag da is lol ford dud worn arg dauhig wsd.
Ei(ne) liebe Frau hat nehmt arm Lol, füttert er (ihn). Nit gut riechen dort, viel Katz und bunte Vogel, können reden.	ei lib frau hd nmd arm lol fidrd r nid gud rign dord fl kds un bund fogl gnn redn.

notwendig. Selbst bei vorsichtiger Stellung der Fragen mußte Rolf wenigstens etwas beeinflußt werden. Und das sollte doch tunlichst vermieden werden! Mein jüngstes Töchterlein Karla warf eines Tages während unserer Beratung ganz unvermittelt ein: ‚Warum fragst Du nicht Rolf selbst, Mama, der sagt schon, ob er noch alles weiß!‘

Ich ging auf Klein-Karlas Vorschlag ein, rief Rolf, erklärte ihm ausführlich, was man von ihm verlangte, und fragte schließlich: ‚Rolf, kannst du uns erzählen, was du schon alles erlebt hast?‘, worauf Rolf ein festes ‚ja‘ klopfte.“

Am 27. April 1914 konnte meine Frau dem Verleger schreiben: „Ich habe einen Juristen als Zeugen gewonnen [Herrn Amtsanwalt Ritterspacher aus Bergzabern] für Rolfs Erzählung. Ich glaube nicht, daß man das Tier besonders viel mit Fragen quälen muß. Es hat bereits gezeigt, daß es mich versteht und seine Autobiographie wie folgt begonnen: „Wi lol nog muds heisd had war lol in gros gardn mid ander rolf.“ (Wie Lol noch Mutz geheißen hat, war Lol in großem Garten mit anderem Rolf.)

Ich erkundigte mich sofort, ob das stimmen könne mit dem anderen Rolf und fand zu meiner großen Freude Bestätigung. Die Gärtnersleute hatten damals einen Kriegshund, der Rolf hieß, einen scharfen Mäusevertilger, der den armen ‚Mutz‘ nicht sehr liebte.“

Und am 8. Juni 1914 berichtete sie aus Bergzabern nach Stuttgart: „Rolf entledigt sich seiner Arbeit bei der Erzählung über sein Leben ganz verblüffend gut. Wir hatten allerhand Fragen vorbereitet bei der ersten Sitzung mit ihm, aber er klopfte ganz allein weiter, bis er sichtlich zu müde

Ei(n) Mädel Lol hat (ge)führt in großes Haus; Lol Angst arg."	ei medl lol hd fird in gros haus lol angsd arg.
4. Protokoll vom 4. 2. 1915: „Nur weh hat tut (getan), weil [von] ander(n) Hundel fort hat misd (gemußt). Herr hat (ge)sagt: ‚Bist nett, hat das Tier Augen.' In ander(em) Zimmer Mutter war, liegt in Bett; Wölfel bei ihr.	nur w hd dud weil andr hundl ford hd misd. hr hd sagd bisd ned hd das dir augn in andr dsimr mudr war ligd in bd wlfl bei ir.
Luisel sagt: ‚Pappa, das wüste Borst(en)geripp!' [Herr ist Rolfs Bezeichnung für Herrn Dr. Moekel, Mutter nannte er seine Herrin. Wölfel war ein kleiner fremder Hund.]	Luisl sagd baba ds wisd borsdgrib.
5. Protokoll vom 4. 3. 1915: „Dann Bärbel nichtsnutzig lachen und sagen: ‚Du, Wotan bist kener (keiner).' Mutter er (ihn) tätschelt ein bißl und rufen: ‚Männi, wie heißt der	dan brbl nigsnudsig lagn un sagn du wodan bisd knr. mudr r ddsld ei bisl un rufn mni wi heisd dr hund dr bu fragn medl di

war weiterzumachen. Wir haben es nun so gemacht: Der hiesige Amtsanwalt ist Zeuge bei Rolfs Erzählung; der Herr schreibt selbst auf und nimmt das Aufgeschriebene mit, trägt es daheim in ein Heft ein, das ich erst wieder zurückerhalten soll, wenn Rolf fertig ist und nichts mehr weiß. Das Tier macht ein solch stolzes Gesicht, wenn die Rede auf sein Buch kommt, daß wir uns alle ansehen und lachen müssen. So entstanden nun in 16 Sitzungen Rolfs Erzählungen aus seiner Lebensgeschichte." [. . .]

Die Erzählungen des Hundes beziehen sich zunächst auf sein früheres Schicksal, ehe er vom Tierasyl zu uns kam, dann auf seine Erlebnisse, als er uns abhanden gekommen war und schwer verletzt zu uns zurückgebracht wurde, im letzten Teil auf Vorgänge in unserem Haus. Rolf berichtete teilweise Vorgänge, die uns unbekannt oder unserem Gedächtnis entfallen waren. Durch Anfragen, wie z. B. bei dem Vorbesitzer des Hundes, dem Herrn Facius in Mannheim, konnten wir die Richtigkeit des von Rolf Erzählten feststellen; bezüglich der von Rolf berichteten Äußerungen in unserem Familienkreise wurde die Erinnerung durch Rolfs Schilderung auch

Hund?' Der Bu(b) fragen Mädel, die auch nit wissen, sagen: ,Nennt er (ihn) wie ihr wollt!' [Wotan, ein Bernhardiner, der uns kurz zuvor gestorben war. Der Bub ist unser Sohn Fritz, er fragte das Mädchen, das den Rolf brachte, nach dem Namen des Hundes.]	aug nid wisn sagn nnd r wi ir wold.
Dann Herr meinen: ,Seppel.' Mutter er (ihn) gucken an und rufen: ,Nein, so nit, Rolf muß das Tier heißen.'"	dan hr meinn sebl mudr r gugn a un rufn nein so nid rolf mus das dir heisn.
6. Protokoll, 11. März 1915: „Der Bu(b) hat an ein(em) Tag Lol nehmt und fortführt zu ein(er) Kirche, wo Musik west (gewesen) ist.	dr bu hd an ei dag lol nmd un fordfird dsu ei girch wo musig wsd is.
Ein bös Mann packen arm Lol und sagen: ,Mein g(e)hört der Hund', bind er an rot Tuch und führt Lol fort.	ei bs man bagn arm lol un sagn mei krd dr hund bind r an rod dug un fird lol ford.

wieder wach. Soweit es daher möglich war, die Richtigkeit des von Rolf Geklopften nachzuprüfen, konnten wir feststellen, daß der Hund zuverlässig berichtete, und es liegt daher kein Grund vor, die nicht nachprüfbaren Angaben des Hundes (wie z. B. im sechsten und siebten Protokoll) in Zweifel zu ziehen, zumal sie durchaus wahrscheinlich klingen.

Rolf hat seine Erinnerungen völlig frei aus dem Gedächtnis gegeben. Der als Protokollführer genannte Herr Ritterspacher und später, als dieser ins Feld zog, Herr Ing. Rösch sowie Frau Major von Moers, die zur Pflege ihrer Tochter ständig um meine Frau und daher bei den meisten Rolf-Sitzungen zugegen war, versichern ausdrücklich, daß dem Tiere keinerlei Gedächtnishilfen gegeben wurden. Nach ihren übereinstimmenden Angaben wurde dem Hund jedesmal zu Beginn einer Sitzung vorgelesen oder zum Lesen hingehalten, wo er das letzte Mal in seiner Erzählung stehengeblieben war. Ohne die geringste weitere Nachhilfe setzte Rolf dann jedesmal im Anschluß an das Vorhergehende seine Erzählung fort.

Der Mann sagen zu sein(er) Frau: ,Den genn (geben) mer (wir) nimmi her, gebt fein Stückerl Geld.' Dann Mann sperrt Lol in dunkel(n) Keller, tobt Lol, Mann haut er (ihn)." [Unser Fritz führte den Hund spazieren und betrat die Kirche, weil gerade eine Musikkapelle einmarschierte.]	dr man sagn dsu sei frau dn gnmr nimi hr gbd fei sdigl gld. dan man sbrd lol in dungl glr dobd lol man haud r.
7. Protokoll vom 6. 4. 1915: „Ein Tag Lol Keller west (gewesen), dann Mann nehmt auf Eisenbahn, hat verkauft Lol für viel Geld Frankfurt.	ei dag lol klr wsd dan man nmd auf eisnban hd frgaufd lol fir fil gld frangfurd.
Lol schnell beißen Kordel kaput, hupsen runner, da Auto kommen, arm Fuß drunter, Popo unter Eisenbahn."	lol snl beisnn gordl kbud hubsn runr da audo gomn arm fus drundr bobo undr eisnban.
8. Protokoll vom 15. 4. 1915: „Mit viel Weh geloffen zu Garten von Facius, alle rennen, rufen ,Mutz, o je!'	mid fil w glofn dsu gardn fon fadsius al rnn rufn muds o ie.
Doktor holt, der arm(en) Lol schind (geschunden, gequält), verbind, dann Barbara kommen, rufen: ,O Gott!' nehmen er in Chaise, zu Leut sagen ,danke', dann mir (wir) fahren ham (heim) [Barbara, unser Hausmädchen].	dogdr hold dr arm lol sind frbind dan barbara gomn rufn o god nmn r in szhs dsu leid sagn dang dan mir farn hm.
Braun Gaul halten, Mutter kriegt Angst von wegen Lol sei(n) weh, Kolibs [Tierarzt Koblitz] kommen, gukken an er (ihn), rufen: ,Tot machen!' Lol gucken Mutter an, die rufen: ,Nein, nein, ich pflegen er (ihn). Lol (ist) glücklich west (gewesen)."	braun kul hldn mudr grigd angsd fon wgn lol sei w kolibs gomn gugn an r rufn dod magn lol gugn mudr a di rufn nein nein ig bflegn r. lol glig-lig wsd.

9. Protokoll vom 29. 4. 1915: „Dann Mutter Lol Bett machen und wüst Doktor geht fort. Lieb Mutter helft Lol, machen Umschlag, tröstet er (ihn), Bärbel tragen er (ihn) Gassel.	dan mudr lol bd magn un wisd dogdr gd ford. lib murdr hlfd lol magn umslag drsd r brbl dragn r gassel.
Herr oft sagen: ‚Stinkt der Lol', aber Mutter schimpfen er (ihn), Lol kann nit dafür.	hr ofd sagn sdingd dr lol aber mudr smbfn r lol kn nid drfir.
Arm Agel [Kosename der Tochter Frieda] nit rechnen mögt, immer Hiebe kriegen, hat Lol hören 2 mal 6 und 15, ganz(en) Tag besinnt 6, 13, 16, 9. Dann Bubl oft nehmen Finger, zählen die, Lol auch wissen wieviel."	arm argl nid regnn megd imr hib grign hd lol hrn 2 mal 6 un 15 gans dag bsind 6 13 16 9 dan bubl ofd nmn fingr dsln die lol aug wisn wifil.
10. Protokoll vom 7. 6. 1915: „Immer, wenn Fritzel nit hat wissen, dann Mutter nehmen sei Finger und rufen: ‚Guck und denk faul Bub!' Lol nicht versteht hat: ‚mal' und ‚divendiert' (dividiert).	imr wn fridsl nid hd wisn dan mudr nmn sei fingr un rufn gug un dng faul bu. lol nid frsdd hd mal un difndird
Immer Mutter sieben (schieben) Kugeln an ei(nem) Gestell und rufen: ‚Ein mal 2 is 2, 2 mal 2 is 4.' Nachher: ‚Wie oft kennen (können) mer (wir) 2 von 4 nehmen weg?'	imr mudr sibn gugln an ei gsdl un rufn einmal 2 is 2 2 mal 2 is 4 naghr wi ofd gnn mr 2 fon 4 nmn wg
Friedel immer hat horchen zum Fenster, nit passen auf, Mutter ärgerte, an ei(nem) Tag sie nit hat wissen 2 und 2. Mutter zornig arg, geben Klaps an Ohr, Lol verschrecken (erschrocken), wollen helfen Friedel, gucken an ihr (sie) arg. Lol müde furchtbar."	fridl imr hd horgn dsun fnsdr nid basn auf mudr rgnd an ei dag si nid hd wisn 2 un 2 mudr dsornig arg gbn si glabs an or lol frssregn woln hlfn ridl gugn an ir arg. lol müde furgdbar

11. Protokoll vom 8. 6. 1916: „Friedel weinen hat laut, Lol denken: Wüst Mutter gucken bös! Da sie sagen: „Friedel, der Rolf gucken an dir (dich), als wissen (wüßte es) der.

fridl weinn hd laud lol dngn wisd mudr gugn bs da si sagn fridl dr rolf gugn an dir als wisn dr.

Lol halt (ge)gangen is zu sei Mutter, sitzt hin, gucken a(n) ihr. Mutter fragen ob Lol tut wissen 2 und 2. Arm Lol seufzen arg von wegen nit wissen wie machen, dann Pfot(e) klopfen hat auf Mutter sei (ihren) Arm.'

lol hld gangen is dsu sei mudr sids hi gugn a ir. mudr fragn ob lol dud wisn 2 un 2 arm lol seifdsn arg fon wgn nid wisn wi magn dan mid bfod globfn hd auf mudr sei arm. 4.

12. Protokoll vom 10. 6. 1915: * „Du sollen gehen lassen mich. Lol müssen gucken, Fink füttert sei(ne) klei(nen) Finkel.**

* du soln gn lasn mig lol misn gugn fing fidrd sei glei fingl **

‚Ja Kinder, der Lol kann rechnen.'*** Luisel brüllen: ‚Mamma, frag er doch 5 und 5!' Lol klopfen 10. All lachen, Zucker gekriegen hat, Lol froh west."

ja gindr dr lol kn regnn*** luisl briln mama frag r dog 5 un 5 lol globfn 10 al lagn dsugr ggrign hd lol fro wsd.

13. Protokoll vom 16. 6. 1915: „Alle Tag Lol bißl rechnen mist mit Mutter, immer wenn hern (gehört) hat der (die) Frag(e), Lol bal(d) spüren, wieviel is.

al dag lol bisl regnn misd mid mudr imr wn hrd hd dr frag lol bal sbirn wifil is.

* Rolf war wenig willig, ging immer wieder von mir [Paula Moekel] weg. Scharf zurechtgewiesen, setzte er sich und klopfte heftig: du soln gn . . .

** Hierauf legte Rolf sich auf die Fensterbank des Schlafzimmers und blieb dort, bis der eifrige Finkenvater seine vier dicken Jungen atzte. Als der Fink weg war, kam Rolf von selbst und zeigte sich arbeitswillig.

*** Rolf wiederholt hier meine Worte, die ich freudig erstaunt ausrief, als er mir die 4 auf den Arm geklopft hatte. (Paula Moekel)

Herr nit glauben. U(n)sinn er sagen. Lol hat Zorn von er (ihm), hat beißen wollen er (ihn), brummt. Wüst(e) Mutter schimpfen Lol; müde.	Hr nid glaubn usin r sagn lol hd dsorn fon r hd beisn woln r brumd wisd mudr simbfn lol *müde*
In Küch(e) einmal riechen fein, Lol schnuppert, find Brett mit Gutsel* in groß Loch von Ofen.	in gig eimal rign fein lol snubr find bred mid gudsl in gros log fon ofn
(Ge)schwind nehmt paar, Mund anpappen**, weh, weh, Lol nit hat können essen Suppe. Alle meint krank, arm Hund weh Bauch. Lol nimmi langen in Ofen, wart bis is kalt Gutsel."	swind nmd bar mund ababn** w w lol nid hd gnn sn sub al meind grang arm hund w baug lol nimi langn in ofn ward bis is kld gudsl
14. Protokoll vom 21. 6. 1915: „Karla einmal nit wist (gewußt), was fehlt für Buchstab. Wort geschrieben west (gewesen) mit ‚b' und ‚g' und Buchstabe ‚r'. Lol sitzen auf Drudel (Truhe) und Karla auch. Müde. Mutter schimpfen, Lol schnell klopfen Karla ‚k', dann sagen: ‚Bank.' So Wort hat heißt (geheißen)." ***	krla eimal nid wisd was fld fir bugsdab word gsribn wsd mid b un g un bugsdab r lol sidsn auf drudl un krla aug *müde* mudr simbfn lol snl globfn krla k dan si sagn bank so word hd heisd***
15. Protokoll vom 14. 9. 1915: „Mutter war sitzen an ei(nem) Tag in Sessel beim Vogelbrett, Lol sei(n) Köpfel auf sei (ihrem) Knie.	mudr war sidsn an ei dag in ssl bein foglbred lol sei gbfl auf sei gni
Immer sie gucken auf d(ie) Höh; Lol Angst, denken Flieger. Auf einmal	imr si gugn auf d he lol angsd dngn fligr auf ei-

* „Gutsel" ist süddeutscher Ausdruck für süßes Gebäck.

** Rolfs Lippen blieben wohl an dem heißen Kuchenblech hängen.

*** Dies ist nicht verständlich, da ja in „Bank" der Buchstabe r nicht vorkommt, die Urschrift des Protokolls ist nicht mehr zu finden, nur die zum Druck bestimmte Abschrift liegt vor. Vielleicht ist beim Abschreiben ein Fehler vorgekommen, und es muß statt „r" „k" heißen. (Paula Moekel)

Lol sehen Bild von ei(nem) Gaul, dann ei(n) Seppel, aber nit farbig, glei(ch) wieder verrissen; Elefant springen, strecken sei(ne) lang Nas.“ [Bei der Betrachtung des Himmels wurde der Hund durch die Formen der Wolken an Tiere erinnert: Pferd, Hund, Elefant mit Rüssel.]

mal lol sn bild von ei kul dan ei sebl abr nid farbig glei widr frrisn lfand sbringn sdregn sei lang nas

„Mutter sagen: ‚Gel Lol, was Wind kann!‘ Lol jetzt wissen, Wind kann Tür aufmachen und zu, Appel runner werfen, laut heulen, Staub fliegen machen und Bilder an (am) Himmel rumjagen; müde.“

mudr sagn gl lol was wind kn lol ieds wisn wind kn dir aufmagn un dsu abl runr wrfn laud heiln sdaub flign magn unbildr an himl rumiagn *müde*

16. Protokoll vom 28. 9. 1915: „All Tag Leut sin(d) kommen, ham (haben) wollen sehen Lol. Mutter ganz tappig [ungeschickt] west (gewesen), immer holt arm Lol.

al dag leid sin gomn hm woln sn lol. mudr gans dabig wsd imr hold arm lol.

Lol all wist (gewußt). Leut schüttelt ihr(en) Kopf. Lol oft kriegen hat Lachs, Wurst und Gutsel, nachher gern schafft.

lol al wisd leid sidld ir gobf. lol ofd grign hd lags wursd un gudsl naghr grn safd.

Professor auch sin(d) kommen, die immer zeigt Lol viel Karte(n).* Arm Mutter nit gucken laßt (gelassen), als tät Lol nit können allein. Zornig arg west (gewesen) Lol, nimmer wollen sagen, einfach klopfen: ‚Alles Buckel steigen!‘ Müde.“

brofsr aug sin gomn di imr dseigd lol fil krd* arm mudr nid gugn lasd als dd lol nid gnn alein. dsornig arg wsd lol nimr woln sagn eifag globfn als bugl sdeign. *müde*

* Gemeint sind die „unwissentlichen Versuche“, bei denen Rolf Karten mit allerlei Bildern gezeigt wurden, die ich nicht sehen durfte. (Paula Moekel)

Musik und Rätselraten

*Von Paula Moekel**

Aus einem Protokoll vom 13. 3. 1914, in Anwesenheit von Emma Fürstin zu Solms-Lich, Karl Fürst zu Solms-Lich, Prinz Victor Salvator von Isenburg, Friederike, Fürstin von Isenburg, die Prinzessin zu Solms-Braunfels, welche auch das Protokoll unterzeichneten. Eine der anwesenden Damen fragt: „Was ist Musik?"

Rolf sieht erstaunt auf und gibt zunächst keine Antwort. Ich frage: „Kannst du das sagen?" Rolf: „Ja." (Man halte hier einmal ein und stelle sich selbst diese Frage – und später stelle man sie auch einmal im Bekanntenkreis! Ich glaube, man wird manche geistvolle und gute Antwort bekommen, aber fragen Sie einmal danach, ob jemand mit fünf Worten das Wesentliche ausdrükken könne, und dann erzählen Sie nachfolgende Antwort von Rolf!) Rolf wird die Frage wiederholt. Rolf: „Fil Don dr basd dsam." Also viele Töne, die zusammenpassen. Gibt es in dieser Kürze eine bessere Antwort?

Der Sommer 1914 brachte manche Regenperiode. Schwer prasselten die Regentropfen gegen die Fensterscheiben, und die Langeweile hielt bei meinen sonst in Wald und Feld sich tummelnden Kindern ihren Einzug. Wenn auch die 10 kleinen Hunde von Lola manche Kurzweil schufen, so mußten wir doch auf andere Abwechslung sinnen. An solch grauem Regentag fielen mir aus meiner Kinderzeit Rätsel ein, die dann auch mit großem Jubel aufgenommen wurden. Rolf lag wie immer zu meinen Füßen, hob lauschend seinen Kopf und teilte wedelnd

* Paula Moekel, „Mein Hund Rolf", Verlag Robert Lutz, Stuttgart 1920, S. 76 f und „Erinnerungen und Briefe des Hundes Rolf", Verlag Robert Lutz, Stuttgart 1920, S. 58 ff.

die Freude der Kinder, wenn ein Rätsel besonders rasch gelöst wurde.

Plötzlich setzte er sich auf, hob sein Pfötchen und klopfte unaufgefordert: „aug redsl“, das heißt „auch Rätsel“. Ich fragte: „Willst du Rätsel lösen?“ Antwort: „nein.“ „Rätsel aufgeben?“ „Ja.“ Nach diesem „ja“ klopfte er: „hn hd bund fedr warum“, d.h. „Hahn hat bunt Feder, warum?“ Ich: „Na Rolf, vermutlich, weil er dann der Henne besser gefällt?“ Rolf: „nein!“ Ich: „Ja warum denn?“ Rolf: „weil hn fedr wagsd“, d.h. „weil Hahn Feder wächst.“ Jubelnd lobten die Kinder ihren treuen Kameraden und baten um ein anderes Rätsel. Rolf setzte sich bereitwillig, man möchte sagen stolz, und fragte: „gu sagn mu warum“, d. h. „Kuh sagen muh, warum?“ Die Kinder: „Rolf, vielleicht, weil sie Hunger hat?“ Rolf: „gans dum“, d.h. „ganz dumm.“ Ich: „Ja, warum denn?“ Rolf: „weil nigs andrs kn“, also „weil nix anders kann.“

„WEHBANK“

Karl Krall schreibt in der dem Hundeverständnis angepaßten Schreibweise einen Brief an Rolf: „Lieb! Bald kommt Karl Lol sehen und lieb haben. Lol recht brav sein und sagen was ist. Alle Herren müssen wissen, Tiere denken. Lol armen Tieren auf Wehbank helfen. Viele Grüße an Jela. Einen Kuß für Lol. Dein Karl.“

Paula Moekel fügt in einer Fußnote folgende Erklärung hinzu: Herr Krall hatte seinem Brief ein Flugblatt des „Internationalen Vereins zur Bekämpfung der wissenschaftlichen Tierfolter“ beigefügt, worauf unter anderem Hunde, Kaninchen, Katzen und Vögel abgebildet waren, wie sie mit Stricken, Schrauben, Metallklammern festgehalten auf dem Viehseziertisch liegen. Letzteren bezeichnet Herr Krall als „Wehbank“.

Diese Abbildungen machten einen sehr starken Eindruck auf Rolf. Er litt noch nachträglich, was deutlich zu bemerken war, unter dem Eindruck des Geschehenen und stöhnte des öfteren laut auf.

Die außer Herrn Krall (im nachfolgenden Brief) zur Hilfe angerufenen Herren Ziegler, Gruber usw. sind Gelehrte, die Rolf von früheren Besuchen und Vorführungen kannte.

Rolf antwortet Karl Krall: „Lieb! Lol sein ganz dauhig (traurig) arm Tieren! O, was machen wüste Männer, Mutter mich zeigt Bilder von arm Tieren. Du Krall helfen, Ziegler, Gruber, Mackenzie, Sarasin, Krämer, Wilser, Huber, Bruno, Wolff, Heger (Rolf hat die Namen ziemlich genau in seiner Orthographie geklopft), alle Herren holen. Schuster sein Gewehr nehmen. Lol nimmer kann. Wehbank Ofen stecken. Kuß von Lol."

Nach dem Tode seiner geliebten Herrin, Paula Moekel, konnte man bei Rolf in Sorge sein, ob er noch würde antworten wollen. Fünf Tage nach ihrem Tode, am 30. 11. 1915, buchstabierte Rolf folgenden Brief an Herrn Dr. N., den Fräulein Luise, die älteste Tochter, aufnotierte:

„Lieb! Arm Lol ist traurig uegen (w – u ist falsch) weil meine liebe Mutter ist tot. Du solln kommen - trösten arm Lol. Lol will wissen, wie lang warten (d.h. wie lange er warten muß) bis (eer) kann gehn zu ihr. Wissen Du? Kuß von deinem armen Lol!"

Die naive Frage, wann er wieder zu seiner Herrin gehen könne, kommt aus seinem eigenen Denken. Die übrige Trauerstimmung teilte er mit dem ganzen Hause.

Abb. 18. Luise Moekel, Tochter von Paula Moekel, mit Rolf.

NACHKLANG

Das Beste, das je einer der unterrichteten Hunde geäußert hat, stammt auch von Rolf.

Auf das überschwengliche Lob eines Herrn, daß Rolf besonders klug sei, antwortete er am 10. Mai 1914: „*Von wegen Rechnen Rolf nicht klug, all Tiere kann. In Aug guck Katz, Gaul, Hundel, dann Du kann sehen: Tiere kann denken!*“

Hiermit schließen wir die Betrachtungen über den berühmten Mannheimer Hund, der von sich selbst sagte: „sr brimt“ (sehr berühmt).

Ich erinnere mich noch deutlich, mit welcher Haltung er in das Zimmer kam – ein umjubelter Schauspieler kann nicht selbstbewußter auftreten! Unvergeßlich sind mir aber besonders die herrlichen Augen dieses in seiner Art außerordentlich zu nennenden Geschöpfes. Paula Moekel, die diesen ersten sprechenden Hund zu seiner Entfaltung brachte, schließt ihr Buch „Mein Hund Rolf“ mit den Worten:

„*Wenn es mir gelingt, einen kleinen Teil zu einer höheren Bewertung des Tierlebens beizutragen, damit diese Erkenntnis Gemeingut aller Menschen werde, dann kann ich befriedigt meine Arbeit schließen: ist doch alles Seiende von dem Geiste des Schöpfers durchleuchtet!*“

Das ängstliche Harren der Kreatur wartet auf die Offenbarung der Kinder Gottes, denn auch die Kreatur wird frei werden von dem Dienst des vergänglichen Wesens zu der herrlichen Freiheit der Kinder Gottes, denn wir wissen, daß alle Kreatur sehnet sich mit und ängstet sich noch immerdar.

Paulus, 8. Brief an die Römer, 19, 21, 22

VII. Katzenunterricht

Der Unterricht einer Katze? Das ist eine weitaus schwierigere Aufgabe als beim Hund! Deshalb gibt es dafür auch nur das eine Beispiel, das Sie in Daisy kennenlernen, denn nur unter den besonders günstigen Verhältnissen im Hause Moekel war die Möglichkeit dazu gegeben: lernende Kinder, lernende Hunde, das Familienleben, auf die Verständigung mit Tieren eingestellt, und eine Wohnung ohne ländliche Umgebung zum Herumstreichen. Die Katze gab in dieser Atmosphäre ihre Souveränität auf und machte mit – ehrgeizig und lernbegierig zugleich.

Das Zusammenleben von Mensch und Tier erlebt man durch Paula Moekels Bericht – in jedem Wesen frei sich spiegelnd – staunend mit. Warum soll eine Katze nicht ebensogut wie ein Hund lernen können? Sie sieht gut, sie hört scharf, beobachtet und erinnert sich vorzüglich. Gewiß – aber es ist ihre Wesensveranlagung, die hier hindernd wirkt, ihre innere Selbständigkeit, ihr Bedürfnis nach Freiheit von jeglicher Bindung, ihr Leben, das sich auch in der dritten Dimension von uns wegbewegt, und ihre Unstetigkeit, die fast nur Anhänglichkeit an das Haus kennt, in dem sie heimisch ist. Dies alles ist es, was sie dem Menschen und seinen Wünschen jeweils nur wie in einer Art gnädiger Laune und ganz nach Stimmung näherbringt. Gewinnt man diese beiden, so ist etwas zu machen.

Ich selbst habe zwei Katzen in den Kriegsjahren zum Pfotengeben, rechts und links, gebracht und auch dazu, auf Geheiß einmal oder zweimal zu klopfen. Einer Freundin gelang es, ihrem Kater bis zu fünf Klopfschlägen beizubringen, die er auch mir gab, wenn ich ihm die Zahlen nannte. Hätten wir mehr Zeit gehabt und weniger Sorgen, so wären wir mit den Tieren vielleicht weitergekommen. Besonders der Kater war sehr klug und liebte meine Freundin auffallend. Bemerkenswert scheint mir bei meinen Katzen – und das war immer lustig –, daß sie nur geneigt waren, geschwind ihr Können anzuwenden, wenn eine leckere Belohnung winkte. Wurde nichts angeboten, so sahen die Tiere kühl und unbewegt in eine rätselhafte Ferne an mir vorbei, als würden sie weder hören noch begreifen noch wissen, daß sie angeredet worden waren. Meine jetzige Katze sieht mich zudem noch sehr von oben herab an, wenn ich liege, auch sehr besorgt und mit Mitleid im Blick.

Etwas wie Anteilnahme scheint das Katzenherz also doch zu bewegen mit diesen rätselhaften Menschenwesen, die so wenig dem Augenblick zu leben vermögen, die immer irgendwo weiterdrängen, voller Sorgen und Mühen! (Vgl. dazu in Kap. VIII auch „Lolas“ Antworten auf die Fragen, warum sie lebe und warum Hunde lieber mit Menschen zusammen sind als mit ihresgleichen.) Ich möchte hier dazu anregen, Unterrichtsversuche mit den verschiedenen Tierarten zu unternehmen, die auch in anderen Breitengraden in naher Gemeinschaft mit Menschen leben.

Mein Kätzchen Daisy

*Von Paula Moekel**

Klein-Daisy kam in meinen Besitz, als sie sechs Wochen alt war. Bald hatte das reizende Tier sich die Zuneigung des ganzen

* Aus Paula Moekel: „Erinnerungen und Briefe des Hundes Rolf“, Verlag Robert Lutz, 2. Aufl., Stuttgart 1920.

Hauses erworben. Besonders der sonst nicht katzenfreundliche Hund Rolf liebte sie sehr und machte scheue Versuche, mit ihr zu spielen. Daisy, anfangs sehr ängstlich, spielte bald lustig mit ihm.

Ich faßte den Entschluß, Unterrichtsversuche mir ihr zu machen. Natürlich war mir klar, daß der Unterricht bei Daisy anders geartet sein müsse als bei einem Hund. Spielend begann ich ihr zu zeigen, wie lieb ich sie habe: „Siehst du, Daisy, ich habe dich lieb. Weil ich dich so lieb habe, streichle ich dich." Nach und nach sah ich, daß sie die Ohren bewegte, daß sie mich ansah, wenn ich zu ihr sprach.

Nach diesem ersten kleinen Erfolg nahm ich ihr Pfötchen in meine Hand und zeigte ihr, wie sie nun auch mich streicheln könne. „Siehst du, kleine Daisy, ich habe dich lieb, ich streichle dich, du kannst mich auch streicheln, du hast mich auch lieb!" Schon nach einigen Tagen machte sie schüchterne Versuche, mir ihre Liebe zu zeigen. Sie fuhr mir mit ungeschickten Bewegungen im Gesicht herum.

Meine Freude war groß, und dieser für mich überraschende Erfolg bei diesem zarten, jungen Tier spornte mich zu mutiger Weiterarbeit an. Ich lehrte sie, ihr Pfötchen geben, brachte ihr spielend den Begriff von 2, 3 und 4 bei. Als das sicher war, ließ ich sie am Unterricht der Hunde teilnehmen. Sie saß mit lebhaften Augen auf dem Tisch und horchte, wie man leicht am Spiel der Ohren sehen konnte, angestrengt. Bei der zweiten Unterrichtsstunde hob sie, als ich Jela fragte: 1 plus 1? ganz von selbst ihr kleines Pfötchen und gab mir die Lösung. Lob und eine kleine Anerkennung in Form eines Stückchen Fleisches blieben natürlich nicht aus.

Es war interessant zu sehen, wie das kleine Tier schon schadenfroh sein konnte. Jela, meist sehr zerstreut, blieb oft die Antwort schuldig oder gab sie verkehrt. Dann funkelten die klugen Katzenaugen vor Freude; es kam vor, daß Daisy kleine

Drehungen um sich selbst machte, wie Kinder, die bisweilen vor Übermut tanzen.

Sehr leicht begriff sie Rolfs Alphabet. Sie war noch nicht zwölf Wochen alt, als sie schon „or“ buchstabierte, wenn man sie, ihr Ohr berührend, fragte: „Daisy, was hast du da?“ Schrieb man einen Buchstaben an die Tafel, zum Beispiel a, und befahl ihr: „Bilde nun daraus ein Wort!“, so befolgte sie rasch den Befehl. Am liebsten klopfte sie „br“ zu dem a (aber), und dieses „aber“ ist ihr Lieblingswort geblieben. Noch heute beginnt sie ihre kleinen Äußerungen meist mit diesem Wörtchen.

Sie mag 7 Monate alt gewesen sein, als sie eines Abends bei uns saß und zwar, wie sie es am liebsten hat, auf einer auf dem Tisch ausgebreiteten Zeitung. Sie hatte vorher beim Abendbrot etwas Schinken bekommen und schien durstig zu sein. Als das Mädchen eine Flasche Bier auf den Tisch stellte, stellte sie sich leise miauend an der Flasche hoch. Ich fragte sie lachend, ob sie Bier haben wollte, worauf die fest gegebene Antwort folgte: „Nein aber milg.“

Kurz vor Weihnachten fragte ich meine vierfüßigen Lieblinge, was ihnen wohl das Christkind bringen solle. Rolf wünschte sich einen bunten Ball, ein Bilderbuch und Bilder; für Jela wünschte er sich viel zu essen, da sie immer großen Hunger habe. Daisy aber gab mit ihrem zierlichen Pfötchen die Antwort: „Maus.“ Leider war eine kleine Maus in keinem Spielwarenladen aufzutreiben, da mußte ein Dackel den Dienst tun. Sie freute sich auch an diesem, aber als ich sie fragte, ob das nun eine Maus sei, gab sie rasch zur Antwort: „Nein, aber Hund!“

Vor dem brennenden Christbaum fürchtete sich Klein-Daisy dann sehr. Darüber befragt, meinte sie: „Aber dut w fil feir!“ (Aber tut weh, viel Feuer.) Diese Angst mochte wohl daher kommen, daß Daisy, als ich meinen vierfüßigen Schülern zusammen die brennende Kerze erklärte und zeigte, dieser aus Neugier zu nahe kam und sich etliche Haare verbrannte.

Daisy hat eine Eigenart. Sie pflegt von einem Dritten immer so zu reden, als rede der Dritte selbst. [Auch kleine Kinder tun ähnliches. Mein ältester Sohn hob als Zweijähriger vor mir stehend die Arme und sagte: „Soll ich dich tragen?" Ich sollte also zu ihm sagen: „Soll ich dich tragen?" (H. Jutzler-Kindermann)]

So wurde sie am 9. November von Schweizer Herrschaften gefragt: „Wo ist nun wohl der Rolf hingegangen?" Antwort: „mai bd" (mein Bett). Sie wollte natürlich sagen: in sein Bett. Ein anderes Mal erzählte ich von Rolfs neuester Unart, alle abscheulichen Redensarten und Schimpfworte, die er auf der Straße hörte, nachzusagen. Daisy saß bei mir und hörte aufmerksam zu. Bald darauf klopfte sie spontan: „af lol bin" (Affe Lol ist). Ein anderes Mal saß ich an der Schreibmaschine. Rolf und Dai-sy hielten sich im Zimmer auf. Daisy hatte einige Male versucht, Rolf zum Spielen zu bewegen, hatte ihn angesprungen und einige Töne dazu ausgestoßen, aber Rolf lag auf dem Sofa, seinem Lieblingsplatz, und reagierte auf gar nichts, zu meiner stillen Belustigung. Später setzte sich das Kätzchen vor mir auf den Schreibmaschinentisch, wo sie sehr gerne sitzt und dem Springen der Typen zusieht. Ich bemerkte ihr unzufriedenes Gesichtchen und fragte sie: „Klein-Daisy, was denkst du?" Sie hob blitzschnell ihr Pfötchen und klopfte sehr lebhaft: „fad lol bin" (fad Lol ist). Während dieser drolligen Antwort hatte Daisy zu Rolf hinübergeschielt.

Am 16. Januar 1914 saßen wir alle zusammen im Eßzimmer, auch Rolf und Daisy waren anwesend. Die beiden Tiere spielten mit einem Gummiball und einer Fadenrolle. Rolf fing den Ball auf, trug ihn im Maul herum und rollte ihn dann wieder weit weg. Ich sah, daß Daisy begehrlich nach dem Ball sah und warf ihn auch einmal zu ihr. Sie sprang darauf zu und beschnupperte ihn intensiv, schüttelte darauf wie von Ekel erfüllt das Pfötchen und lief weg, ohne wie sonst den Ball vor sich herzurollen. Ich fragte Daisy: „Warum bringst du mir den Ball nicht, warum läufst du von ihm weg?“ Daisy kniff fest die Augen zusammen und legte die Ohren beinahe flach an den Kopf; dann hob sie zögernd ihr Pfötchen und klopfte: „babig“ (pappig). Der Ball war dem kleinen Tier also zu wenig sauber, weshalb es vorzog, nicht mit ihm zu spielen.

Am 27. Januar 1914 warf Jela zehn prächtige Junge. Auch Daisy schlich neugierig zur großen Kiste, in der die Jungen schliefen. Sie sah mit glänzenden Augen hinein, purzelte aber vor Schreck beinahe um, als eines der kleinen schwarzen Dinger sich bewegte. Sie zog sich fauchend zurück und kletterte auf meine Malereistaffel. Von dort betrachtete sie dann weiter alle Vorgänge. Ich griff eines der Kleinen heraus und hielt es ihr nahe hin. Sie beschnupperte mit offenem Mäulchen das Tierchen und begann wieder häßlich zu fauchen. Ich wurde nun ernstlich böse und schalt Daisy tüchtig aus, gab ihr sogar einen leichten Klaps. Daisy sah mich mit erschrockenen Augen an und klopfte zaghaft: „wisd sin glein hundfi“ (wüst ist klein Hundvieh).

Daisy ist ein sehr selbstbewußtes Tier; sie ist ebenso von ihrem Können wie auch von ihrer Schönheit überzeugt. Man kann nicht selten beobachten, wie sie ihr reizendes, rundes Katzengesichtchen im Spiegel bewundert. Einmal hatte sie eine Erkältung. Die Folge davon waren ein nasses Näschen und unsaubere Augenwinkel. Ich wollte ihr Augen und Näschen mit einem Tuch reinigen. Aber Daisy schien darüber sehr unwillig, riß aus, setzte sich auf den Tisch und hieb mir mehr als daß sie klopfte auf den Arm: „kn slbig“ (kann selbst).

Im Eisschrank stand ein Teller mit Braten und Wurst. Daisy, die mit großer Geschicklichkeit die Schranktüren öffnet, war in den Eisschrank geschlüpft und hatte den Teller umgeworfen, so daß Braten und Wurst herausfielen. Als sie geschickt nachhüpfte, um ihren Raub zu verzehren, war der hinzugeeilte Rolf schon nahezu fertig mit den guten Sachen. Daisys Zorn half nichts, sie mußte sich mit ein paar kleinen Restchen zufrieden geben. Zunächst ließ ich die Tiere gewähren und hielt mich auf meinem Beobachtungsposten ruhig. Daisy tat sehr entrüstet und fauchte Rolf tüchtig an. Rolf, im halben Schuldbewußtsein, zog sich mit eingezogenem Schweif zurück, während Daisy laut miauend auf mich zukam und eifrig klopfte: „Dib Lol bin." Sie hatte also wohl bemerkt, daß Rolf ihr den Raub stahl, daß aber auch sie gestohlen hatte, sah sie nicht ein.

Daisy saß, wie oft, am Mittagstisch und schielte nach dem Braten. Nach Tisch sah Daisy direkt unzufrieden drein, so daß mein Mann fragte: „Ja, Daisy, bist du denn noch nicht satt?" Das kleine Tier klopfte auf meinen Arm als Antwort: „Nein log in baug" (nein, Loch im Bauch). Sie fühlte sich also nicht gesättigt und drückte mit dieser Äußerung recht unzweideutig ihren Hunger aus. Auch sie kennt ganz genau den Sonntag und weiß stets, wenn Sonntag ist. An einem solchen setzte sie sich ganz nahe zu mir an den Tisch, und zwar so auffallend, daß mein Mann fragte: „Was willst du denn Daisy, komm, geh raus!" (Er liebt es nicht besonders, wenn Daisy dem Eßtisch zu nahe gerät.) Aber Klein-Daisy wehrte sich mit folgender lakonischen Antwort: „Sonndag heit bradn" (Sonntag, heute Braten).

Die liebevolle Vertiefung in das Tier fordert vom Menschen, daß er sich die Offenheit für die Erkenntnisse nicht von vornherein durch sein Gefühl der Überlegenheit verbaue, sondern sich ehrfürchtig bewußt sei, daß alles Geschaffene aus dem Willen des einen Schöpfers und Herrn hervorgeht. Es scheint daher unbegreiflich, daß je ein großer Denker und unzählige, die seiner Autorität folgten, das Tier als Automaten, als seelenlosen Mechanismus auffassen konnten und selbst die kirchliche Lehre teilweise ähnlich gesehen hat.

Max Huber

(Aus „Mensch und Tier", Biblische Betrachtungen. Prof. Dr. Max Huber, ehem. Präsident des Internationalen Gerichtshofes in Den Haag und des Roten Kreuzes in der Schweiz.)

VIII. Die Hündin Lola*

Meine Vorkenntnisse

Etwa um 1912 hörte ich zum erstenmal von den Pferden Karl Kralls in Elberfeld. Es war nicht viel, was ich erfuhr, mehr allgemein, daß sie rechnen und auch buchstabieren könnten. Vom „klugen Hans", ihrem Vorgänger, hatte ich damals nichts gehört. Ich war noch ein Kind, als er bekannt wurde, und das Odium, das ihm anhaftete, war mir deshalb unbekannt. Die Nachricht von den Pferden traf mich deshalb ohne Voreingenommenheit. Ein oder zwei Jahre später trat Prof. Kraemer in Hohenheim mit seinen Forschungen über die Tiere an die Öffentlichkeit. Ich hörte dort einen Vortrag von ihm über die Pferde und auch über Rolf aus Mannheim, ferner äußerte er sich meinem Vater und mir gegnüber gesprächsweise zu diesem Thema.

Was ich dabei erfuhr, interessierte mich lebhaft. Prof. Kraemer vertrat die Sache eifrig, doch ich erlaubte mir kein Urteil, ohne Eingehenderes zu wissen. Die Möglichkeit, daß

* Auszüge aus Henny Kindermann: „Lola. Ein Beitrag zum Denken und Sprechen der Tiere", Verlag Richard Jordan, 2. Aufl., Stuttgart 1926.

Tiere zu solchen Äußerungen fähig waren, wollte mir nicht unglaubhaft erscheinen, wenn ich auch manches, das allzu hohe Intelligenz verhieß, zu bezweifeln wagte. Ich versuchte mehr zu erfahren, war aber in dieser Zeit durch meine dreijährigen Studien an der Landwirtschaftlichen Hochschule Hohenheim zeitlich etwas eingeschränkt und konnte keine eigenen Versuche machen oder auch nur Kralls großes Werk lesen. Daher blieb diese Frage für mich ungeklärt, obwohl auch mein Vater bei den Elberfelder Pferden gewesen war. Er hatte durch einige Versuche die Überzeugung gewonnen, daß alles Gehörte vollkommen auf Richtigkeit beruhte, die Tiere aufgrund eigenen Denkens selbständig ihre Antworten gaben. Weiteres erfuhr ich dann durch die Veröffentlichungen Prof. Zieglers in Stuttgart sowie aus seinen persönlichen Äußerungen. Er und Prof. Kraemer waren mir als ernste, gewissenhafte Forscher bekannt, auf deren Urteil ich bauen durfte, solange nicht eigene Erfahrungen mich einen anderen Standpunkt einnehmen ließen. Ich sah mir ferner auch einige gegnerische Schriften an, um auch deren Betrachtungsweise kennenzulernen.

Nachdem ich meine akademischen Studien mit dem Diplomexamen* beendet hatte, übernahm ich nach einem halben Jahr aufgrund dieser Kenntnisse und früher in Thüringen erworbener praktischer Erfahrungen die selbständige Leitung eines 300 Morgen großen Gutes im Rheinland. Nach anderthalb Jahren in diesem Amt hatte ich mir soviel Sicherheit erworben, um auch neben der täglichen Arbeit meinen Interessen an anderen Fragen nachgehen zu können. Ich erinnerte mich der Fragen über das Denken der Tiere und beschloß jetzt, Versuche zu machen. Der kommende einsame Winter schien mir dazu sehr geeignet. Ich nahm Rücksprache mit Prof. Ziegler, um ein geeignetes Tier zum Unterricht zu erhalten. Es sollte ein Hund sein, am

* Mit dem 1912 abgelegten Examen war Henny Jutzler-Kindermann Deutschlands erste Diplom-Landwirtin.

liebsten ein Nachkomme Rolfs. Ich versprach mir von einem Hund die besten Leistungen, falls eine Antwort auf die Fragen möglich war.

Der Hund ist seit langen Generationen das Tier, das dem Menschen am nächsten ist, sich diesem am innigsten und treuesten anschließt und durch Vererbung für das, was der Mensch von ihm will, am besten vorbereitet ist. Pferd, Rind, Esel, Schwein, Geflügel usw. sind dem Menschen wohl auch vertraut, aber bei uns in Europa immer in besonderen Räumen untergebracht und können sich also nicht wie der Hund durch Hören und Sehen im ständigen Verkehr mit Menschen dazu bilden, unsere Sprache und Gebärden weitgehender zu verstehen. Nach dem Hund scheint mir an zweiter Stelle in der Intelligenz das Pferd zu stehen, besonders das arabische. Der Araber spricht mit seinem Pferd wie mit einem Freund, und das Leuchten der Augen dieses Tieres verrät seine Intelligenz. Rind, Esel usw. sind dem Menschen schon rein gefühlsmäßig fremder und weisen eine uns ferner liegende Intelligenz auf, die außerdem meist durch die jahrhundertelang durchgeführte Methode der reinen Stallhaltung abgestumpft worden ist. Wild lebende Tiere scheinen nur in Ausnahmefällen geeignet – ihre Intelligenz mag oft hoch sein, aber sie sind der Menschenhand ganz fremd und können meist nur geschickt nachahmen, selten aber für uns geistig wach werden.

Prof. Ziegler wies mich auf eine Hündin, von Rolf stammend, und riet mir auch zu einem Besuch in Mannheim. Überaus freundlich wurde mir derselbe gestattet. Er dauerte eine Dreiviertelstunde, und ich konnte mich überzeugen, daß der Hund antwortete, wenn er auch nicht auf meine Hand, sondern auf eine Pappe klopfte, die ein Fräulein Moekel hielt. Dieser Besuch vom 11. Janaur 1916 sei hier beschrieben:

Rolf wurde in das Zimmer gebracht, in welchem außer der Familie Moekel und mir niemand anwesend war. Rolf ging lebhaft von einem zum anderen und sprang an mir hoch; ich sagte zu ihm, ein kleines Paket mit Keks hochhaltend: „Dies schickt dir Prof. Ziegler aus Stuttgart mit vielen Grüßen, und er hofft, daß du lieb bist und ihm einen Brief schreibst." Ich sah ihm an, daß er mich verstand, aber erst nach längerem, eindringlichem Zureden von Fräulein Moekel entschloß er sich, eine Antwort zu klopfen.

Zuerst war es mir nicht leicht zu folgen, da er aus Unlust wohl undeutlich arbeitete, aber nach und nach gewöhnte ich mich an seine Arbeit und konnte mitzählen. Er klopfte: „Lieb Dsigler. Dank für fein Gegs. Die geben nit Gegs arm Lol. (Der Hund hatte also die Unverschämtheit, sich über die Familie deswegen zu beklagen, weil sie ihn nicht mit Gebäck füttere.) Mehr schicken. Mädel ist lieb. Gruß von Lol."

Daraufhin hielt ich ihm in Papier gewickelten Lachs hin und sagte: „Sieh her, das habe ich dir mitgebracht, was ist das?" Er klopfte nicht, wie wir alle erwarteten „Lachs", denn es war gut zu riechen, sondern „erst riechen". Es war eine List, auf die ich hereinfiel, indem ich ihm das Paket unter die Nase hielt und er es mir sofort aus der Hand riß. Es wurde ihm abgenommen mit der Bemerkung, daß er es sich erst verdienen müsse. Ich fragte nun, weil inzwischen ein Sprößling Rolfs, die junge Hündin „Lola", hereingekommen war, ob Lola mit mir gehen dürfe. Er antwortete sehr entschieden: „nein!" Ich fragte weiter, und Frau v. Moers, die Mutter von Paula Moekel, erkundigte sich besonders: „Ist Lola klug? Soll Lola lernen?" Rolf klopfte als Antwort: „Lola ist klug – aber nicht lernen wegen Professoren", und er machte ein Gesicht, als ob er bitterer Erfahrungen gedachte. Ich lachte und sagte, Lola solle es gut bei mir haben, in Wiese und Wald springen, mit vielen Tieren spielen und nicht zu lange arbeiten, und die Professoren müßten gehen, wenn Lola sehr müde sei. Das freute ihn sichtlich; er war nun sehr freundlich zu mir, und auf meine Frage, ob Lola nun mit mir gehen dürfe, erzählte ich ihm von einem Ochsen, der, wenn er nicht arbeiten wollte, sich tot stellte.

Aufgeregt wollte er klopfen, erst kurz auf meiner Hand und dann auf dem Ledersofa, worauf ich saß; ich wurde unruhig und ließ ihn lieber bei Fräulein Moekel klopfen, da ich es dort besser verfolgen konnte. Er klopfte: „Hat recht, Lol immer sagen Bauchweh.“ Nun zeigte ich ihm noch eine kleine Keksschachtel mit einem Negerjungen und fragte ihn: „Was siehst du darauf?“ Er antwortete sehr eifrig: „Wüst schwarz Bub.“ Rolf erhielt seine Belohnung, und ich nahm, die kleine Lola gleich mit mir führend, dankbar Abschied.

Tief und lang ging mir der Eindruck von dem persönlichen Erlebnis nach, Rolfs Denken und Sprechen gesehen zu haben; denn trotz aller Kenntnisse früherer Berichte war der lebendige Augenschein in seiner Neuheit überwältigend. An der Rührung, die mich ergriff, empfand ich wohl die seelische Erschütterung, welche der Übergang von dem alten Begriff des vernunftlosen Tieres zu der neuen Erkenntnis mit sich bringen mußte. Natürlich war der Besuch so kurz gewesen, daß ich weder Fragen über die Unterrichtsmethoden stellen konnte, noch eigene Versuche machen oder sonst irgendwelche Ratschläge entgegennehmen konnte, da außerdem die Lehrmeisterin Paula Moekel im Herbst 1915 gestorben war. Die Unkenntnis war mir bei näherer Überlegung ganz recht. So konnte ich nach eigenem Ermessen vordringen und auf eigenen Wegen womöglich zu gleichen, durch Zufall vielleicht auch zu neuen oder entgegengesetzten Ergebnissen gelangen.

Lola war frühzeitig von Mannheim fortgekommen und durch die verschiedensten Hände und Unterrichtsversuche gegangen. Zeitmangel, dann auch der Krieg waren wohl schuld am Wechsel, zweimal aber auch, daß man sie ihrer Zappeligkeit wegen für unfähig gehalten hatte und die Versuche gescheitert waren. Selbst Frau Moekel, in deren Hände sie schließlich wieder kam, soll nicht viel von ihr gehalten haben und hat sie nur das „Ja“ (2 Pfotenschläge) und „Nein“ (3 Pfotenschläge) gelehrt.

Ich erwähne dies hier besonders, da mir später klar wurde, daß der Erfolg des Unterrichts nicht nur von der Geduld, der Liebe und Aufmerksamkeit, den vorhandenen Lehrfähigkeiten, der Möglichkeit des Einfühlens in andere Wesen, von der Sympathie und der Ruhe des einzelnen Menschen abhängt, sondern auch davon, ob gerade dieser Mensch sich für diesen Hund eignet. Der Mensch und der Hund mögen noch so befähigt sein – wenn ihre Temperamente nicht zueinander passen, wird nichts, gar nichts daraus werden. Ich weiß jetzt, daß ich zum Beispiel Rolf kaum hätte unterrichten können; daß ich einem Schäferhund, den ich noch besitze, nichts beibringen kann außer „ja“ und „nein“; daß es mir ein leichtes wäre, „Ilse“, eine Tochter Lolas, zu unterrichten usw. Es gibt volle Treffer, volle Nieten und alle Abstufungen dazwischen. Ist es aber nicht mit dem Unterricht der Kinder, mit ihrer Erziehung ähnlich? Der beste Lehrer paßt nicht für alle seine Schüler, für die dann wieder ein anderer der Richtige wäre. Hieran lassen sich auch die Schwierigkeiten erkennen, die den Prüfungen selbst der wohlwollendsten Menschen im Wege stehen und von ihnen manchmal nicht beachtet, von Voreingenommenen aber überhaupt nicht in Frage gestellt werden. – Denn viel empfindlicher noch ist hier das Regieren als bei Kindern, die durch gewisse allgemeine Vernunftgründe für den Lehrer und den Prüfenden geschmeidig werden.

Beginn des Unterrichts

„Lola" war etwa vier Tage bei mir, war mit mir durch Haus und Hof gegangen, zuerst an der Leine, bald aber frei. Ich beobachtete ihr äußerst lebhaftes, häufig sogar wildes Wesen, ihr federndes Temperament, ihre stete Aufmerksamkeit und glaubte dabei kaum daran, den Hund auch nur fünf Minuten zu ruhigem Sitzen bringen zu können. Das „Ja" und „Nein" konnte sie schon, wie bereits gesagt, und in meiner Freude, einen Hund zu besitzen, der mir antwortete, fragte ich etwas viel, bis ich Angst bekam, ich könne es dem Hund verleiden. Ich war überhaupt so bange, so zweifelnd im Hinblick auf mein Unternehmen und so von der Verantwortung bedrückt, daß mir mein Amt zu leichtsinnig übernommen schien und ich oft wünschte, den Hund nicht mitgenommen zu haben. Ich wußte doch gar nicht, ob ich einen Hund würde „unterrichten" können – den kein herkömmlicher Grund zu bestimmter Zeit auf die Schulbank bringt, von der er weiß, daß es dort zu arbeiten und aufzumerken gilt. Ob der Hund mich verstehe, und wie er mich verstehe, was für ein Wesen so ein Hund überhaupt sei; ob er denken könne, ob er empfinden könne, ob er überhaupt imstande sei zu hören, wie wir hören, und zu sehen, wie unsere Augen sehen; ob er schon etwas wisse von der menschlichen Sprache und gemerkt habe, daß sie etwas bedeute.

Ich wußte mit einem Male, daß ich hier überhaupt nichts wußte, daß ich keine Ahnung hatte, wie ich den Weg zu diesem Tier zu nehmen habe, wo ich ansetzen solle, um in sein Verständnis zu dringen, wenn ein solches da sei, wie es die Versuche mit Pferd und Hund zeigen wollten, und daß ich keine Ahnung hatte, was für ein Ton wohl am geeignetsten sei, streng oder milde und was noch alles mehr. Es war fast zum Verzweifeln. Wie durfte ich urteilen, wenn nun meine

Unfähigkeit schuld wäre, daß das Tier ein Tier bliebe vor mir, wie es seit alter Zeit war vor Menschen? Wie durfte ich eine für den Erkenntnisbereich des Menschen so wichtige Sache erforschen wollen, ohne zu wissen, ob mir genügend Geduld, erzieherische Gabe und Liebe zur Verfügung stünden? Wie durfte gerade ich so kühn sein, mit so wichtigem Material wie einem Nachkommen Rolfs arbeiten zu wollen? Nur meine große Liebe zum Suchen nach Erkenntnis war mir sicher, sowie meine heilige Anschauung höchster Wissenschaft, in deren Tempel man nur treten darf mit dem Willen, in reiner Wahrheit nur der Erkenntnis zu dienen, ob sie süß sei oder bitter, erhofft oder verworfen, schwierig oder einfach, neu oder dem alten gemäß. In diesem Sinne wollte ich es wagen, denn der Würfel war gefallen. Also der Sache wollte ich dienen mit allen Kräften und, was immer ich dabei erkennen würde, allen mitteilen als Beitrag zur neuen Frage.

So verpflichtet, saß ich dem Tier gegenüber und begann. Ich sagte mir zunächst: Das Tier weiß, daß es mit den Pfoten zu klopfen hat, daß es nicht gleichbedeutend ist, ob zweimal oder dreimal geklopft wird, daß also ein Unterschied in der Zahl wichtig ist. Deshalb zählte ich dem Hund an den Fingern vor, immer von eins bis fünf und zurück, und schließlich auch außer der Reihe, indem ich jedesmal die betreffende Anzahl Finger hochhielt. Da der Hund artig und ruhig saß und zu meinem Erstaunen auch aufpaßte, zählte ich bald weiter bis 10, um es so noch eindringlicher zu gestalten. Auch legte ich mehrere Stückchen Zucker hin und zählte sie jeweils ab. Ich dachte mir, dies müßte die Augen eines Hundes noch mehr auf Zahlen lenken. Auch gab ich ihm fürs Stillsitzen öfter ein kleines Stück.

Dann wagte ich, vier Finger hochhaltend, die Frage: „Wie viele Finger sind das? Klopf die Zahl!“ Zu meiner Freude klopfte der Hund 4. Da ich an Zufall glaubte, nahm ich fünf Finger hoch und sagte: „Klopf dies“, nahm aber gleich die Pfote des

Hundes und leitete sie zum Antwortklopfen fünfmal über meine rechte Handfläche. Ich versuchte es nicht weiter, da mir gar nicht möglich schien, daß der Hund schon begriffen haben könnte, und zählte dem Tier unentwegt vor. Auch am nächsten Tage zählte ich zunächst bloß, dann fragte ich wieder, denn ich konnte es mir plötzlich nicht erklären, daß der Hund gar nicht mehr auf meine Hände sehen wollte und immerzu gähnte.

Ich fragte, ohne die Hände hinzuhalten, und das kam mir damals sehr kühn vor: „Wieviel ist sechs?" Der Hund klopfte klar sofort 6. Ich konnte das nicht glauben, da es mir ein Wunder schien, und fragte nach 4. Lola klopfte gleich 4, ich fragte nach fünf, und der Hund gab 5. Jetzt war ich geneigt zu glauben, der Hund habe verstanden. Ich zweifelte aber doch wieder wegen der Schnelligkeit, die mir, wenn es für einen Hund überhaupt möglich sei zu begreifen, viel zu groß vorkam. Ich behielt mir das Urteil vor, bis größere Zahlen – ohne die Möglichkeit des Zufalls – mir Sicherheit geben könnten.

Am dritten Tag gelangte ich nach Vorzählen, durch gleiches Abfragen wie am Vortage, bis zu zehn. Die Zehn kam mir nun einige Tage wie ein Wunder vor, die mir Halt gebieten würde. Diese Auffassung brachte mich dazu, den Hund erst die Addition zu lehren, um über das einfache Abfragen der Zahlen, das immer klappte, weiter zu kommen. Man kann sich leicht denken, wie ich das mit Hilfe der Finger oder Zuckerstücke zeigen konnte. Ich bemühte mich, die deutlichste Aussprache zu haben und wenig verwirrende Worte zu gebrauchen. So sagte ich etwa: „Sieh her! Zwei Finger und zwei Finger ist gleich 1-2-3-4 Finger!" Bald schon sah der Hund wieder nicht mehr zu, so daß ich verzagt wurde und glaubte, ich habe vielleicht zu rasch Neues genommen, oder sein Interesse hierfür nicht genügend geweckt, oder nicht auf den geeigneten Augenblick in seinem Innern gehorcht und zu rasch in den feinen Mechanismus eines lebenden Wesens eingegriffen.

Dem war aber nicht so, denn schließlich versuchte ich es doch mit einer Frage. Das Versuchen – auch ohne Zutrauen –, es stand mir ja frei! Ich hielt die Finger dazu aber nicht in die Höhe, da der Hund ja bewiesen hatte, daß er die Zahlen konnte, und sagte: „Wieviel ist 2 und 3?" Da klopfte der Hund mir 5. Schon wollte mich ein warmes Gefühl darüber ergreifen, da gebot ich mir, zu warten und weiter zu fragen, obgleich ich im Augenblick der Antwort fühlte: „Das hat mir ein lebendes Wesen bewußt geantwortet." – Es folgte: „1 und 3?" Antwort 4. „2 und 6?" Antwort 8. Es schien mir genug für einen Tag, ich ließ den Hund mit einer Belohnung laufen und sann über das Erlebte nach.

Tatsache war: Der Hund hatte mich verstanden, ich hatte es an seinen Augen gesehen, daß er überlegte und dann mit sicherem Schlag die Pfote auf meine Handfläche legte. Ich hatte diesen Vorgang gesehen und auch gefühlt. Man soll Gefühle nicht entscheiden lassen, man soll das Urteil davon freihalten, und ich nahm mir auch vor, die Tatsachen mit Verstandesproben kreuz und quer zu erproben. Aber wer das erlebt hat wie ich, der wird dieses Erleben nie vergessen, denn es war wie das Erwachen einer Wahrheit, die groß und klar plötzlich die Augen aufschlug.

Ich empfand dies wie ein schönes Geschenk des Lebens, und eine Ehrfurcht vor allem Unerforschten ergriff mich, eine Andacht darüber, dieses neue Licht aufblicken zu sehen, das ich, wie in funkelndem Kristall sich widerspiegelnd, in Händen hielt. Dies zu übermitteln, drängt es mich. Diese Freude vielen Menschen zu wünschen, gebot mir meine Freude, die Freude, wenn sich die Schleier etwas lüften, wenn der Horizont sich dehnt. Wenn wir uns auch jetzt weiter der verstandesmäßigen Forschung zuwenden, so möchte ich doch erwähnt haben, daß, wo es sich um Forschungen warmen Lebens handelt, auch das Gefühl sein Recht hat und fast Hand in Hand mit dem

Verstande gehen muß. Daß es Gefühl, Liebe und Geduld zuerst sind, die in den Stoff eindringen müssen, daß dem Verstand das Sichten, Einordnen, Verwerten und Prüfen bleiben auf den Wegen, die der schaffende, suchende Menschengeist geht. Das ist der Mensch; wie bescheiden dagegen das Tier. Aber unsere Liebe und Güte soll es fortan an seinem Platz, in seinem Recht behandeln als unseren einfachen Kameraden in der Lebensarbeit.

Nun wagte ich es, über zwanzig hinauszugehen. Aus Mangel an weiteren Fingern holte ich eine Rechenmaschine herbei, wie sie die Kinder in der Schule haben, mit zur Hälfte roten, zur Hälfte weißen Kugeln. Mit ihrer Hilfe erklärte ich dem Hund, wie es mir logisch schien – wie es der Lehrer in der Schule macht, hatte ich fast schon aus der Erinnerung verloren –, es sollte mich zum gleichen Erfolg führen. Überhaupt steckte „Logik" in jedem Schritt des ganzen Unterrichts. Da ich eben nie zu unterrichten gelernt hatte, suchte ich mir auf dem Weg der Logik klarzumachen, wie man eine Sache, die man selbst weiß, einem anderen Wesen klarmachen kann. Und jeder, der es beim Unterricht erlebte, daß der Hund Neues lernte, fühlte, wie der Hund durch klarstes Denken sehr rasch zum Begreifen dessen kam, was ich ihm erklärte.

Ich fragte den Hund ab: vierzehn, zwölf, fünfzehn – und erhielt richtige Antworten. Dabei fiel mir auf, daß mit der wachsenden Zahl das Klopfen immer mühsamer werden mußte, besonders wegen der Zeitdauer. Gleichzeitig erinnerte ich mich, gehört zu haben, daß die Elberfelder Pferde links die Zehner, rechts die Einer klopften. Jetzt galt es zunächst, dem Hund „rechts" und „links" klarzumachen. Ich ergriff abwechselnd seine Pfoten und sagte deutlich. „rechte Pfot", „linke Pfot". Hierbei brauchte ich länger, als ich nach allem Vorhergehenden geglaubt, bis der Hund auf meine Aufforderung seine rechte und linke Pfote ohne Fehler geben konnte.

So merkwürdig es klingen mag, ich habe auch später gefunden (bei Lola), daß das abstrakte Rechnen, das Buchstabieren immer leicht und gut gingen; das Bewegen einzelner Körperteile, das Ausführen praktischer Befehle aber brachte stets Schwierigkeiten. Als ob der Hund, was in seinem Kopf ablief, wohl fassen, aber nicht leicht in äußere Tätigkeit umsetzen konnte – außer seinen gewohnten Hundesachen, die eben nicht durch Worte hervorgerufen werden, sondern durch Übermittlung auf anderem Weg erfolgen (z.B. durch Geruch). Für einen Menschen ist das schwer zu verstehen, es ist ein Leben im Unterbewußtsein, bei dem auch der Wille zur Handlung aus dem Unterbewußtsein kommt.

Ich erklärte nun dem Tier: „Wenn du deine linke Pfote einmal gibst, so soll das für 10 gelten – wenn du deine rechte Pfote einmal gibst, immer nur für eins. Weißt du, wenn wir noch mehr zählen, ist das zuviel Arbeit für eine Pfote und dauert zu lange. Wenn du also 12 sagen willst, so nimmst du einmal die linke Pfote für 10 und zweimal die rechte Pfote für 2, macht 10 und 2 = 12.“ Ich wiederholte das einige Male und fragte dann: „Wie klopfst du 15?“ Und Lola klopfte mit der linken Pfote einmal für 10 und mit der rechten Pfote fünfmal für 5. Also war ich richtig verstanden worden. Ich begann dadurch auch sicherer zu werden und ließ noch am selben Tag Additionen machen im Raum von 20, welche alle gelangen.

Der Hund arbeitete mit dem größten Interesse und kam gerne zu den Übungen herbei. In der Regel wurde von nun an 10 bis 15 Minuten vormittags und 10 bis 15 Minuten nachmittags geübt. Da alles meist sehr gut ging, habe ich mich in der Folgezeit manchmal auch dazu hinreißen lassen, länger zu fragen. Das Tier antwortete dann, bis es so seufzte, daß ich merkte, es wurde müde. Am anderen Tag sah ich an den kleinen Pupillen und dem nervösen Zittern erst recht, daß ein Zuviel geschehen war. Ich schäme mich dessen noch heute. Da ich doch das Ganze zum Wohle der Tiere unternahm, mußte ich Übermüdung der Tiere verhüten, die leicht in Quälerei ausartet. Das ist mir auch später nie mehr vorgekommen, weil ich streng darauf achtete.

Mit der Zeit stieg übrigens auch die Leistungsfähigkeit, so daß auch größere Ansprüche auf Antworten befriedigt werden konnten. Bei der Erklärung von Zehnern und Einern machte ich eine Erfahrung, die wert ist, hervorgehoben zu werden. Der Hund sah mich nämlich dabei nicht an, sondern nagte scheinbar sehr interessiert an einem Stuhlbein, und ich glaubte deshalb nicht an ein Verständnis. Dies muß aber wohl nur eine „Verlegenheitshandlung" gewesen sein, so wirkte jedenfalls der Ausdruck des Tieres. Gehört hatte Lola ja alles, denn von nun an wurden Zehner und Einer übersichtlich, wie verlangt, geklopft. Ich danke Karl Krall im stillen für den guten Gedanken, der sich als so praktisch erwiesen hatte. Rolf klopft, wie schon erwähnt, alles mit *einer* Pfote. Man muß immer fragen, Zehner oder Einer? Dann antwortet Rolf erst „nein" oder „ja". Dies ist verwirrend für den Zuschauer und ließ mich in Mannheim anfänglich nie klar sein über die angegebene Zahl. Bei der Methode Kralls ist durch den Wechsel der Pfoten jeder Zweifel ausgeschlossen.

Fortschreitender Unterricht

Das Eis zwischen Lola und mir war gewissermaßen geschmolzen. Von nun an wurden täglich Fortschritte in gegenseitigem Verständnis gemacht. Ich hatte viel Sicherheit und Ruhe gewonnen, die wohltuend auf das Tier einwirken mußten.

Ich versuchte, den Stoff immer recht interessant zu gestalten, so daß Lola, wenn ich zur Arbeit rief, freudig angesprungen kam und begierig zuhörte. Ich bemühte mich auch, dem Hund klarzumachen, daß er anderen Hunden und allen lieben Tieren helfen könne, wenn er fleißig sei, um den Menschen zu zeigen, was ein Hund alles kann, wie rechnen und buchstabieren. Daß dann die Menschen lieb sein würden zu den Tieren, von denen sie bis jetzt dächten, sie wären wie Holz oder Stein. Rolf tue das auch und habe schon manch Gutes damit geleistet usw. Ich gab dem Tier auch nach jeder guten Leistung eine Belohnung in Keks, Zucker oder Knochen, mit der Begründung, daß jedes Wesen, das arbeite, Lohn verdiene, daß auch die Menschen Geld oder Essen für die Arbeit bekämen.

Ich möchte hierbei erwähnen, daß ich einmal hörte, die Rolf prüfenden Herren und auch einige die Pferde prüfenden Herren hätten besonderen Anstoß daran genommen, daß die Tiere durch Belohnung zur Arbeit angespornt würden. Jetzt wollen wir aber nur einmal die Menschen suchen, die ohne Anspruch auf Lohn ihre Arbeit tun. Vereinzelte Ausnahmen wird es immer geben, die um einer Sache willen allein zu wirken imstande sind. Aber auch sie werden ihren Lohn suchen, wenn man es hier so nennen darf, auf ideellem Gebiet, im Erfolg, im Gedeihen ihrer Sache. Eine Handlung nun, mehr von Ausnahmemenschen getan, verlangen diese Herren von einem Tier! Einem Tier, das sie sonst so unterschätzen, daß es nicht Platz findet unter der Fußsohle des Menschen.

Nachdem der Hund die 20 erreicht hatte, begann ich mit den einfachen Multiplikationen, erklärte sie an den Fingern und an der Rechenmaschine und fand sehr bald Verständnis. Es ist ja auch so wunderbar folgerichtig, wenn man einem Wesen klarmacht, daß 2 x 2 Stücke = 4 Stücke sind. Ich benützte dann das Multiplizieren, um nach und nach bis zu 50 zu gelangen. Ich sagte dann zum Beispiel morgens beim Kaffeetrinken: „Lola, heute kommen die Vierer, 1 x 4 = 4, 2 x 4 = 8“ usw., etwa dreimal, und dann ließ ich mir anfänglich in der Reihe und dann außer der Reihe die Multiplikationen auf 4 sagen. Sie machte es meist ohne jeglichen Fehler, und ich gewöhnte mich jetzt schon ganz daran, schnell mit ihr zu arbeiten.

Schwierigkeiten machten nur jedesmal 10 x 3 oder 10 x 4, da dann für die linke Pfote ein Schlag dazu kam und das Bewußtsein noch nicht so stark auf die linke Pfote gerichtet war. Hunde und Pferde müssen eine prachtvolle Fähigkeit für Zahlenbilder im Kopf haben, um so leicht und rasch damit arbeiten zu können. Um vom Multiplizieren von 2 bis zum Multiplizieren der 10 zu gelangen, brauchten wir neun Tage mit Wiederholung des schon Gelernten. Diese große Schnelligkeit ist auch ein Punkt, der immer Zweifel erregt, sich aber ebenso bei allen lernenden Tieren findet. Ich erkläre sie mir damit, daß ein Hund und ein Pferd im Verhältnis zur Lebensdauer des Menschen eine kurze Lebensdauer haben und damit auch eine um so kürzere Jugendzeit oder Hauptlernzeit; daß darum die Tiere manches weit schneller bewältigen als das Menschenkind, das Zeit hat und sich für sein längeres Leben und auch sehr gründlich alles einprägen muß, da die spätere Fülle der Eindrücke die Anfangskenntnisse sonst ganz auslöschen würde.

Der Hund antwortete ganz vorzüglich. Es kam von jetzt an einige Male vor, daß ich selbst falsch rechnete und ihn tadelte: „Das ist falsch!“, daß er aber auf seiner Antwort bestand und ich dann beim Nachrechnen merkte, daß der Hund recht hatte. Ich fragte oft: „7 x 4=?“ Antwort: links 2, rechts 8. Dann „9 x 3=?“. Antwort links 2, rechts 7. „6 x 6 = ?“ Antwort: links 3, rechts 6. Man kann sich vorstellen, daß die Antwort gut zu prüfen ist, wenn das Tier die linke Pfote dreimal und die rechte Pfote sechsmal ruhig über die Hand führt. Ich hielt meine Hand flach, schräg und unbeweglich; es konnte von ihr kein Zeichen ausgehen, sonst würde der Hund nicht oft mehr oder weniger klopfen, als ich erwartete, wie es beim Buchstabieren und beim Rechnen häufig der Fall war.

Das Buchstabieren und die darauf folgenden Antworten waren nunmehr das Wichtigste, auf das ich hinzielte. Der Zahlenraum von 1 bis 50 genügte, um sämtliche Buchstaben zum Ausdruck bringen zu können. Ebenso das Verständnis, das der Hund meinen Worten bisher entgegengebracht hatte. Ich sprach dem Hund jeden Tag 4 bis 5 Buchstaben seines Alphabetes vor und fragte sie dann ab. Ich wiederholte am nächsten Tag und nahm 4 bis 5 neue Buchstaben dazu. Das Alphabet, den Angaben von Prof. Ziegler entsprechend, welches in einer Ausgabe der „Mitteilungen der Ges. für Tierpsychologie“ veröffentlicht wurde und mir sehr brauchbar erschien, lautet wie folgt:

Lolas Klopfalphabet [nach Prof. H. E. Ziegler]

ja	2	u	8	k	17	n	27
nein	3	au	9	ch	20	r	34
a	4	ei	10	ü	21	s	35
e	5	b und p	14	h	24	w	36
i	6	d und t	15	l	25	z	37
o	7	f und v	16	m	26		

Die Buchstaben, das ist besonders zu beachten, wurden ausgesprochen: k wie „k“, nicht wie ka; h wie „h“, nicht ha; r wie „r“, nicht er; l wie „l“, nicht el. Das geschah, um eine klare Schreibweise zu erhalten. Rolf in Mannheim klopfte das „e“ bei „w“ und das „e“ bei „g“ in „wegen“ wie wgn, während ich erreichen wollte, daß Lola „wegen“ klopft. Wer sich guten Willens mit Rolfs Schreibweise vertraut machte, dem gelang es ebensogut wie mir beim klaren Buchstabieren mit Lola zu verstehen, was das Tier meint.

Es wurde aber von weniger wohlwollender Seite der nicht ganz unberechtigte Einwurf gemacht, man könne aus jeder

Antwort Rolfs herauslesen, was man wolle. So schlimm war diese Möglichkeit meist nicht, doch vorhanden war sie. Die Ausdrucksweise Rolfs hatte aber jenen großen Wert zu zeigen, daß das Tier die Buchstaben dem Klang nach aneinanderreiht – in dieser Form wäre sie wohl bei mechanischen Eingriffen und Hilfen des Menschen nicht angewandt worden – und somit die Selbständigkeit der Äußerungen beweist.

Während Lola in der Vormittagsübung lernte, übte ich nachmittags das Multiplizieren weiter, etwas langsamer als vorher, bis schließlich Hundert erreicht war. Auch nahm ich das Dividieren hinzu, ebenso das Subtrahieren. Beides saß bald so klar und fest, daß ich zusammengesetzte, leichte Aufgaben fragen konnte. Etwa „3 x 3 + 10 – 5 = ?" Antwort 14 (in einigen Sekunden) usw. 100 wurde durch zehn Schläge mit der linken Pfote geklopft.

Als Lola das ganze Alphabet im Gedächtnis hatte, ging ich daran, die Buchstaben zu Worten zusammenzuziehen. Ich sagte: „Lola, paß auf, du mußt jetzt buchstabieren, also die Buchstaben, die du gelernt hast, bei einem Wort klopfen." „Wald ist w-a-l-d." Ich betonte sehr stark jeden einzelnen Buchstaben. „Wie viele Buchstaben hat Wald?" Antwort 4. „Gut, wie heißt der erste?" Antwort 36 = w. „Weiter!" 4 = a. „Und?" 25 = l. „Und?" 15 = d. „Lola, höre mal bei einigen Worten zu: essen = e-s-s-e-n, gut = g-u-t, Milch = M-i-l-ch." Und so nannte ich tagelang die ihrem Verständnis naheliegenden Worte. Ich ließ Lola täglich einiges buchstabieren, nachdem ich die Worte so zerlegt hatte. Nach etwa acht Tagen zerlegte ich nicht mehr, sprach bloß sehr deutlich, zum Beispiel: „Klopf Ofen!" Antwort: 7, 16, 4, 27 = ofen. „Klopf Haus!" Antwort: 24, 9, 35 = haus.

Wenn der Hund klopfte, notierte ich mir damals noch immer die Zahlen, um sie nachher in Buchstaben zu übersetzen, da ich anfänglich nicht sicher im Behalten war und falsch zuordnete, als der Hund schon längst sicher klopfte. Wahrscheinlich werden die meisten einige Zeit brauchen, sich die Entsprechungen einzuprägen, denn die Reihenfolge ist so verschieden von unserer gewöhnlichen, daß sie manche Verwirrung mit sich bringt und ein recht gutes Gedächtnis dazu gehört.

Ich fragte auch bald probeweise: „Was ist das?“, indem ich auf die Nase des Tieres tupfte: zuerst Unsicherheit, dann Antwort 3 = Nein. „Lola, das ist deine Nase, klopf mal Nase!“ Antwort: 27, 4, 35, 5 = nase. „Gut, was ist das?“ Ich tupfte auf das Auge. Antwort: aug (9, 17). Sie hatte anscheinend bei Nase nicht recht gewußt, was ich von ihr wollte. So wurde ständig geübt, oft etwas zuviel, so daß der Hund, wie schon erwähnt, Kopfweh bekam und sich bald mit den neuen Kenntnissen zu helfen wußte und 36, 5 = we! sagte. Das Kopfweh war nicht geheuchelt, denn der Hund arbeitete mit gutem Willen, bis zum Ende seiner Kraft, und es war jedem Zuschauer, der den Hund kannte, augenscheinlich, daß das Tier am nächsten Tag an Kopfweh litt.

Im allgemeinen finden wir diesen Wesenszug ja bei den meisten unserer treuen Haustiere, vor allem bei den Zugtieren, die bekanntlich arbeiten, bis sie im Geschirr zusammenbrechen. Die Ausnahmen wehren sich gegen die Arbeit durch bewußte Widersetzlichkeit, die oft im Erheucheln irgendeiner Krankheit besteht. So hatten wir früher auf dem Gut einen Ochsen, der sich niederlegte, wenn er nicht arbeiten wollte, die Beine von sich streckte und aussah, als läge er in den letzten Zügen. Ging man aber vom Hof weg, so sprang er vergnügt und gesund in die Höhe und begab sich in den Stall. Auf Schläge reagierte er fast gar nicht, um den Schein in diesen Fällen zu wahren. Ich erzählte Rolf diesen Vorfall bei meinem Besuch in Mannheim. Er wurde sehr lebhaft dabei und klopfte eine Erklärung: „Hat recht, Lol sagen Bauchweh“ – eine Ausrede, die er in letzter Zeit häufig angewandt haben soll. Lola war noch zu gut und willig und interessiert, um auf ähnliches zu verfallen.

Ich suchte nun dem Hund auch das Lesen der Zahlen beizubringen; da alle vorher durchgenommenen Sachen fest saßen, war es nicht zu gewagt. Ich überlegte, wie es zu machen sei, und beschrieb schließlich einen Bogen Papier folgendermaßen:

1	2	3	4	5	6	usw.
.	. .	. . .	. . . .	. . . . .	. . . . . .	bis 10

Ich hielt diesen Bogen dem Hund 40 cm vor die Augen und zeigte mit dem Finger: „Ein Punkt sieht aus wie 1“ usw. Dann schrieb ich auf einen Zettel 2 und forderte den Hund auf, durch Vergleich zu finden, was die Zahl bedeuten soll. Zuerst war ihm dies recht schwer, und ich mußte viel reden. Das Tier sah wohl die Punkte, beachtete aber nicht die geschriebenen Zahlen. Ich half dann dem Hund zweimal beim Vergleichen und stellte den Zettel neben seinen gewöhnlichen Lagerplatz. Ich nahm dabei an, daß im Laufe des Tages der Blick häufig auf das Blatt fallen würde und die Zahlenbilder sich dem Gedächtnis einprägen würden. Es muß wohl auch so gewesen sein, denn am nächsten Morgen erklärte ich dem Tier noch einmal alles und legte dann den Zettel fort. Danach schrieb ich, ungleich über ein Blatt verteilt, Zahlen von 1 bis 10 auf. Der Hund kannte alle bis auf die Sieben richtig, diese wurde durch Vergleiche bald nachgeholt, und ich konnte sicher sein, daß das Neugelernte fest saß, denn das Antwortklopfen kam fest und sicher.

Ich versuchte nun auch, dem Tier zweistellige Zahlen auf Papier klarzumachen. Dies war nicht schwer, da zum Beispiel bei 32 die links stehende Ziffer 3 – wie die linke Pfote für die Zehner – 30 bedeutet und die rechts stehende Ziffer 2 2 Schlägen der rechten Pfote entspricht. Dies ging ohne Schwierigkeiten in das Verständnis über. An den folgenden Tagen wurde

Zahlenlesen geübt, um die Kenntnis gründlich zu festigen. Ich ließ auch rechnen, indem ich Lola aufgeschriebene Zahlen sehen und addieren ließ, so zum Beispiel: 20 + 14, Antwort 34; 24 + 32, Antwort 56; 11 + 15 + 2, Antwort 28. Ich war bei diesen Rechenproben höchst überrascht, wie schnell Lola die aufgeschriebenen Zahlen überblickte. Ich wollte zuerst dem Tier das Blatt lange vor die Augen zwingen, aber der Blick weilte nur eine flüchtige Sekunde darauf – dann ein rasches Nachdenken, und die Antwort folgte.

Man kann bei diesen Übungen im Auge des Tieres genau das Denken sehen. Der Blick zieht sich ähnlich dem des Menschen zurück und blitzt auf, wenn das Ergebnis gefunden ist. Ich war oft so versunken in die Beobachtung des Blickes, daß ich erst nach der Antwort Zeit zum Mitrechnen fand. Es war nun bei der Fortsetzung des Unterrichts leicht, dem Hund das Lesen der Buchstaben beizubringen. Er wußte ja jetzt, um was es sich handelte, und die für die Buchstaben nötigen Zahlen waren erlernt. Ich für meine Person bediente mich immer der lateinischen Handschrift. Es lag deshalb nahe, daß ich das lateinische, handschriftliche Alphabet und der Einfachheit halber die Kleinschreibung wählte. Ich schrieb die Buchstaben recht groß auf das Papier und die betreffenden Zahlen jeweils darunter:

a	e	i	o	u	au	ei	usw.
4	5	6	7	8	9	10	

Ich gab eine kurze Erklärung dazu und stellte das Papier auf den Boden, wie es auch bei den Zahlen geschehen war. Am nächsten Tag fragte ich ab, indem ich einige Buchstaben kreuz und quer auf ein Blatt schrieb und den Hund nun diesmal selbst durch Vergleich das Wort finden ließ. Es gelang einige Male, gleich eine richtige Antwort zu erhalten; viele Antworten lagen aber noch daneben. Das ganze Alphabet auf einmal war wohl etwas viel gewesen. Ich übte mit dem Hund am Nachmittag nochmals jeden Buchstaben und ließ das Papier mit den Zuordnungen Buchstabe – Zahl wieder stehen.

Am nächsten Tag klappte fast alles, und der Hund konnte Worte nachklopfen, die ich aufschrieb. h-o-l-z, jeden Buchstaben schrieb ich vom anderen getrennt, da ich glaubte, ein Zusammenhängen der Buchstaben würde den Hund verwirrt machen. Wenn ein Buchstabe seinem Gedächtnis fehlte, holte ich nur die Lerntafel zum Vergleich, den das Tier selbst machen mußte, indem ich aufforderte, „such das". Hiermit war der Grund für das Wichtigste bereitet; in nicht allzu ferner Zukunft würde ich das Tier schon allerhand fragen können. Das war mir eine große Freude. Jetzt erst konnte ich hoffen, einen Einblick in das Wesen des Hundes zu bekommen, sein Denken und Fühlen, das mir so grenzenlos fremd war. Dies sollte dann aber doch nicht so rasch erreicht werden, wie wir bisher fortgeschritten waren. Vorläufig buchstabierte Lola nur, was ich sie hieß, und ich ließ es sie fleißig üben, da ich fühlte, solange es ihr Mühe machte, würde eine längere Antwort ausgeschlossen sein.

Es war ein Monat des Lernens vergangen, in ihm war alles bisher Beschriebene geleistet; ich konnte mehr als dankbar und froh darüber sein und empfand ein tiefes Staunen. Ich versuchte dies auch dem Tier durch verständnisvolle Rücksicht zu danken; wie schlecht ich manchmal darin bestand, lernte ich erst später einsehen.

Der Elementarunterricht, wie ich ihn nach und nach entwikkelt hatte, war hiermit beendet. Von nun an wurde häufig wiederholt – in den vier Rechenarten, im Lesen und besonders im Buchstabieren. Vor allem aber wurden einzelne Versuche gemacht, die sich über längere oder kürzere Zeit erstreckten und die ich in der Folge alle einzeln behandeln will. Sie stellen die Verwertung des bisher Gelernten dar.

Zeitgefühl

Häufig hört man davon, daß Hunde, deren Herren ein sehr regelmäßiges Leben führen, Zeit und Stunde des täglichen Ausgangs, des Essens usw. genau kennen. Sie beweisen diese Kenntnisse, indem sie sich zur entsprechenden Zeit bemerkbar machen. Dafür, daß diese Hunde die Stunde des Essens genau kennen, ließe sich eine sehr einfache Erklärung darin finden, daß dafür der Magen die „innere Uhr" ist; aber dafür, daß die Hunde die Zeit des Ausgangs, und zwar zu jeder Jahreszeit, kennen und ihren Herrn, wenn er säumt, am Rock ziehen oder den Stock bringen, läßt sich keine andere Erklärung finden als die, daß dem Hund Zeitgefühl gegeben ist.

Diese Erwägungen brachten mich dazu, den Hund die Zeichen und Einteilung unserer Zeit, die Uhr, zu lehren, um entsprechend meine Versuche anstellen zu können. Ich nahm eine Uhr mit arabischen Ziffern. Die Uhr hatte 5 cm Durchmesser, war also bequem leserlich. Ich erklärte dem Hund, daß ein Tag und eine Nacht in 24 Teile geteilt würden, um damit rechnen zu können. „Tag ist, wenn es hell ist, die Menschen umhergehen, essen und arbeiten; Nacht ist, wenn es dunkel ist und Mensch und Tier schlafen, verstehst du mich?" Antwort: „Ja." „In wie viele Teile werden Tag und Nacht, die zusammengehören, geteilt?" „24." „Diese Teile nennt man Stunde, und eine Stunde wird noch einmal geteilt in 60 Teile, das sind Minuten. Um nun immer zu wissen, welche Stunden und Minuten sind, hat man eine Uhr gemacht, sieh her! Damit sie nicht zu groß wird, hat man 12 Stunden darauf geschrieben. Dieser kleine Stift hier geht langsam herum und zeigt die Stunde, ihre Zahl. Wie oft muß er in einem Tag herumgehen, wenn ein Tag 24 Stunden hat?" „2." „Siehst du, jetzt zeigt der kleine, dicke Stift auf 9, dann sagt man 9 Uhr. Was sagt man, wenn er auf 4 Uhr zeigt?" „4." „Du weißt, ich sagte dir, eine Stunde wird nochmals geteilt in 60 Teile?" „Ja." „Sieh her, der große Stift geht schneller, der zeigt die Minuten. Wenn der Stift einmal ganz herum ist, sind 60 Minuten vorbei, also eine Stunde. Bei 12 fängt der große Zeiger an, da siehst du kleine Striche, bis 1 sind es fünf, wie viele sind es bis 2?" „10." „Siehst du, wo der großer Zeiger jetzt ist?" „14." „Was ist 14, die Stunde?" „Nein." „Wie heißt es?" „Minute."

Lola ruht aus. Nach 1 1/4 Stunde holte ich wieder die Uhr: „Sieh her, was zeigt der kleine dicke Stift?" Unsicher: „Nein." Ich erklärte noch einmal: „Sag es jetzt!" „50." Ich stellte die Uhr auf die Erde vor Lola und fragte sie noch zweimal im Laufe des Tages nach der Uhrzeit. Die Antworten waren richtig. Ich ließ die Uhr auch noch am nächsten Tag stehen, da ich wollte, daß sich der Gang der Zeit dem Hund einprägte. Tagsüber mußte ja der Blick öfter auf das Zifferblatt fallen. Die Antworten waren jetzt immer richtig. Ich fragte zur Prüfung: „Wie viele Minuten hat eine halbe Stunde?" „30." „Wie viele hat eine Viertelstunde = 1 Stunde geteilt durch 4?" „15." usw. Der Hund zeigte viel Interesse, saß ruhig wie ein Stein und hörte aufmerksam bei allen Erklärungen zu.

Ich hielt das Interesse wach, indem ich immer darauf hinwies, was für schöne Sachen Lola lernen dürfe, und das freute sie sichtlich. Ich erwähnte am folgenden Tag sehr oft laut, wieviel Uhr es gerade sei und bekam auch an diesem Tag stets richtige Antworten. Da ich sicher war, daß der Hund das Wesentliche begriffen hatte, trug ich des Abends die Uhr fort. In keinem der oberen Zimmer gab es eine weitere Uhr, die nächste größere Uhr befand sich in der Küche, im unteren Stockwerk. Meine Taschenuhr trage ich selbst nie; sie liegt in der Schublade, und ich vergesse stets, sie aufzuziehen. Wenn ich nicht frage, weiß ich also nicht, wieviel Uhr es ist. Ich besitze auch keine Spur von Zeitgefühl; die Eindrücke meiner Tätigkeit lassen mir einmal die Zeit lang, einmal kurz erscheinen. Stets habe ich Menschen beneidet, die das Zeitgefühl besitzen – es ist

Abb. 19. Lola, eine Airedale-Terrierin:
Eine Tochter des Mannheimer Hundes Rolf

recht selten. Dies sei nur gesagt, um die Grundlagen der Prüfung des Zeitgefühls klarzulegen.

Am dritten Tag nach meiner ersten Erklärung fragte ich den Hund – es war während des Vormittags: „Sag mir, wieviel Uhr es ist, du wirst es wohl auch ohne die Uhr wissen?“ „Ja!“ „Sag erst die Stunde.“ „10.“ „Und wie viele Minuten?“ „35.“ Ich ging die Treppe hinunter, die Uhr in der Küche zeigte 10:30 Uhr; man sagte mir, sie sei nicht genau. Ich ließ später telefonisch von der Post die richtige Zeit geben und fragte am Nachmittag wieder. Es war 4:17 Uhr. „Sag die Stunde!“ „4“. „Die Minuten!“ „18.“ Ich wiederholte die Versuche noch öfter, die Antworten waren immer genau, und ich konnte den Versuch als gelungen betrachten.

Ich habe diesen Versuch dann häufig den verschiedensten Personen vorgeführt. Solange es dem Hund neu war, gab dieser weiter stets richtig die Zeit an und verdiente sich ein Lob. In Gegenwart Prof. Zieglers und anderer wurden dafür schöne Beweise geliefert. Ich selbst benutzte Lola praktisch häufig als Uhr. Die Änderung zur Sommerzeit machte ihr einige Schwierigkeiten, da es mit der Erklärung haperte. Sie wurden aber überwunden. Der Hund gab allerdings später oft schlecht an – allein der Reiz der Neuheit vermag das Beste aus ihm herauszuholen. Seither fragte ich seltener, etwa jede Woche einmal, und bekam von da ab wieder gute Antworten. Erst heute, es ist der 31. Dezember 1916, fragte ich wieder; es war schon sehr dämmrig, und ich meinte, es sei gegen 5 Uhr. Der Hund klopfte „4“. „Welche Minute?“ „Nein.“ Ich sah nach, noch bestimmt glaubend, daß Lola eigensinnig sei – es war aber tatsächlich 4 Uhr.

Man kann wohl annehmen, daß alle Hunde mehr oder weniger Zeitgefühl besitzen und nicht nur Hunde, sondern auch andere Tierarten; man hat auch dafür Beweise. Besonders der Jäger wird genug Beispiele dafür finden. Daß der Hund mir die Zeit angeben konnte – das ist ja bloß eine Sache des Unterrichts, der das Bewußtsein dafür weckt und die Bezeichnung lehrt.

Wettervorhersage

Am 2. Mai 1916 – also in einer Zeit, in der sich der Landwirt im Hinblick auf die baldige Heuernte viele Gedanken über das Wetter macht und innig wünscht, einen Apparat oder eine Methode zu haben, welche ihm für einige Tage das Wetter voraussagen würde – kam mir spielerisch ein eigenartiger Gedanke. Der Gedanke erschien mir recht närrisch und unausführbar – aber warum sollte ich es nicht einfach probieren, mehr als fehlschlagen konnte der Versuch nicht. Ich wußte wie jeder andere, daß manche Tierarten, wie Vögel, Wild usw. wenigstens einige Stunden den Regen vorausfühlen. Dies ist noch wenig beobachtet worden, und man weiß nicht, ob die Tiere nicht noch länger im voraus das Wetter spüren. Wir Menschen können ja kaum begreifen, wie den Tieren dieses Wissen zukommt; wir können nur annehmen, daß in ihnen viel feinere, auf die Natur abgestimmte Saiten anklingen – weil sie diese Gabe zum Überleben brauchen. Man weiß ebenso, daß Tiere ein Erdbeben um viele Stunden vorausfühlen. Rolf in Mannheim hatte sich schon einige Stunden vor dem Erdbeben 1912 in einer Ecke verkrochen und klopfte auf Befragen: „Lol hat Angst, weiß nid vor was." Genauere Angaben, warum er Angst hatte, konnte man ja nicht verlangen, da das Erdbeben etwas Neues für ihn war; bei einem zweiten Mal wäre die Antwort noch wichtiger gewesen. Da das Wetter jedenfalls etwas für die Tiere Bekanntes ist und sie interessiert, beschloß ich, Lola Zeichen für das Wetter zu lehren; ich war gespannt, was daraus würde. Ich lehrte sie also:

Für Sonne = s
für Regen = r
für etwas Regen = b (ein bißchen)

Ich fragte nun, um das Verständnis zu prüfen, das Wetter von einigen der vorausgegangenen Tage ab, und sie antwortete richtig. „Was ist heute am 2. Mai?" Lola antwortete: b (es regnet etwas). Das gab mir Mut, für die nächsten Tage weiter zu fragen, und ich erhielt folgende Antworten:

für 3. Mai = s (Sonne)
für 4. Mai = s (Sonne)
für 5. Mai = b (etwas Regen)
für 6. Mai = nein (weiß nicht)

Ich erzählte diese Antworten mehreren Bekannten, die nun ebeno gespannt wie ich auf das Wetter aufpaßten. Am 3. Mai schien richtig Sonne. – Ich fragte am 3. Mai gleich weiter. Lola prophezeite:

für 6. Mai = r
für 7. Mai = b

Am 4. Mai war richtig auch wieder Sonne! Am Nachmittag fragte ich den Hund: „Lola, woher weißt du das Wetter, wie machst du das?" Antwort: „Raten." Ich war erstaunt über dieses Wort und fragte: „Von wem hast du dieses Wort einmal gehört?" „Dir." Also von mir – „Irgendwann?" „Ja." Am 5. Mai fielen einige Tropfen Regen. Am 6. Mai hatten wir zwei Stunden lang kräftigen Regen. Am 7. Mai war es trocken und sonnig; mit diesem Tag war wohl zu weit vorgegriffen, denn Lola hatte das Wetter dafür schon am 3. Mai angeben müssen.

Der Hund gab mir von da ab das Wetter immer nur für zwei, höchstens drei Tage an. Am Anfang konnte ich mich längere Zeit darauf verlassen, und ich habe mich häufig mit meiner Arbeitsverteilung beim Heumachen danach gerichtet – nicht schneiden lassen, wenn Lola Regen vorausgesagt hatte usw.

An einem Morgen beispielsweise – es war ein Tag, an dem kein Mensch wußte, ob es klar werden oder regnen würde –

fragte ich den Hund nach dem Wetter. Es war mir wichtig, trockenes Heu einfahren zu lassen; ich hätte es aber am liebsten erst gegen Abend gemacht und die Gespanne vorher anders verwendet, wenn ich gewußt hätte, ob das Wetter bis dahin hielt. Der Hund gab mir für den Nachmittag an: r (Regen). Ich ließ deshalb schon um 11 Uhr einfahren – um 3 Uhr begann es zu regnen, und das Heu war gerettet!

Es kam eine längere Regenzeit. Als diese etwa 14 Tage angehalten hatte, war es eines Morgens prächtig klar, und jedermann auf dem Hof sagte: Heute wird es endlich gut! Ich fragte Lola: „Wird es heute Sonne geben?“ Antwort: „Nein!“ „Sag, was wird heute für Wetter?“ „r“ (Regen). Ich glaubte gewiß, dies würde nicht stimmen. Der Regen begann aber schon um 11 Uhr!

Das klingt nun bisher alles sehr schön; ich war darüber auch sehr erfreut, besonders für die Landwirtschaft, die manchen Vorteil aus diesen Vorhersagen ziehen konnte. Aber ich hatte sozusagen die Rechnung ohne den Wirt gemacht. Nachdem das Antworten eine Weile gut gegangen war, fing der Hund an, dessen überdrüssig zu werden und klopfte den größten Unsinn. Ich wußte es dann aus seiner trägen und geradezu unfreundlichen Miene schon im voraus, daß es Versager geben würde. Lola tat das, meinem Gefühl nach, absichtlich und im Trotz, um mir das Fragen zu verleiden – was sie ja schließlich auch erreichte. Man hat es eben nicht mit Maschinen, sondern mit lebenden, in mancher Beziehung äußerst vernünftigen und eigenwilligen Wesen zu tun.

Ich hatte nun monatelang mit dem Fragen ausgesetzt, weil ich selbst das Interesse daran verloren hatte, habe es aber gerade vor drei Tagen von neuem versucht, um für diese Niederschrift noch eine neue Probe zu machen. Der Hund war sofort wieder auf dem laufenden mit dem, was ich von ihm wollte; er schien auch wieder mehr Interesse zu haben, und ich versuchte ihn anzufeuern, indem ich sagte: „Ei, wirst du dich freuen, wenn du recht geraten hast. Das ist schön, da können die Tiere mehr als die Menschen. Zeig das“ – usw. Der Hund gab am 5. Januar 1917 an:

für 6. Januar = b (bißchen Regen)
für 7. Januar = r (Regen)
für 8. Januar = r (Regen)

Am 6. Januar hatten wir morgens einen halben Grad Kälte, es fiel späterhin etwas Schnee. Dieser Schneefall war als besondere Antwort Lolas nicht vorauszusehen, da ich sie „Schnee“ nicht eigens gelehrt hatte, ist aber wohl mit „etwas Regen“ gleichzustellen. Am 7. Januar war stärkerer Schneefall, am 8. Januar ebenfalls. Es stimmte also wieder einmal, abgesehen von der durch die Kälte verursachten Verwandlung des Regens in Schnee.

Gehör und Denken

Das Ohrenspiel der Hunde, Katzen und Pferde, welches ein waches Aufmerken auf alle Geräusche und Töne verrät, ist mir der Anlaß zu folgenden Betrachtungen:

Ich weiß von mir, die ich ebenso stark Ohren- wie Augenmensch bin, was ein stets aufmerksames Ohr bedeutet. Das fiel mir zuerst auf, als ich nach meinem dreijährigen Studium an der Landwirtschaftlichen Hochschule in Hohenheim zu selbständiger Verwaltung ein dreihundert Morgen großes Gut der Fürstin P. zu Wied bei Neuwied am Rhein erhielt. Ich war noch nicht 22 Jahre alt und mir der großen Verantwortung voll und ganz bewußt, die mich Tag und Nacht erfüllte – wie eine Mutter die Sorge für Ihr Kind. Ungefähr nach zwei Jahren meiner dortigen

Abb. 20. Henny Jutzler-Kindermann

Tätigkeit wurde mir klar, wie ich – ob ich nun mit der Buchführung im Büro beschäftigt war, ob ich sprach oder las, ja, selbst wenn ich schlief – stets ein wachsames Ohr auf den Hof hatte und dadurch immer wußte, ob alles seinen ordentlichen Gang lief oder verkehrte Dinge geschahen.

So wachte ich auf, wenn weit über den großen Hof ein Pferd nachts im Stall losgekommen war und der Pferdepfleger in der Kammer neben dem Stall es nicht merkte, – während das oft viel lautere normale Poltern der Pferde mich nicht weckte. So hörte ich, wenn eine Kuh vorzeitig zum Kalben kam, ja, wenn auf der Weide beim Hof etwas nicht stimmte usw.

Ich konnte mich auf die Zuverlässigkeit und das genaue Erkennen aller Geräusche durch meine Ohren schließlich absolut verlassen. Ich verhütete dadurch rechtzeitig Schaden oder Torheiten bei der Arbeit, sparte mir manchen Weg und war immer auf dem Laufenden mit dem Leben des Hofes. Nach meiner Heirat nützte mir dieses Können genauso im Haus und bei den Kindern, besonders wenn ich einmal das Bett hüten mußte.

So liegt nun der Vergleich nahe mit dem aufmerksamen Gehör der Tiere, das allerdings viel schärfer und differenzierter ist als das beste Gehör des Menschen. Besonders beim wildlebenden Tier hängen von dessen Zuverlässigkeit Leben und Gesundheit ab. Unsere Haustiere sind immer noch naturnah genug, um auch dieses vorzügliche Gehör zu haben.

Was ergibt sich nun aber aus diesem Verlgeich? Wir wissen, daß die Tiere auf alle Geräusche sofort irgendwie reagieren. Ihre Handlungen erfolgen aufgrund der Kenntnis dieser Geräusche durch Erfahrung und Erinnerung, welche bestimmte Vorstellungen in ihnen erwecken, die sie dann entsprechend auswerten. Man kann wohl sagen: genauso wie bei uns! Beobachte man einmal einen solchen Vorgang im Verhalten des Tieres! Das aufmerksame Lauschen ist im Auge des Tieres und in seiner ganzen Haltung zu sehen, dann die Überlegung, dann irgendein Entschluß und die Durchführung. Gerade uns Tierlehrern begegnet dies ab und zu störend in unserer Arbeit. Eben ist das Tier beim guten Klopfen oder Bellen einer Antwort – plötzlich verhält es, seine Aufmerksamkeit ist irgendwohin übergesprungen und völlig gefesselt von einem uns vielleicht ganz unbekannten Vorgang, den wir kaum oder gar nicht hören. Ist dieser dem Tier sehr wichtig, so springt es manchmal nach einem ablehnenden, geistesabwesenden oder entschuldigenden Blick gegen Fenster oder Tür, bellt und horcht aufgeregt in der Richtung des ihm wichtigen Schalles. Wir müssen warten und geduldig die Fäden nachher wieder aufnehmen.

Wie konnte man je meinen, daß all dies ohne „Denken" möglich sein sollte? Etwa so, als ob der Vorgang, wie ein elektrischer Schalter das Licht, so hier der Schall eine Handlung auslöste? All das ohne jedes Bewußtwerden in dem lebendigen Geschöpf, völlig mechanisch, ein „Reflexmechanismus"? Ein Instinktautomat? Nein, unmöglich! Nur ein Denkvorgang – wie oben dargestellt – kann hier wirken! Und von da aus bedarf es nur eines Schrittes weiter, um zu verstehen, daß unsere Haustiere mit ihrem so fein unterscheidenden Gehör und ihrer natürlichen Intelligenz bald merken müssen, daß unsere deutlich gesprochenen und immer im gleichen Sinne gebrauchten Worte etwas Bestimmtes bedeuten, was sie, dank ihres vorzüglichen Gedächtnisses, behalten und begreifen. Ein wesentlicher Schritt weiter ist dann allerdings der selbständige Gebrauch der so begriffenen Sprache mit Hilfe der im Unterricht gelernten Ausdrucksmöglichkeiten. Und erst diese Entdeckung ermöglicht es dem Menschen, den Umfang der Begriffswelt der Tiere bereits etwas zu erkennen und bisher uns unerklärliche Vorgänge, wie den Orientierungssinn, nach und nach zu erfragen. Wir können uns das Denken überhaupt in zweierlei Formen vorstellen:

1. Denken in Worten für Gegenstände und in wortgefaßten Begriffen.
2. Denken in Bildern, Tönen, Gerüchen und Klängen und Geräuschen, Eindrücken und Sinneserinnerungen ohne Wortbezeichnungen.

Die erste Form ist landläufig bekannt, die zweite kann man erleben und erst begreifen, wenn man tagelang einsam in der Natur lebt.

Auf einmal kommt ein wundersames Ausruhen und doch ganz eigenartiges Lebendigsein über die Seele, die wach alles um sich aufnimmt. Und siehe da, auf einmal merkt man – da man mit niemandem zu reden braucht, wie man gar nicht mehr in Worten erlebt, was man um sich hat –, daß es nur Eindrücke, Bilder, Töne usw. sind, die sich vergleichend verbinden, alt und neu, aneinanderreihen, die sich in uns bewegen und auf die wir passiv oder handelnd reagieren. Man schwingt wissend und zugleich unbewußt, das heißt ohne Worte, mit im All. Und so stelle ich mir das Denken der Tiere vor, ehe sie in menschlicher Umgebung auf die menschliche Sprache achten gelernt haben, ehe sie sich denkend ihrer bedienen können im Umgang mit Menschen und mit Hilfe menschlicher Schulung dies auch zeigen können.

Daß sich aber auch die Menschen mit verfeinerten Sinnen in gewissen Grenzen verstehen können durch Blick, Gebärden und Gefühl (zum Beispiel gezwungen durch Sprachungleichheit) und keiner Worte bedürfen, das wissen wir auch. So verständigen sich die Tiere – manchmal ein tiefes Verstehen und feineres Eingehen auf alles, ein sublimes Wissen! Etwas, das bei uns mit vielen Worten im Lärm der Großstädte bis zur Plumpheit entarten kann. Etwas, das gar kein Verstehen, nur ein Verständigen bedeutet. Welcher Tierfreund hat aber nicht schon staunend erlebt, wie tief sein Freund ihn kennt, von Freud und Leid weiß – ohne Worte, ohne Erklärungen, ja, auch ohne sie äußerlich gezeigt zu bekommen. Er versteht ihn besser als die meisten seiner Mitmenschen!

Warum dann aber der Unterricht und dieses Buch hier – so werden manche Leser fragen. Ich antwortete bereits darauf in der Einführung und kann nur immer wieder sagen: Was hier der Erweiterung menschlicher Kenntnis dient, sorgt zugleich am wirksamsten für erweitertes Verstehen des Tieres an Seele und Geist und für dessen allgemeine Einschätzung und Behandlung in der Zukunft.

Beeinflussungsmöglichkeiten

Es war am 18. Mai 1916. Lola war nun schon seit Mitte April an längere, eigene Antworten gewöhnt. Ihre Antworten waren genau, überlegt und auch oft unerwartet. Sie bestand meist eigensinnig auf ihrem Willen, wenn ich meinte, daß etwas falsch sei. So sagte ich ihr am 18. Mai: „Lola, du mußt meinem Vater schreiben und für den Keks danken. Einen Brief schreibt man so, daß man erst sagt: „Lieber Vater“ oder „Lieb“, dann erzählt man ihm, was man gerade denkt – du dankst also, und am Ende, wenn es fertig ist: „Gruß von Lola“. „Also fang an!“ Lola klopfte ohne Zögern ganz glatt und fortlaufend, sicher und schnell: „lib, nach uns kom, ch una . . .“ – hier unterbrach ich, da ich – den Gedanken folgend – glaubte, es käme „ich und Henny“, und sagte: „ist a richtig?“ „Ja.“ „Ist das letzte a, das du geklopft hast, richtig?“ „Ja.“ Lola, paß auf, soll da nicht d hin?“ „Nein.“ Ich wurde stutzig und wußte gar nicht, was ein a hier hinter un sollte und sagte: „Weiter!“ Lola klopfte: „Artig eben, oft we,

Kus ich. Also lib nach uns komm, ich unartig eben, oft we. Kus ich.“

Der Hund zeigte mir also hier wieder einmal, daß er selbst Erdachtes fest und sicher durchführt und daß er sich nicht stark durch meine Ratschläge bezüglich des Inhaltes seines Briefes beeinflussen läßt, da von Dank keine Spur vorkommt. Weiterhin setzt er statt des von mir vorgeschlagenen „Lola“ ein „ich“ ein und sagt überhaupt Sachen, auf die ich selbst gar nicht gekommen wäre. Das „unartig“ bezieht sich wahrscheinlich auf eine Strafe für Jagen, die er eine Viertelstunde vor der Arbeit bekam. Das „oft we“ auf Kopfschmerzen und Müdigkeit. Jedenfalls ist dieser Brief ein glänzender Beweis für eigenes, unbeeinflußtes Denken. So habe ich noch viele andere, ebenso frisch und ursprünglich gegebene Antworten in diesem Buch mitgeteilt.

Ich hatte bis dahin mit Sicherheit nur selbständige Antworten erhalten. Da kam am 29. Mai etwas Neues hinzu. Der Hund war einige Tage mit Fragen verschont worden, da ich ihm große Müdigkeit anmerkte. So konnte ich erwarten, daß er wenigstens heute verständlich klopfen würde, was er bei allzu großer Müdigkeit nicht konnte. Ich fragte Lola: „Wie merkst du es, wenn meine Freundin kommt? Heute früh hast du es gewußt, bevor sie ins Haus trat.“ „Gehört.“ „Hörst du das Geräusch von jedem Menschen so, daß du es kennst?“ „Nein.“ „Nur von denen, die du gut kennst?“ „Ja.“ Lola schwänzelte gegen die Tür, ich fragte: „Wer ist da draußen gewesen?“ Lola. „g“, dann „nein“. Ich glaubte, an ihrer Freude erkannt zu haben, daß es ein junges Mädchen namens „Frieda“, die bei mir Landwirtschaft lernte, gewesen sei und sagte: „Es ist ‚f‘, nicht wahr?“ (g = 17, f = 16). Darauf klopfte Lola weiter: „Frieda.“ Ich sah nach – es war mein Dienstmädchen „Guste“, die erst seit acht Tagen im Haus war. Ich sagte erstaunt zu Lola: „Du hast nicht recht, es war nicht Frieda, sondern das neue Mädchen. Wie heißt sie?" Lola klopfte: g . . . und dann wieder nein. „Weißt du den Namen nicht?" „Ja."

Ich sann nun nach, wie es kam, daß Lola Frieda und nicht Guste klopfte. Ich fragte sie: „Warum hast du mir falsch geantwortet, Frieda statt Guste, Lola?" „D u d e n k s t." „Was?" sagte ich, „fühlst du denn, was ich gedacht habe?" „Ja." „Fühlst du immer, was ich denke?" „Nein." „Denkst du auch selbst?" „Ja." Das war nun ganz neu; aber es wurde mir dann klar, und meine Ansicht hat sich später in allen Proben als richtig erwiesen: Der Hund ist der Gedankenübertragung zugänglich! Der Hund ist sogar aufnahmefähig dafür, wenn er müde und faul ist. Er ist auch aufnahmefähig dafür, wenn er etwas nicht weiß, wie hier den Namen des neuen Mädchens, und wenn er Bekanntes, das ich meinen könnte, aus mir herausfühlt. Dem Hund kann man aber, und das ist das Wichtigste, nichts übertragen, was er nicht kennt!

„Guste" konnte er nicht buchstabieren, obwohl ich das Wort genauso nachdrücklich wie vorher „Frieda" erwartet hatte. Ferner kann ich dem Hund keine neuen Gedanken übertragen, wenn er sich etwas anderes Bestimmtes ausgedacht hat, wie bei „unartig". Es ist öfter vorgekommen, daß der Hund beim Rechnen auf einer Zahl bestand, während ich falsch gerechnet hatte; das Zahlenbild in meinem Kopf prägte sich ihm also nicht ein. Andererseits ist es später auch häufig vorgekommen, daß der Hund müde war und mein falsches Zahlenbild angab, weil er nicht selbst denken wollte. Ich sah dies ganz deutlich an seinen Augen, wie er untätig wurde und darauf wartete, mein Denken durch Fühlen zu erraten. Ich habe es mehrmals versucht, ihm Neues in den Kopf hineinzudenken – es war unmöglich.

Einige Zeit nach diesem Erlebnis kam es täglich vor, daß Lola begann, denkfaul zu werden. Da mir dies jeglichen weiteren Versuch verdorben hätte, stellte ich längere Zeit nur Fragen, deren Antwort ich, ohne selbst nachzurechnen usw., nicht wußte. Ich hätte mich sonst nicht genügend unter Kontrolle gehabt, außer, wenn ich während des Fragens immer krampfhaft etwas anderes gedacht hätte, „der Ofen ist grün", usw.

Aber ich konnte mich bei solchem intensiven Denken doch nicht sicher auf die Untätigkeit meines Unterbewußtseins verlassen. Ich fragte darum zum Beispiel: „Welcher Tag ist an dem und dem Datum?" und wählte dafür einen Tag, der noch 3 bis 4 Wochen entfernt lag. Hierbei war Gedankenübertragung ausgeschlossen, ich brauchte ja einfach nicht nachzurechnen.

Es ist erstaunlich, daß Hunde für Gedankenübertragungen empfänglich sind. Man hat ja allerdings viele Beweise von dem feinen Verständnis der Hunde für Gedanken der Menschen und deren besondere Lage. Schlagend konnte sich dieses Verständnis aber erst beweisen, nachdem die Tiere sich auszudrücken gelernt hatten.

Im ersten Augenblick kam mir bei dem weiter oben erzählten Erlebnis der Gedanke, daß wohl nun alles „Suggestion" sei. Es ergab sich aber bei näherem Zuschauen, Vergleichen und Ausprobieren nur das, was ich vorhin sagte; es muß sich jedem Leser beim Durchlesen der ganzen Schrift eigentlich derselbe Gedanke aufdrängen, auch ohne meine Erklärung: Lola war erst nach und nach für Gedankenübertragung empfänglich geworden, und zwar in dem Maße, als sie die Sprache der Menschen beherrschen gelernt hatte. Dies hätte zu einem großen Fehler ausarten können, ist aber durch entsprechende Einstellung meinerseits fast ganz vermieden worden. Ich verhalte mich jetzt fast nur passiv, wenn der Hund antwortet, und versuche alles Mitdenken zu unterdrücken, um ihn, wenn er müde wird, in seiner Eigenart nicht zu stören.

Verschiedene Antworten

Am 23. April 1916 stellte ich schriftlich die Frage: „Was sah Lola auf dem Wasser schwimmen?“ Antwort: „Ente.“ Ich hatte ihr nachmittags die Ente gezeigt. Am 26. April erfolgte die Vorführung vor den Hohenheimer Professoren Kraemer, Mack, Kindermann und Ziegler. Professor Ziegler schrieb darüber folgendes:*

Prüfung Lolas vor den Professoren Kraemer, Mack, Kindermann und Ziegler.

Lola löste in unserer Gegenwart eine Reihe von Rechenaufgaben, zum Beispiel: 5 + 8 = 13, 30 + 10 - 15 = 25, 4 Mk. – 1,20 Mk. = 2,80 Mk. Sodann zählte Lola die anwesenden Personen. Dann wurden auf ein Blatt Papier viele Punkte gemacht; sie zählte die Punkte mit einem Blick und gab erst 19, dann richtig 18 an. Danach gab Lola die Zeit an: 4 Uhr, 16 Minuten. Nun folgte das Buchstabieren. Bei dem Bild einer Blume buchstabierte Lola „blum“, bei einer von mir gezeichneten und schlecht geratenen Katze „tir“, und auf die Frage, wie der Mannheimer Hund heiße, antwortete sie: „Mein vadr“, während wir alle Rolf erwartet hatten. Dann kamen die musikalischen Versuche, die uns am meisten überraschten, weil sich hier eine Fähigkeit zeigt, welche die meisten Menschen nicht besitzen.

Am 29. April fragte ich Lola, warum sie in Maulburg am 22. auf einem größeren Ausflug, als sie hinter einem Reh herlief, auf mein Rufen hin nicht zu mir zurückgelaufen sei. Ich mußte am nächsten Tag noch einmal zehn Stunden laufen, bis ich endlich, mehr durch Zufall, Lola bei einem Bauernhaus – zehn Minuten von der Stelle, wo sie entlaufen war – wiederfand. Sie war dort mit einem Schäferspitz beim Schafhüten und schien nicht

* Prof. H. E. Ziegler in „Mitteilungen der Gesellschaft für Tierpsychologie“, Jahrgang 1916, Nr. 1, Seite 11.

erfreut, mich zu sehen, während sie sonst glücklich ist, wenn ich komme. Lola: „Ge wald und legen ich auch und hunger." Am Nachmittag Fortsetzung auf meine wiederholte Frage, warum sie davongelaufen sei: „Suchen nicht finden."

30. April. Auf meine erneute Frage wegen des Vorfalls am Tag zuvor antwortete Lola: „Zu hund heiraten." Der Erfolg dieses Ausflugs waren die Kleinen am 22. Juni 1916.

Wir wußten nicht, daß die Hündin läufig war. Dann klopfte Lola noch spontan, da ich einen Keks in der Hand hielt: „ich zu essen."

8. Mai 1916. Lola hatte sich in irgendeinem furchtbaren Gestank gewälzt, was sie, wie viele Hunde, sehr oft tut, wenn die Gelegenheit sich bietet. „Lola, riechst du denn das so gern?" „Ja." „Weißt du, daß ich es nicht mag?" „Ja." „Warum machst du es immer wieder?" „Ich es so lib." Am Nachmittag: Nach Gehörübungen fragte ich, da Feuer im Ofen gemacht wurde: „Was macht Kätchen (das Dienstmädchen) im Ofen?" Antwort: „Feur."

9. Mai 1916. „Lola, was hast du am liebsten von Menschen und Tieren?" „Ich!" „Wenn du dich, ‚Lola' meinst, mußt du ‚mich' sagen." Sofort: „Mich." „Wen hast du nach dir am liebsten?" „Dich." Wenigstens ein aufrichtiger, vom Menschen unangekränkelter Egoismus!

12. Mai 1916. „Lola, möchtest du ein Mensch sein?" „Nein." „Warum nicht?" fragte ich und hielt ihr einen Keks hin. Antwort: „Essen." „Du bekommst es erst, wenn du antwortest!" „Wegen arbeiten." „Lola, gehörst du mir?" Antwort energisch: „Nein." „Wem denn?" „Mir." „Wem gehöre ich? Gehöre ich dir?" „Nein." „Wessen Henny bin ich?" „Dein." Scharf prägt sich bei diesen spaßigen Fragen das Selbständigkeitsgefühl des Tieres aus.

31. Mai 1916. Lola hat schlecht gerechnet. Ich rede hart auf sie ein; es wird daraufhin besser. Dann klopft sie unvermittelt:

„Sag ich lib!“ Sie wollte also gerne hören, daß ich wieder gut mit ihr bin. – Abends vor Zuhörern schreibe ich auf einen Zettel: bonjour. Ich nehme den Zettel dann fort und sage: „Klopf jetzt, was du gelesen!“ „Boniur!“ – sie hatte also ein o vergessen. Am 27. Juli 1916 forderte ich das Tier auf, irgend etwas zu sagen, was es denke. „Willst du etwas sagen?“ „Ja, esen ich.“ „Ach, Lola, warum immer über Essen reden, ich höre das schon genug von unverständigen Knechten und Mägden und auch von dir selbst, es geht jetzt nicht anders zu machen. Sag etwas anderes!“ „Ich am esen . . .“, was schon wieder, na, dann weiter: „ . . . zu wenig narung.“ „Ich am Essen zu wenig Nahrung?“ „Ja.“ „Arme Lola!“

10. August 1916. Mein Vater war hier, hatte Geburtstag, und Lola sollte meinem Vater auch etwas wünschen. Ich machte ihr allerhand Vorschläge, die unbeachtet blieben, wie Gesundheit, langes Leben usw. Lola klopfte: „Ich wünschen esen“; dann machte sie nach kleiner Pause selbst weiter: „Und ich auch.“ „Lola, noch ein zweiter Wunsch, was du selbst gut findest!“ „Re jagen und has.“ „Weiter, noch ein dritter Wunsch.“ „Heiraten!“ Das also sind die Wünsche des Hundes zum Geburtstag meines Vaters: Reh und Hase sowie heiraten. Das Essen, das war ja längst zu merken, steht bei Hunden im Mittelpunkt des Denkens. Wie nötig sind diese Wünsche auch alle zur Erhaltung der Art: „Erhält sich das Getriebe, durch Hunger und durch Liebe!“ Welch einfaches und gradliniges Geschöpf ist doch solch ein Tier.

22. September 1916. Ich merkte an Lolas Benehmen, daß sie etwas sagen wollte und fragte: „Lola, willst du etwas sagen?“ „Ja.“ „Los!“ „Ich darum dir zahle essen holen für mich.“ „Du willst mir Geld geben?“ „Ja.“ „Woher soll das bei dir kommen, kannst du mir das sagen?“ „Ja.“ „Woher?“ „Wegen arbeit.“ „Von wem?“ „Dir.“ Das ist allerdings ein annehmbarer Grund in einem landwirtschaftlichen Betrieb, in dem

sämtliche Menschen Geld für ihre Arbeit, meist stundenweise, bekommen.

Ich hatte Lola einmal anhand von Beispielen erklärt, daß es noch andere Sprachen gebe, wie Englisch und Französisch usw. Ich stellte nun ihr Gedächtnis auf die Probe, um einmal wieder meinen gedanklichen Einfluß auf das Tier zu prüfen. „Lola, weißt du noch, was heißt: je veux manger? Verstehst du es?" „Ja." „Ah, du weißt es noch, aber sag es!" „Ich will esen." „Aber verstehst du das: Il faut, que je travaille?" „Nein." „Denke nach." „Nein." „Travailler?" „Nein." Was ich den Hund nicht gelehrt und ihm nicht erklärt hatte, konnte er nicht sagen, das zeigte die zweite Frage.

15. November 1916:* Lola war mit Herrn Prof. Kindermann auf einem Spaziergang gewesen und hatte bei der Rückkehr eine Feder am Maul. Fräulein Kindermann fragte nun: „Von welchem Tier ist die Feder?" Antwort: „Hun." „Wie kommst du zu der Feder?" Antwort: „Hun tot gemacht." „Warum?" Antwort: „Aufessen." „Hast du es aufgegessen?" Antwort: „Nein." „Warum bist du fortgelaufen?" Antwort: „Angst." „Wovor hattest du Angst, vor einem Menschen?" Antwort: „Nein." „Wovor denn?" Antwort: „Ursache ist Angst." – Es ist sehr hübsch, wie das Tier hier aufrichtig seine Missetat erzählt und zugleich sein schlechtes Gewissen bekundet hat.

Am 18. November 1916 klopfte der Hund zuerst Unsinn. 44 und verschiedene Buchstaben, dann deutlich: „Ich zahlen." Wie ich dann fragte, ob dies stehen bleiben solle? „Nein." Immer wieder gab sie das Zeichen, um in den Hof gehen zu dürfen. Sie wurde hinuntergelassen, dann verlangte ich die Fortsetzung von ihr. Frisch und deutlich: „Warum ich und sie so rau geartet." „Soll es so heißen?" „Ja." „Was heißt sie?" „Heni." „Was? – Mich redest du mit ‚Sie' an?" „Ja." „Aber

* Mitgeteilt von Prof. Heinrich Ernst Ziegler in den „Mitteilungen der Gesellschaft für Tierpsychologie", Jahrgang 1916, Nr. 2, Seite 74.

Lola, das tut man doch nur bei Menschen, die man nicht gut kennt. Du hast mich doch immer ‚du' genannt, weil du mich gern hast. Hast du mich mit Absicht ‚Sie' genannt?" „Ja." „Ja, aber warum?" „Weil fremd." „Wie fremd?" „Ja." „War das ‚Warum ich und si so rau geartet' das Ende vom vorher angefangenen Satz?" „Nein." Der Hund wollte sich auf diese krasse Art beklagen über die Verständnislosigkeit meinerseits, da ich oft nicht verstehen konnte, was er mir mit dringlichen Blicken als Ergänzung für mangelhaftes Buchstabieren sagen wollte. Ich fühlte dann immer den Ärger in dem Tier, wenn es versucht hatte, mit Blicken zu reden und nicht verstanden worden war. Einfache Sachen, essen wollen und ausgehen, verstand ich natürlich so gut wie jeder andere; aber der Hund wollte oft, daß ich seine Ausdrucksweise noch besser verstehen sollte – es ist mir aber zu schwer.

13. Dezember 1916. Lola erhielt wegen Jagens kein Futter. Sie war sehr lebhaft und klopfte: „esen", nach einer halben Stunde: „zu esen." Ich erklärte dem Tier, daß es nicht gehe, daß Strafe sein müsse, wenn die Unart nicht vergehe. Lola klopfte plötzlich: „lere mich artig sein."

22. Dezember 1916. Ich zeigte Lola ein Bild aus einem Märchenbuch, ein Räuberhaus im Wald. „Lola, was ist mit dem Haus, siehst du etwas?" (Ich dachte, sie klopfe „Gesicht".) „Ist mensch." Ich sah es nicht mehr an, mein anwesender Bruder auch nicht, und ich fragte: „Sieht es ‚freundlich' oder ‚böse' oder ‚lieb' aus. Sag?" „Spetisch." „Spöttisch?" „Ja." Mein Bruder und ich konnten nur finden, daß die Antwort tadellos war. Das Haus schaute spöttisch aus den Augenwinkeln auf den Beschauer.

31. Dezember 1916. „Lola hat Würmer?" „Ja." „Woher?" „Ja zige." „Ein Tier?" „Ja." „Ist hier in der Nähe eine Ziege?" „Ja." Ich hatte noch keine Ziege hier gesehen und fragte: „Wo ist die Ziege?" „Droif." „Weißt du den Namen?" „Mittel."

„Warum sagtest du ‚droif'?" „Ich nicht irgendeine Antwort geben will." Meine Erkundigungen ergaben, daß tatsächlich eine Ziege in nächster Nähe stand; die Familie, bei der das Tier im Stall war, hieß „Freund". Ich hatte Lola den Namen nie genannt; sie konnte ihn nur gesprächsweise in der Umgebung gehört haben, aber nicht deutlich. Abends stahl Lola in meiner Abwesenheit Marzipan. Ich machte dem Tier ernste, aber sehr freundliche Vorhaltungen, die ihm sehr unangenehm waren; plötzlich klopfte es: „sag irgend böse."

7. Januar 1917. „Sag irgend etwas, was du gerne erklärt haben möchtest, laut und deutlich!" „Ich oft sie so wenig kene." „Was heißt sie?" „Dich." „Sag, was du nicht an mir verstehst, sag jeden Tag etwas! Was verstehst du nicht?" „Arbeit wen ich nein sage." Ich versuchte, dem Hund zu erklären, daß ich ihn immer zum Arbeiten dränge, um viel von Hunden zu erfahren und es dann allen Menschen zu erzählen, damit sie lieb zu den Tieren seien. Ich verbrachte lange damit, schließlich sagte der Hund: „Ja."

10. Januar 1917. Fortsetzung: „Sag mir weiter, was du nicht an mir verstehst?" „Auch esen schlechter in letzter Zeit." Auch hier gab ich lange Erklärungen; ich versuchte ihr den Krieg darzustellen und daß das Essen eben immer weniger werde, daß es den Menschen nicht besser gehe usw. Schließlich sagte der Hund: „Ja." Ich frage zur Abwechslung etwas anderes: „Warum hat ‚Geri' vor der Tür heute nacht so geseufzt und sieht heute so traurig aus?" „Er auch esen wollen." Abends: „Lola, was noch verstehst du nicht an mir?" „Ursache ist oft Rauheit." Da konnte ich ihr weniger Erklärungen geben, da mir die vorgeworfene Rauheit nicht so bewußt war.

11. Januar 1917. „Lola, sag wieder etwas!" „Feler ist ausgen zu wenig." Der Hund war allerdings in letzter Zeit weniger herausgekommen, da das Wetter schlecht war und er häufiger Bewegung bedurfte.

12. Januar 1917. „Also, jetzt hast du schon viel gesagt, was du nicht verstehst, was weiter?“ „Zeig ausdver in libe zu mir.“ „Ausdver, ist da ein Buchstabe falsch?“ „Ja, 5.“ „Was soll hin?“ „au.“ Also: „Zeig Ausdauer und Liebe zu mir!“ Ja, das will ich tun, liebes Tier.

Als ich die vielen Antworten Lolas wieder las, da empfand ich, wieviel Neues und Wissenswertes wir aus dem Dasein der Tiere erfahren, das bisher nur von wenigen durch Vermutung oder menschliche Einfühlung ausgesprochen wurde. Mir fielen Worte des großen Philosophen Schopenhauer ein, zu denen Lola aus ihrem Empfinden die Bestätigung gab: „Die Tiere sind viel mehr als wir durch das bloße Dasein befriedigt“ . . . „Das Tier ist die verkörperte Gegenwart. Daher erscheinen die Tiere, mit uns verglichen, wirklich weise, nämlich in ruhigem, ungetrübtem Genusse der Gegenwart. Die augenscheinliche Gemütsruhe, deren sie dadurch teilhaftig sind, beschämt oft unseren durch Gedanken und Sorgen häufig unruhigen, unzufriedenen Zustand . . . Eben dieses den Tieren eigene gänzliche Aufgehen in der Gegenwart trägt viel bei zur Freude, die wir an unseren Haustieren haben: Sie sind die personifizierte Gegenwart und machen uns gewissermaßen den Wert jeder unbeschwerten und ungetrübten Stunde fühlbar, während wir mit unseren Gedanken meistens über diese hinausgehen und sie unbeachtet lassen.“*

Als Beispiel dazu: Lola antwortete auf die Frage: „Weißt du, warum du lebst?“ „Nein.“ Ich forderte sie auf, mir am nächsten Tag zu antworten und darüber nachzudenken. Am anderen Tag antwortete sie: „Egal, ich lebe gern.“ Eine andere Frage war, warum die Hunde meist lieber mit den Menschen als mit ihresgleichen zusammen sind. Lola: „Wegen ihren Augen und ihren Sorgen ohne Ruhe.“ Ich fragte sie erstaunt: „Ja, was wollt ihr

* Schopenhauer, „Parerga und paralipomena“.

damit?“ Lola antwortete: „Trösten!“ Ist das nicht wunderbar? Sind die Hunde uns zum tröstenden Kameraden geschaffen? Ja, oft kann man dies erfahren . . . und wir?

Dressur

Zweimal ist mir die Dressur von Tieren begegnet, welche ähnliche Resultate äußerlich zeigt wie die von uns durch Unterricht erreichten.

Das erste Mal war es in einem großen Variété in Stuttgart, wo ich 1938 die Nachmittagsvorstellung besuchte. Die Darbietungen waren gut, und vor allem war der Hund sehenswert, dessentwegen ich das Variété aufsuchte, während sein Herr in den vorderen Reihen des Saales umherging und dazu aufforderte, Rechenaufgaben zu stellen. Der Hund zeigte auf der Bühne die Summe, indem er mit der Nase an Zahlen anstieß, welche groß und schwarzweiß auf einem Gestell standen.

Nach der Vorstellung fragte ich an, wann ich den Herrn sprechen könne, und es hieß etwas erstaunt: am nächsten Vormittag. Ich kam dann wieder und fragte mich in dem fast leeren Gebäude herum, von neugierigen Blicken begleitet. Der Herr war nicht da, und man verwies mich an seine Privatwohnung, die er vorübergehend bei einer Witwe hatte. Auch dort wurde ich erstaunt gemustert. Ich versuchte dem Herrn den Zweck meines Besuches klarzumachen, daß ich nicht daran dächte, ihm Konkurrenz machen zu wollen oder ihm seine Nummer abzulisten, daß ich nur gerne wissen wolle, wie er seinen Hund dressiert habe, und wie man das mache. Ich spürte trotzdem noch sein Mißtrauen und daß er mit der Art meines Interesses gar nichts anzufangen wußte. Ich versicherte ihn der Hochachtung vor seinem Beruf und erklärte ihm immer wieder, daß ich bei meiner Lebensstellung absolut keine materiellen Interessen zu verfolgen hätte. Der Mann blieb zurückhaltend, wenn er auch freundlicher wurde und auf mein Drängen eine kurze Erklärung murmelte, die für Eingeweihte bestimmt und vielleicht genügend gewesen wäre, mir aber unverständlich blieb.

Ich konnte nun aber nicht weiter in ihn dringen. Das einzige, das mich freute, war sein kameradschaftliches Verhältnis zu seinem Hund. Ich versprach ihm, um ihn über mein Interesse vollständig aufzuklären, mein Buch „Lola" und bat ihn, mich aufzusuchen, um meinen Hund Schlump arbeiten zu sehen, wenn ihn seine Gastspielreise demnächst nach Basel führen würde. Die Unkosten der Fahrt wolle ich ihm gern ersetzen. Leider blieb er aus. Er ließ auch auf die Sendung des Buches nie etwas hören.

Das zweite Mal war es eine Begegnung in meiner Heimat. In einem kleinen Wanderzirkus wurde ein junger Elefant gezeigt, der einfache Rechnungen löste, nicht über 15 hinaus. Er hatte im Rüssel einen harten Gegenstand, mit dem er auf eine feststehende Pauke schlug. Sein Herr, ein frischer junger Mann, stand währenddessen mit dem Rücken gegen ihn. Ich suchte auch hier herauszubekommen, auf was das Tier dressiert sei, fand es aber nicht heraus.

Ein etwa elfjähriger Junge – eines meiner vielen Ferienkinder – erblickte als einziger unter allen Zuschauern die Sache und machte mich darauf aufmerksam. Wenn nämlich der vor dem Elefant stehende Mann, der geradeaus in das Publikum sah, den Kopf leicht nach rechts wendete, hörte das Tier mit dem gleichmäßigen Klopfen auf, mit dem es nach Aufforderung des Mannes begonnen hatte, wenn ihm Rechenaufgaben zugerufen worden waren. Am anderen Tag, einem Sonntag und vorstellungsfreien Vormittag, ging ich bei wolkenbruchartigem Regen eine halbe Stunde weit noch einmal zu dem Zirkus, um den jungen Mann über seine Elefantendressur zu sprechen. Großes Erstaunen über den Besuch einer Dame und bei solchem Wetter. Dann, als ich von meiner Arbeit erzählte, um dies zu erklären, wurde das Erstaunen noch größer erst recht darüber, daß sich jemand so viel Arbeit machte, ohne damit Geld verdienen zu wollen. Auch hier bewahrte man Stillschweigen über die Dressurmethode. Ich erfuhr nur, daß es zwei Jahre gedauert habe, ehe der Elefant so weit war wie jetzt. Ich erklärte lächelnd, daß wir Tierlehrer viel weniger Zeit benötigten, auf unsere Art, wenn uns das Tier vertraue und willig und klug genug sei zur Arbeit. Allerdings, fügte ich hinzu, sei ihre Methode für ihren Broterwerb die richtige, weil zuverlässiger für eine gleichmäßigere Leistung. Wir hängen mit unserer Art – dem Unterricht – viel mehr von den Stimmungen und der jeweiligen Geneigtheit des Tieres ab, welche durch viele verschiedenen Einflüsse von außen oder vom Organismus her gestört werden könne, wie er selber wisse. Denn bei uns handele es sich mehr um eine freiwillige Leistung, die wir erwarten, um dadurch überraschende und eigene Äußerungen unserer Tiere zu erhalten. Das dressierte Tier gehorche mehr dem Zwang und der Strafe – auch wenn die Dressur freundlich ausgeübt werde –, und es müsse mechanisch und gleichmäßig immer seine Pflicht tun, wovon sein Wohl abhänge. Was nun allerdings das dressierte Tier bei seiner Arbeit mit Verstand und Wissen tut, das mag auch mehr sein, als man bisher annahm. Jedoch kommt das bei der Dressur nicht zum Ausdruck, da das Tier seine Wesensart nicht frei entfalten darf. Eigentlich tun einem diese braven Tiere leid, weil sie trotz all ihrer geduldigen Leistungen nicht als denkende Wesen eingeschätzt werden, und doch gehört viel Intelligenz dazu. Im übrigen sind obengenannte Dressurleistungen achtenswert, wie manche andere, und würdigen das Tier nicht herab. Solche Dressurstücke tun das aber, bei denen Tiere in menschliche Kleidung gesteckt werden oder läppische Dinge ausführen müssen, die ihrer Wesensart fremd sind und sie lächerlich machen! Ich habe schon von manchem Tierfreund gehört, daß er sich dadurch beschämt fühlt, auch wenn man dem Betreffenden sonst nicht den Vorwurf der Sentimentalität machen könnte. Ich glaube, daß dies eine Art von „Vermenschlichung“ darstellt, die abgelehnt werden muß.

Den jungen Elefantendresseur lud ich ebenfalls ein, mich zu besuchen und meinen Hund vorgeführt zu bekommen und gab ihm meine Anschrift. Auch er kam nicht. Irgendwie brachte ihn das alles aus der gewohnten Ruhe und Ordnung der Auffassungen, an die er gewöhnt war.

Rätselhaftes

Unter „Unaufgeklärtes“ vermerkte ich in meinem Buch „Lola“* folgendes: „Schon manches ist im Vorbeiziehen meiner Worte dem Leser als noch im Schoße der Zukunft ruhend und der weiteren Forschung angehörend dargestellt worden. Versuche, die kein sicheres Ergebnis darstellen, zufällige Entdeckungen, deren Tragweite, erst an mehreren Tieren zum Versuch gemacht, zu erkennen ist.“

Hierher gehört auch nachfolgender Fall, der mir besonderes interessant erscheint: Lola wurde von mir einmal in Hohenheim, wo ich bei meinen Angehörigen weilte, befragt, wie viele kleine Hündchen ihre Mutter mit ihr zusammen bekommen habe. Antwort: 12. Auf meine Frage an Prof. Kraemer meinte dieser, er habe, als er die jungen Tiere einmal sah, nur 11 gezählt.

* Henny Kindermann [d.i. H. Jutzler-Kindermann]: „Lola. Ein Beitrag zum Denken und Sprechen der Tiere“, Verlag Richard Jordan, Stuttgart, 2. Aufl. 1926. Eine englische Ausgabe erschien 1921 im Verlag Methuen & Co., Ltd., London.

Meine Anfrage in Mannheim erwies, daß der Wurf aus 12 Tieren bestanden hatte, eines derselben war alsbald eingegangen. Dem Hund war sonst kein Fall bekannt, in dem eine Hündin Junge bekam, und welche Anzahl sonst noch möglich war.

Ich glaubte deshalb, als ich im Scherz am 19. Juni 1916, 4 Tage vor dem Werfen Lolas, das Tier fragte: „Wie viele Kinder wirst du bekommen?" die Antwort würde 12 lauten. Lola antwortete erst: „Ja." „Was, du weißt es? Das ist ja nicht möglich!" „Wie viele Buben?" „3." „Mädchen?" „6." Ich war sehr erstaunt und dachte mir, daß dies auch nur eine Antwort sei, um eben eine Antwort zu geben.

Am nächsten Tag befragt, hieß es wieder 9. Ich erzählte dies meiner Freundin, und nun wurde mit Spannung und ungläubigem Lächeln der Wurf erwartet. Lola war am 23. Juli 1914, nachmittags zwischen 5 und 8 Uhr in Gegenwart von meiner Freundin, mir und der Wirtschafterin des Hofes. Es kamen 9 Junge zur Welt, darunter 2 Männchen und 7 Weibchen. Aber wie konnte das Tier wissen, daß es 9 Junge werfen sollte?

Ende 1917 übersiedelte ich nach dem südlichen Baden und heiratete dorthin. Lola ging mit. Sie bekam dort nochmals Junge. Ich fragte sie auch dieses Mal vorher: „Wie viele Junge bekommst du?" Und sie gab an: „11", was mir nicht glaubhaft erschien – aber es waren in der Tat dann 11, was mich von neuem mit Staunen erfüllte.

Dasselbe berichtete übrigens Fräulein Alma Schmidt, Leutendorf, von ihrer Hündin „Asra", welche einmal vor der Geburt ihrer Jungen die Zahl richtig angab. Dasselbe erlebte Frau R. Fritz mit „Bessy".

Dieser Vorgang widerspricht bisher jedem Erklärungsversuch. Denn die Bewegungen der Jungen im Tragsack (wie jemand meinte) dürften doch zu verwirrend sein zum Überzählen. Jede Frau, die geboren hat, wird diese Erklärung sowieso für unmöglich halten. Auch die Erklärung mit der Gedankenübertragung versagt hier, so wie sie auch sonst meist unseren Erfahrungen nicht entspricht.

Dies sind aber nicht die einzigen rätselvollen Erscheinungen. Es gibt noch andere, zum Beispiel solche, die uns zeigen, daß die Tiere fähig sind, „etwas zu sehen, das der Mensch nicht zu sehen vermag". Die Geschichte von Bileams Esel, 4. Mose, 22, Vers 21-33, ist durch Erlebnisse aus allen Zeiten tatsächlich und nicht symbolisch zu nehmen. So wissen wir von willigen Pferden, die mit Entsetzen an einer bestimmten Stelle den Gehorsam verweigern und nicht weiterzubringen sind. Es wird auch berichtet von einem Hotelgast, der seinen Hund mit in das angewiesene Zimmer nahm. Dort starrte der Hund mit gesträubtem Haar in die Schreibtischecke, bis sein Herr, dem es unheimlich ward, nachfragte und ein anderes Zimmer verlangte. Es stellte sich heraus, daß sich kurze Zeit zuvor dort ein Gast erschossen hatte. – Meine Lola und ein Schäferhund starrten aufgeschreckt eines Nachts, stumm und mit gesträubtem Fell, in die Ecke meines Zimmers und waren längere Zeit nicht anrufbar. Es war weder im Zimmer noch außerhalb etwas (von uns Menschen) zu entdecken. Leider konnte Lola damals noch nicht antworten. – Wie aufschlußreich könnte solch Erleben bei einem unterrichteten Tier werden, wenn es zu antworten vermöchte.

Ein anderes Rätsel: „Das Vorausahnen kommender Ereignisse" ergibt sich aus dem Bericht einer mir bekannten Familie in Wanne-Eickel. Während des Krieges blieb ihr Hund bei Fliegeralarm, wenn sie den Bunker aufsuchten, ruhig in seiner Hütte. Einmal tobte und schrie er aber so sehr, daß sie ihn aus Mitleid mitnahmen, obwohl dies verboten war. Als sie zurückkamen, war die Hundehütte durch die Wirkung einer Bombe über mehrere Dächer fortgeschleudert worden.

Auch las ich einmal von einem Hund, der seinen Herrn eines Nachts weckte und aus der Tür locken wollte. Als der

Herr nicht folgte, riß er wild an dessen Gewand. Schließlich ging der Herr mit und erschoß den Hund vor dem Haus, weil er glaubte, dieser sei tollwütig geworden. Als er aber zurückkam, war die Zimmerdecke auf sein Bett gestürzt, sie hätte ihn erschlagen! –Vom unterrichteten Hund Rolf erzählten sie, daß er sich einige Stunden vor dem Erdbeben 1911 zitternd in eine Ecke verkrochen habe und auf Befragen antwortete: „Lol (wie er sich nannte) hat angst, weiß nid vor was." Solches Vorausahnen kennt man ja in Erdbebengebieten von den verschiedensten Tierarten, welche einige Zeit zuvor aus den Häusern flüchten. (Vielleicht hätte Rolf ein nächstes Mal gewußt, wovor er sich fürchtete?)

Ein weiteres Rätsel ist der wunderbare Orientierungssinn bei unseren Vierfüßlern auf dem Erdboden und bei den Zugvögeln in der Luft. Nur noch bei wilden Volksstämmen zeigt der Mensch ähnliche Fähigkeiten. Die Zivilisation und die hohe Ausbildung des Verstandes ließen solche Fähigkeiten verkümmern. Jetzt werden sie zum Teil ersetzt durch Instrumente, die der schöpferische Menschengeist herstellt. Das andere ist mehr ein „sublimes Wissen" und nicht an das Denken in Worten gebunden, wie im Abschnitt „Gehör und Denken" (S. 174 ff) verdeutlicht werden sollte. Wieviel ließe sich da noch erfahren!

Ebenso rätselhaft ist es mit Kenntnissen von „Vorgängen in der Ferne", die einzelne Tiere zu beweisen wissen. Hie und da dringen die Eindrücke ferner Ereignisse auch bei Menschen bis in das Bewußtsein vor, wenn diese dafür besonders aufnahmefähig sind. Beim Tier weiß man durch Erfahrungen auch von solchen Fällen. So erlebte ich bei der Rückkehr vom Sterbelager meines Vaters folgendes: Zu Hause hatte mein Hund Schlump aufgeregt auf mich gewartet, um sofort an mir hochzuspringen und mir das Gesicht zu lecken, was er sonst nie tat. Und der Hund meines Vaters heulte um die Todesstunde laut und lange in dessen Wohnung, die etwa 10 Kilometer vom Krankenhaus entfernt lag. Beide Hunde wußten Bescheid, und bei Schlump konnte ich dies auch noch durch Fragen feststellen.

Auch das Vorwissen, ob der Tod bei einem erkrankten Geschöpf bald eintritt oder nicht, gehört hierher. Dieses Vorauswissen entspricht oft nicht der Meinung der Anwesenden und bewahrheitet sich doch (siehe bei „Rolf“ zweimal). Lesen wir hier noch die Verse von dem Arzt Justinus Kerner, „Der Arzt und sein Hündchen“:

> In dir lebt ein innres Schau'n,
> Das dem Menschenhirn gebricht.
> Möchte oft dich fragen, traun!
> Stirbt der, oder stirbt der nicht?

Er hatte aus dem Benehmen des ihn begleitenden Hundes öfter dessen Vorwissen erkannt. Jedenfalls sehen wir auch hier, daß wir allen Grund haben, unsere Mitgeschöpfe nicht zu verachten, denn sie besitzen manche wunderbare Fähigkeit, um die man sie manchmal beneiden könnte. Wieviel Rätselhaftes und Seltsames ist noch zu erforschen durch eingehende Beobachtungen und durch Befragen unterrichteter Tiere!

Brehm, der große Tierkenner, über den Pudel:

„Seine Seele ist unleugbar so vollkommen, wie die eines Säugetieres sein kann. Von keinem Tier können wir so oft sagen, daß ihm vom Menschen nichts mehr als die Sprache mangelt . . . “

„Er kennt die Noten, die Zahlen, Karten, Buchstaben.“ und:

„Nur wer kein Auge hat, sieht die ihm ursprünglichen und entstandenen Eigenschaften nicht!– – –“

Aus „Brehms Tierleben“ 1893 S. 98 ff, das seine Erfahrung und Meinung noch unredigiert von Andersdenkenden enthält! Wie hätte er die Verständigungsmethode begrüßt, die obengenannte Fähigkeiten auszuwerten ermöglicht.

IX. Verschiedene Hunde

Der erste Klopfunterricht von Ulse

Lola war, wie bereits erwähnt, zu mir gekommen, als sie schon „Ja“ und „Nein“ sagen konnte, vielleicht auch schon etwas Verständnis für Zahlen und Zählen hatte. Die Brücke von Mensch zum Tier war geschlagen, das erste Allerschwerste getan. Es reizte mich nun, da Lola immer höhere Fähigkeiten entwickelte, zu erfahren, ob es mir auch gelingen würde, ein Tier aus dem Urzustand zum Lernen zu bringen, also selbst die schwere Arbeit des ersten Brückenschlages zu vollbringen.

Ich versuchte es zuerst an dem seit 1914 in meinen Besitz übergegangenen, sehr schönen Deutschen Schäferhund „Geri“. Dieser Hund, durch Überzüchtung und vielleicht auch durch Jugendeindrücke mit einer außergewöhnlichen Scheu und Schwermut behaftet, zeigte zu wenig Lebensenergie, um überhaupt näher in Betracht zu kommen. Das „Ja“ und „Nein“ lernte er, und ich weiß auch, daß er mich recht gut verstand; seine Scheu und seine vielen Ängste hielten ihn jedoch davon ab, mehr zu klopfen als „Ja“ und „Nein“. Der Hund ist wegen Futtermangel später verschenkt worden.

Als viel geeignetere Tiere für die Versuche waren die Nachkommen Lolas zu betrachten. Die Tiere kamen alle, bis auf die Hündin „Ulse", in fremde Hände, ehe die Winterzeit nach Weihnachten, die mir mehr Muße brachte, zu Studien Zeit gab. Da diese Muße zum Teil auf Lola, zum Teil auf das Schreiben eines Buches über sie verwandt wurde, blieb auch diesmal kaum Zeit, mich dem letzten anwesenden Nachkommen Lolas zuzuwenden. Auch war mein Interesse an dem Tier nicht allzu lebhaft, da es schon vergeben war und nur Reiseschwierigkeiten seine Anwesenheit bei mir verlängerten. Schließlich trieb mich Mitleid mit dem vereinsamt in einem Stall sitzenden kleinen Tier dazu, es täglich stundenweise mit Lola, während ich arbeitete, um mich herum spielen zu lassen. Es ergab sich dann, daß ich Lola einmal fortschickte und die kleine Ulse, die bisher nur von dem besorgenden Dienstmädchen angesprochen wurde, das „Setz dich" lehrte.

Ich drückte das Tierchen herab und sprach: „Setz dich." Schon nach dreimaliger Aufforderung hatte das Tier begriffen. Es setzte sich ohne meine handgreifliche Nachhilfe und sah mich forschend mit hellen Äuglein an. Ich wiederholte dies am nächsten Tag und tupfte dem Tier auf die Pfötchen und sagte: „Pfote." Dann nahm ich die Pfote: „Gib die Pfote." Auch das ging nach einigen Tagen. Ich lehrte dann: „Rechte Pfote." Auch das klappte nach kurzer Zeit. Ulse schien Spaß daran zu haben und freute sich der kleinen Belohnungen. Auch mein Interesse erwachte nun; ich zählte dem Tierchen vor, von 1 bis 5, forderte dazu auf: „Schau her", „paß auf", und obwohl die Kleine noch zappeliger war als Lola, saß sie häufig still und sah auf meine Hand.

Die geringsten Vorgänge in der Umgebung brachten allerdings das kleine Köpfchen in ständige Drehbewegungen nach allen Seiten. Da nahm ich eines Tages das kleine Pfötchen und sagte: „Du mußt klopfen lernen", und führte die Pfote über meine Handfläche und zählte dazu bis 2, dann bis 5 usw. Ich sagte dann, indem ich meine Hand hinhielt: „Ulse, klopf 2", und das Tier klopfte 2. Ich war erfreut. Ich muß hinzufügen, daß Ulse schon, nachdem sie das Pfotegeben gelernt hatte, Ansätze zum Klopfen zeigte, indem sie mit der Pfote durch die Luft fuchtelte, und zwar recht bestimmt und klar, wenn auch natürlich ohne etwas Besonderes zu wollen. Der geeignete Boden war aber für meine so kurz bemessene und nur selten vorgenommene Tätigkeit vorhanden.

Die Vererbung muß hier eine große Rolle gespielt haben: Ich kann sagen, man fühlte von Anfang an etwas sehr Aufgewecktes an diesem Tier, das von Lola stets als das klügste bezeichnet wurde und mit dem Lola sich oft in eine Ecke des Zwingers zurückzog. Ob auch Lola dem Tier etwas beibrachte? Denn auf meine Fragen hieß es, sie „lere Ulse". Ich glaube zwar nicht daran, daß sich die Tiere die vom Menschen erworbenen Kenntnisse übermitteln können; man wird hierüber genaue Feststellungen abwarten müssen.

Ulse jedenfalls war wie prädestiniert zum Rechnen und Buchstabieren und lernte in fabelhaft kurzer Zeit bis 5 zu zählen. Der Hund klopfte noch besser als Lola oder vielmehr so gut wie Lola an ihren besten Tagen, nahm dabei die Pfoten hoch und führte sie mit sicherem Schlag, verhältnismäßig langsam auf meine Hand. Nach kurzer Zeit verstand Ulse 2 für „Ja" und 3 für „Nein" anzuwenden. Der Raum meiner Fragen an sie blieb jedoch sehr eng, denn ihr Umgang mit Menschen war zu kurz, um einen größeren Sprachschatz vorauszusetzen. 2 x 1, 2 x 2, 3 x 2 wurde geübt, und es kamen stets gute Antworten, wenn die äußere Umgebung möglichst wenig Ablenkung brachte, die das junge, wilde Tierchen gleich in Aufruhr versetzte. Der Hund klopfte so außerordentlich gern, daß er schon von weitem bei meinem Erscheinen durch die Luft schlug, um zu zeigen, daß er arbeiten wollte. Diese große Lust erklärte sich daraus, daß das kleine Tier, in dem bescheidenen Leben, das es führte, bisher nur beim Klopfunterricht zu besonderen Freundlichkeiten meinerseits und zu kleinen Zwiebäcken kam und außerdem eine lebhafte, aber recht unbeschäftigte Klugheit besaß.

Als das Tier nun das Klopfen begriffen hatte, versuchte ich, was mir bei Lola nicht gelungen war, die Klopfschläge anstatt mit der Hand mit einem Brett entgegenzunehmen. Ich ließ es schließlich weg, da ich auch keine Lust dazu hatte, die Sache zu erzwingen, bloß um die von Zweiflern manchmal geäußerte Ansicht, ich könne mit der Hand Hilfe leisten, zu widerlegen. Ulse scheute sich aber keineswegs vor dem Kratzen und klopfte genauso klar auf dem Brett. Diese Klopfweise hatte den Vorzug, daß man mit Ohr und Auge die Klopfschläge zählen konnte, was auf alle Fälle sehr wesentlich zur Klarheit beitrug. Jedenfalls berechtigte mich der Hund Ulse nach den guten Erfolgen in so kurzer Zeit, die schönsten Hoffnungen für spätere Versuchsreihen jeder Art zu haben, und ich hoffte, daß diese Gabe bei seinem neuen Herrn zur Ausbildung kommen würde. (Ulse wurde nach Meran verkauft, konnte aber wegen der Kriegsgesetze nicht versandt werden; ich übergab sie einer Frau, bei der sie leider bald an Räude einging.)

Schlump, mein zweiter unterrichteter Hund

Viele Jahre sind vergangen, seit ich meine Lola unterrichtete. Als meine Kinder klein waren und dann heranwuchsen, galt meine erste Sorge ihnen, gehörte ihnen meine Zeit. – Wir hatten im Laufe der Jahre verschiedene Hunde, am längsten, das heißt 7 Jahre, einen rassisch vorzüglichen deutschen Boxer. Mit diesem machte ich einige Unterrichtsversuche, denn er war nicht dumm. Er wollte aber nicht lernen, denn er war ungemein bequem. Daß er oft verstand, was wir sagten, und daß er zuhörte, wußten wir alle. Er hatte aber so sehr seinen eigenen Lebenswandel, in dem er nicht gestört sein wollte, mochte er auch, trotz vieler selbständiger Spaziergänge und Besuche in anderen Häusern, anhänglich sein und uns lieben. So ließ ich ihn in Ruhe. Er wurde – eben seiner „Pomadigkeit" wegen – an einem Eisenbahnübergang überfahren. – Später erinnerte ich mich eines schwarzen Riesenschnauzers, der mir einmal im Vorübergehen wegen seiner straffen Haltung gut gefallen hatte. Ich ließ mir durch den Pinscher-Schnauzer-Klub Vermittlung geben zur Zucht des schwarzen Riesenschnauzers, und bald kam aus Neckargemünd ein ebensolcher, nur sechs Wochen alter Hund zur „Ansicht". Wir behielten ihn, weil er unser Herz gewann. Er entwickelte sich auch gut und hat nun ebenfalls die bewunderte, straffe Haltung und einen federnden edlen Gang. Sein schönes dunkles Auge sieht beredt in die Welt, und so ruhig er im Hause ist, so ist er sofort ein stets bereiter Kamerad, jeden Gang ins Freie und jeden Scherz fröhlich tollend mitzumachen. Von Anfang an zeigte er sich derart willig, wie ich es nie bei einem Hund gesehen habe. Er lebte nur in mir und für mich, und was ich tat, war gut, was ich gut fand ebenfalls, und was ich ablehnte, ließ er – auch wenn er dies nicht verstand. So sah er mich fassungslos erstaunt an, als er begeistert Pferdemist fressen wollte und ich „Pfui" rief, doch sofort verzichtete er. Immer schaute er zu mir auf, schaute, was ich wohl meine – und war verzweifelt, wenn ich ohne ihn einmal das Haus verließ. Leider hatte ich gerade während der Zeit seiner Willigkeit durch ein trauriges Ereignis wenig Zeit für ihn. Er wäre prachtvoll zu erziehen gewesen. Später – erst nach einem Dreivierteljahr – nahm ich mich seiner mehr an. Er war und ist m e i n H u n d, aber vorzüglich gehorsam wurde er dann nicht mehr. Er ließ sich jedoch „unterrichten" – durch seine Bereitwilligkeit mehr als durch große Klugheit oder Fleiß. Er hatte weder die Ausdauer noch das große Interesse, das Lola besaß. Er war ein Durchschnittsverstand, mir aber auch so recht. An ihm konnte ich wieder selbst viel lernen und sei es eben, wie er mir neuerdings den Beweis gab, daß Gedächtnis, Geduld, Fleiß, Temperament usw. verschieden sind, wie beim Menschen – bei jedem Geschöpf alles immer wieder neu und anders.

Andere finden zwar, Schlump sei klug und könne sehr viel und sind oft fassungslos vor Staunen. Ich aber stelle unwillkürlich an ihn Ansprüche, die Lola mir angewöhnt hatte, und übte vielleicht mit ihm nicht soviel mit Geduld wie mit ihr, weil mir damals alles noch so neu und erstaunlich war. Weil ich nun weiß, wie rasch ein Tier lernt und wie gut es behält, wurde ich leichter ärgerlich und unzufrieden mit ihm – wenn auch nicht schlimm. Denn tatsächlich kann ja auch er viel. Wer hätte früher so etwas für möglich gehalten? Und er ist doch solch ein lieber und famoser Kamerad, den ich auch ohne sein Können genauso lieb hätte! Nur eben die langen Antworten, die Lola gerne gab, so daß ich sie so vieles fragen konnte – die will unser guter Schlump nicht gerne geben. Beim zweiten Wort jault er oft schon vor Ungeduld auf, denn seinem lebhaften Temperament geht das Klopfen viel zu langsam. Und eigentlich hat er ja recht! Wie rasch sagen wir ein Wort – wie viele Klopfschläge muß er abzählen, bis er es heraus hat. Er fängt manchmal an, etwas zu klopfen, und läßt sich dann fallen und die Sache auf sich beruhen, halb gesagt, und will nicht weitermachen. Was er als nette Beschäftigung begann, artet auf einmal in Arbeit aus, und davon will der Hund schon gar nichts wissen. Hat doch auch Max einmal geklopft, als er gefragt wurde, ob er ein Mensch sein möchte: „Nein“; auf die Frage „Warum nicht?“ hieß es: „fil arbeid“.

Nur wo starke Interessen vorhanden sind, wurde bei Hunden wie Rolf, Lola, Kurvenal und anderen das Antworten nicht als Arbeit empfunden und oft und gerne von selbst und in langen Sätzen angewendet.

Ich unterrichtete Schlump etwa in gleicher Weise wie Lola, nur nicht so vielseitig, weil er dazu nicht anregt – aber mit kleinen Verbesserungen. So erhielt er eine große Tafel, auf der „Schwarz auf Weiß“ alle seine Buchstaben, und jeweils darunter die zu klopfende Zahl, stehen. Ebenso ließ ich „Schwarz auf Weiß“, 15 cm groß, seine wichtigsten Buchstaben auf einzelne Pappkarten malen. Ich lege sie dann häufig nach jedem geklopften Buchstaben vor ihn auf den Boden. Dann sieht er gleich selbst, was für Unsinn entsteht, wenn er sich „verklopft“. Denn das ist bei ihm auch ungünstig im Vergleich zu Lola, der Flüchtigkeitsfehler selten unterliefen, daß er oft genau weiß, welche Zahl er klopfen will, aber unaufmerksam beim Zählen ist und so statt 13 etwa 14, statt 15 etwa 14 klopft, was natürlich ein anderer Buchstabe ist. Er hofft wohl, ich solle es auch so verstehen. Ich tue das auch manchmal, lasse ihm aber trotzdem die Unexaktheit nicht durchgehen. Und wenn er nun durch das Buchstabenhinlegen sieht, was an Verkehrtem entstand, so nimmt er sich sichtlich besser zusammen. Denn er muß am Ende eines Wortes immer antworten auf die Frage: „Sind alle Buchstaben richtig?“ Er sagt „ja“ oder „nein“, je nachdem; dann frage ich: „Welcher Buchstabe ist falsch?“ Er nennt die Zahl in der Reihenfolge. „Wie muß der Buchstabe heißen?“ Er klopft ihn richtig. Ich tausche den falschen dann um und sage: „Sieh her, diese Arbeit hättest du dir sparen können, paß besser auf!“

Ich verlange auch, daß er klar zwischen den einzelnen Buchstaben absetzt. Vorteilhaft bei Schlump ist, daß ich ihn daran gewöhnen konnte, auf ein Brett zu klopfen, wozu ich Lola nicht bringen konnte. Schlumps Klopfen wäre aber ohne Brett in die Hand kaum erträglich, da er harte und starke Krallen hat und fest aufklopft. Lola schlug leicht mit weichen Pfoten. Eine weitere Neuerung gegen Lolas Unterricht ist das Ausdrücken der Null. Und gerade als Schlump diese lernte, konnte der Beobachter sehen, wann er verstanden hatte, was er sollte, und wie er es dann sogar selbst übte.

Als er nach dem Unterricht auf meinem Zimmer (es war während eines Ferienaufenthaltes in einer Pension) in der Gaststube neben meinem Tisch saß, hob er nachdenklich erst eine Pfote vorsichtig hoch, setzte ab, hob ebenso nochmals hoch, setzte ab, und dann die andere Pforte ebenfalls,

Abb. 21. Henny Jutzler-Kindermann mit „Schlump".

zweimal so, um sich endlich mit einem erleichterten Seufzer hinzuwerfen und auszuruhen. Er klopft nämlich seine Zahlen mit ausgestreckter Pfote auf das Brett. Nun sollte er die Null markieren, indem er die Pfote gewinkelt – also im Gelenk herabhängend – hochhebt und gleich wieder absetzt, während das Brett, wie sonst auch, unverändert vor ihn hingehalten wird.

Er berührt es also hierbei gar nicht, und dieses Zeichen ist ganz anders als das Klopfen selbst – wenn man sich dies einmal vergegenwärtigen will! Es ist klar und eindeutig, war aber für das lebhafte Tier zuerst sehr schwer, und auch heute muß er sich noch zusammennehmen, denn im Eifer saust die Pfote sofort gegen das Brett vor – ebenso, wie es ihm am Anfang schwer wurde, nur einmal zu klopfen, da die Pfote gleich zum zweiten Schlag vorsauste. Er muß sich dabei regelrecht zusammennehmen. Man sieht es deutlich, wie er bestrebt ist, sich zu erinnern, wie er es machen soll, und wie er es recht gut machen möchte. Es gehört gar keine Phantasie dazu, das zu sehen. Es sah und sieht jeder, der den Hund kennt und Liebe und Verständnis für Tiere hat.

Mir selber sind ja die meisten dieser Erlebnisse Gewohnheiten geworden. Denn auch in der Zeit, als ich keinen Hund unterrichtete, verfolgte ich die Arbeit der anderen Tierlehrer mit Aufmerksamkeit bis in alle Einzelheiten. Nur noch ganz unerwartete und bisher nicht geahnte Erlebnisse im Tierunterricht, oder auch im praktischen Leben vorkommende Überlegtheiten von Tieren, erzeugen in mir das erschütterte Staunen der Anfängerzeit auf diesem Gebiet. Ich weiß jetzt durch über 30 Jahre, was man erwarten kann und was Tiere leisten können, so daß es mir fast schwer wird, mich in Menschen hineinzuversetzen, die von alldem noch keine Ahnung haben und sich schon wundern, wenn ein Tier nur „ja“ und „nein“ denken und äußern können soll. Und nun erst: Dinge des Lebens sehen kann, wie wir, sie unterscheidet, Gedächtnis hat, Überlegung hat, Schlußfolgerungen zieht – und noch gar viele menschliche Begriffe in den menschlichen Worten hört und versteht und selbst anwenden kann, wenn man ihm die Möglichkeit dazu beibringt.

Ja, da muß ich mich immer weit zurückversetzen, denn alle, die um mich sind und mir innerlich nahestehen, wissen das auch – wie ganz selbstverständlich! Und doch muß ich mich zurückversetzen, immer wieder, das soll keine Überheblich- keit von mir sein. Ich wurde ja nur einen Weg geführt, auf dem ich diesen Dingen früher begegnete als viele andere. Andere Menschen können meist gar nichts dafür, daß sie dies nicht wissen, weil es so oft vorwurfsvoll in meinen Ohren klingt: Warum hörte man davon bisher nichts? Das ist ja so unge- mein wertvoll und wichtig zu wissen, und wieder: Warum und warum?

Eben deshalb wurde dieses Buch zusammengestellt; dieser Mangel sollte einmal behoben werden.

Es folgen nun Auszüge aus den Aufzeichnungen über Schlump, wie ich sie für mich notiert habe:

Schlump will nie in seiner Kiste liegen. Er schläft auf dem nackten Boden daneben. Nach meinem Begriff hat er ein schönes Bett: Kiste mit Heusack, ein alter Teppich darüber. Alles groß, der Sack wird wieder frisch gefüllt. Ich sage: „Warum gehst du nicht in dein Bett? Sage es mir bis heute abend“, denn er hatte sich jedesmal knurrend gewehrt, wenn ich ihn hineingehen ließ. Abends klopfte Schlump: „raselt“ (rasselt oder raschelt). Ein „sch“ hatte er noch nicht im Alphabet, wir fügten es dann ein unter 11.

Diese Antwort war mir nun ganz unerwartet. Ich hielt den weichen Sack für besonders gut. Buko, der Vorgänger, hatte es gerne so! Wir nahmen versuchsweise den Sack heraus und ließen den Teppich drin. Seither schläft er in der Kiste! Schlump ist feinnerviger als Buko und nervös.

Der Vater nennt Schlump gern im Spaß „Höllenhund“. Als ich das an einem Morgen wieder hörte, sagte ich zum Hund: „Merke dir das Wort und klopfe es am Abend.“ Schlump abends: „h“, dann Zögern. Ich sage, weil er kein ö hat: „Nimm e.“ Er aber energisch „Nein.“ Ich sage, „dann machen wir noch ein ö“. Er: „Ja.“. Also ö ist 12. Er klopft weiter: „öllenhund.“

„Also Höllenhund." Ich sage noch, weil er vergnügt wedelt: „Hörst du das gerne?" „Ja."

Einmal sage ich: „Klopf irgend etwas – was du sagen willst!" Bald darauf Schlump: „heni ist lib." (Henny, mein Vorname.)

Zwei Tage später frage ich auf meines ältesten Sohnes Wunsch: „Was ist an mir lieb, wenn du sagst: ‚Henny ist lieb'?" Konrad hatte ihn auf diese Frage am Tage zuvor schon aufmerksam gemacht. Schlump klopft: „Ales echt." (Alles echt.)

„Alles echt?" „Ja!" „Ja", sage ich erstaunt, „verstehst du das Wort echt?" Er lebhaft: „Ja." Ich frage weiter: „Was ist echt, erkläre mir das!" Ganz langes Nachdenken, schließlich antwortete er, nicht mit einer Erklärung, die ihm wohl nicht einfällt, sondern indirekt: „Oma nicht."

Mein Kopf (als Tonplastik) war von einer Ausstellung zurückgekommen. Otto, mein zweiter Sohn, packt ihn aus und zeigt ihn Schlump, der außerordentlich erstaunt darüber gewesen sei. Nach Anriechen des Kopfes sei er zurückgeprallt. Abends frage ich ihn: „Was ist mit diesem Kopf, wie sieht er aus?" Antwort: „lib heni."

An einem Sonntagvormittag. Schlump kratzt mich immer am Arm. Ich denke, er will sich äußern, und sage: „Klopf, was du magst!" Er beginnt: „Ich in Krankenhaus." Bei den letzten zwei Buchstaben half ich etwas, da er aus Müdigkeit aufhörte, auch wohl, weil er merkte, daß ich nun wußte, was er wollte, und sah mich dabei sehr vorwurfsvoll an. Drei Tage zuvor hatte ich ihm Lust gemacht, zu einer Frau ins Krankenhaus zu gehen, ihr sein Können zu zeigen, wofür sie ihm Keks geben wolle. Diese Frau fühlte sich aber dann nicht wohl genug, deshalb blieben wir zu Hause.

Ich fragte Schlump: „Was ist an dir das Wichtigste?" Nachdem ich ihm mehrmals aufgezählt hatte: Kopf, Hals, Schwanz, Beine, Herz oder Bauch? Ich zeigte ihm die einzelnen Teile und erzählte ihm besonders vom Herzen und daß man tot sei, wenn es nicht mehr klopfe. Ich ließ ihn nachdenken und stellte nochmals obige Frage an ihn. Schlump antwortete: „Leben." Also nichts vom Erwarteten und Vorgeschlagenen.

Diese Antwort „Leben" hat mich einmal wieder tief ergriffen und zum Nachdenken über die großen Wunder des Lebens gebracht. Wie recht hat das Tier! Das Wesentliche, ohne das all die ihm vorgenannten Teile seines Seins nicht sind – das nannte er. Darauf kam ein Hund und ganz von selbst, denn ich war völlig verbohrt in meine Vorschläge und hätte am ehesten gemeint, daß er das Herz nannte, weil ich ihm dies als so wichtig geschildert hatte. Hier muß man wirklich einmal innehalten, dies alles zu erfühlen und auszudenken! – Dann frage ich weiter: „Was ist noch wichtig?" Und mit einigen Fehlern, die er dann verbesserte, kam: „Ich du lib."

Schlump bellt jetzt öfter die Einer, was er seit 14 Tagen einfach durch Erklären gelernt hat. Diese Neuerung sollte eine Entlastung für sein ungeduldiges Aufjaulen sein. Mir selbst ist der Lärm zwar weniger angenehm, da er eine sehr laute Stimme hat. Ich frage Schlump, was mit der Katze zu machen sei, daß sie nicht mehr überall Schmutz macht. Er: „Rein machen." Nachmittags frage ich ihn weiter: „Was soll ich mit der Katze selbst machen, daß sie nicht mehr ins Haus macht, wir können den Gestank nicht mehr aushalten. Wir müßten die Katze sonst töten (er hat sie gern), wenn sie es nicht läßt." Schlump: „We auf ir." „Wohin Weh?" „Leib." (Er meint, ich soll sie hauen.)

Ich frage Schlump: „Meinst du, daß die Tiere denken?" Schlump: „Ale Tire denken." „Weißt du, was ein Fisch ist?" (Ich habe Goldfische.) „Ja." „Denken Fische auch?" „Ja." „Schlump, höre, es gibt viele Menschen, die sagen: Tiere können nicht denken!" (Es kommt mir ganz albern vor, und ich schäme mich fast vor dem Tier, ihm diesen Unsinn sagen zu müssen.) „Was denkst du über solche Menschen?" Er: „Di sin dum."

Nach einer halben Stunde Pause. „Was soll ich mit den Menschen machen, wenn sie sagen usw. ...“ Schlump: „Hauen.“ Ich erkläre ihm, daß ich große Menschen nicht hauen darf, daß ich eingesperrt werde, wenn ich das tue, er solle sich etwas anderes ausdenken. Schlump: „Alen zeigen.“ Ich stimme ihm erfreut zu und versuche noch, ihn anzuregen, mit mir allen Menschen sein Können zu zeigen.

Schlump gibt zu erkennen, daß er klopfen will. Ich war am Nachmittag fortgewesen und saß abends allein an einem Tisch und las. Er klopft: „Ich lib du auch.“ Das ist doch eigentlich rührend.

Auf meine Aufforderung, etwas zu sagen, klopft Schlump: „Du Ferien.“ Ich soll Ferien machen? Er: „Ja, ja.“ „Warum soll ich Ferien machen?“ Er: „Weil müd.“ – Es geht bei uns zu wie im Märchen, wo die guten Tiere den Menschen, die ihre Sprache verstehen, Ratschläge geben.

Zu Konrad, dem Schlump zuvor die Zähne zeigte, auf die Frage, warum er das tat. Er: „Ich elend bös.“ „Warum bös?“ Er: „Anfasen.“ (Konrad hatte ihn zum Spaß aus dem Gangfenster schubsen wollen.) – Konrad macht Schlump darauf aufmerksam, daß mein Geburtstag sei und er mir etwas wünschen solle, wie die Menschen. Schlump: „Ja.“ Dann: „Sehen gut.“ Das rührt mich tief, denn er allein sagte mir, was mir das Wichtigste sein mußte, denn seit 14 Tagen sah ich plötzlich schlecht und stolperte deswegen öfter über ihn, entschuldigte mich dann und sagte: „Ich sehe dich eben nicht gut.“

Ferien. „Schlump, wie heißt der Gasthof, in dem wir wohnen?“ Schlump: „Adler.“ (Es stand in lateinischen Buchstaben am Hause.) Ich lege die Buchstaben „Adler“ in lateinischen Druckbuchstaben aus dem bekannten Pulokspiel vor ihn hin. Dann nehme ich das d aus dem „Adler“ heraus und ersetze es durch die Pulokfigur. Ich frage: „Welcher Buchstabe ist anders?“ Er: „2.“ „Was ist dort?“ „Gesicht.“ „Weißt du, was ein Adler ist, nach dem das Haus genannt ist?“ Er: „Vogel.“ „Ist der Vogel groß?“ Er: „Nein.“ Ich erkläre ihm nun, wie groß ein Adler ist, und strecke die Arme weit aus. Schlump sieht sehr erstaunt aus.

Heute sage ich zu ihm, Konrad habe in einem Brief geschrieben, Schlump solle etwas für ihn klopfen. Ich erzähle ihm noch, daß Konrad traurig ist und schon drei Wochen in einem Krankenhaus liegt. Schlump klopft frisch: „Lib ruhig muter beser.“ Er, der mich sonst Henny nennt, nannte mich meinem Sohn gegenüber „Mutter“.

Konrad zeigt und erklärt Schlump mittags etwas im Garten und sagt ihm, daß er mir am Abend das Wort sagen müsse. – Abends frage ich ihn, ob er's noch weiß. Antwort: „Ja.“ Klopft also: „krete“ – das erste „e“ unsicher, da er „ö“ vergessen hat. Konrad sagt ihm ö = 12. Daraufhin: „Kröte nas“ (naß). „Und was noch?“ „richen.“ Konrad fragt: „Was hüpft und singt auf den Bäumen?“ „Vögel.“ „Sind diese lieb?“ „Ja.“ „Was ist lieb an ihnen?“ „singen.“

Muttertag. Ich erklärte Schlump, daß zum Muttertag jeder, der eine Mutter lieb hat, ihr etwas schenkt oder was Liebes sagt usw. Er solle sich etwas ausdenken, denn er habe mich doch auch lieb! – In Gegenwart von Oma: „dich richtig lib.“ „Wer hat mich richtig lieb?“ „ich.“ „Wer noch?“ „konrad.“ Ich frage ihn nicht weiter, weil er müde ist und erregt schnauft.

Schlump ist seit 2 Tagen sehr erregt, heult zum Fenster hinaus, japst und ist ganz scharf aufs Durchbrennen. Ich frage ihn abends: „Wohin willst du denn? Wohin willst du rennen?“ Schlump klopft klar, trotz der Aufregung und Schnauferei: „mich weglassen.“ „Wohin denn?“ „hund.“ Ich sage ihm, „ich lasse dich um ½ 9Uhr abends weg, und am anderen Tag um 7 Uhr kommst du wieder, ja?“ Er: „Ja.“ „Wann kommst du?“ „7.“ Er kam tatsächlich um 7 Uhr an! Auch einige Tage später dasselbe nochmal, dafür sind mehrere Zeugen da.

Auf Anraten von Herrn Musikdirektor Wulf, Plön, machte ich mit Schlump folgende Versuche: Ich legte auf 4 Blätter Papier auf 2 Stühlen je ein Stück Wurst, einen Keks, ein Stück Zucker, einen Zwieback. Zu jedem Stück stellte ich Zahlen aus dem Kalender, so daß man nur die Zahl sah: 9, 10, 11, 12, 13 wurden abwechselnd verwendet, und der Hund sollte klopfen, was er am liebsten fressen wollte. Er ging die Reihe dreimal durch. Er fing immer mit Wurst an, es ging weiter mit Keks, Zucker oder Zwieback. Die Zahlen wurden dreimal geändert. Ich war dabei, denn ich mußte ihn immer ermutigen, das gewählte Stück zu nehmen, da er wohl wedelnd und begierig davorstand – vom Stuhl sich aber nichts zu nehmen traute, weil er auch sonst von Stuhl und Tisch nichts nimmt. Als kleinem Hund war es ihm verboten worden, und er merkte sich das gut.

Einige Zeit nach Kriegsbeginn. Zuerst hatte man sich um den Hund gar nicht mehr gekümmert. Man war erregt, so nahe an der Grenze im Westen, ich wußte nicht, wo die Söhne waren, und so kam es, daß der Hund erst nach drei Wochen etwas klopfen durfte und man sich überhaupt die Zeit nahm, ihm das Brett hinzuhalten. Er von sich aus: „krig bös, angst."

Nach einigen Monaten, als eben das Radio eingeschaltet gewesen war, wurde er sehr unruhig und verlangte zu klopfen. Er fragte: „Is noch krig?"

Als Konrad nach seinem Urlaub fortgehen will, sagt er zu Schlump: „Ich gehe wieder in den Krieg, willst du nicht mitgehen?" Er: „Nein." „Warum nicht?" Er: „Angst." Er ist ein sehr schreckhafter Hund und würde bei jeder Eignungsprüfung für Kriegsdienst heimgeschickt werden. Er ist aber über 6 Jahre alt und wird gar nicht geholt.

Gegen Ende eines anderen Urlaubs ruft mein Sohn Konrad aus dem Nebenzimmer: „Ich glaube, Schlump will mir was sagen; er klopft auf mein Knie und sieht mich beschwörend an." Ich bringe das Klopfbrett, und Schlump klopft: „Ach hier bleib, bei Mutter." Ja, das wäre der Wunsch des Mutterherzens, den er nachfühlt, ohne daß man davon spricht.

In Beantwortung eines Artikels „Der Spiegel" versuchte ich, durch meinen Hund eine Antwort auf die dortige Betrachtung über Tiere zu bekommen. Ich befragte den von mir unterrichteten Hund, nachdem ich ihn vor den Spiegel geführt und ihm den Spiegel als solchen benannt hatte. Ich hatte ihm den Spiegel schon öfter, aber ohne die Absicht, ihn etwas zu fragen, gezeigt und immer beobachtet, daß er nicht gerne hineinsah. Nachdem ich später durch Befragen festgestellt hatte, daß er also weiß, was Spiegel heißt und wo dieser steht, fragte ich ihn: „Was siehst du im Spiegel?" Ohne Zögern erfolgte die Antwort: „mich." Ich frage weiter: „Warum siehst du nicht gerne in den Spiegel?" Er: „finde es einfältig." Das Tier kennt nur selten wie wir ein Wortbild, sondern buchstabiert nach dem Klang.

Auf obige Antwort hin erkläre ich Schlump, warum die Menschen sich in dem Spiegel ansehen – um sich ordentlich zu machen usw. Er sah darüber sichtlich erstaunt aus. „Findest du dich schön?" Er: „Nein." (Ich hätte ein Ja erwartet, denn er hört es lieber, wenn ich sage, er sei schön, als er sei lieb – was ich vor einiger Zeit mal erfragte.) Ich frage weiter: „Warum?" „Ich auch bin strubig." „Fehlt noch ein Buchstabe?" Und lege ihm die geklopften Buchstaben zur Kontrolle aus dem Pulokspiel vor (lat. Buchstaben). Er: „Ja, r." „Also Strubir?" „Ja."

Wenn ich ihn kämmen will, so frage ich ihn öfter: „Komm her, du bist struppig." Irgendwie glaube ich aber, daß das Tier sich nicht gerne selbst in das Auge sieht und daß diese Angabe nur eine Teilauskunft ist. Das Schnuppern am Spiegel halte ich für Interesse, um festzustellen, was da ist, was da spiegelt.

Über Spiegelversuche mit seinen Pferden teilt Karl Krall Eingehendes mit.* Das Pferd erkannte sich und äußerte: „i g."

* Karl Krall: „Denkende Tiere. Beiträge zur Tierseelenkunde auf Grund eigener Versuche"; Friedrich Engelmann Verlag, Leipzig 1912.

Also ist die schon oben angeschnittene Frage dahingehend zu beantworten, daß sich Tiere im Spiegel erkennen, vielleicht auch, in einem klaren Wasser sich spiegelnd, wissen, daß sie sich da sehen. Man merkt hieraus auch, wie nützlich unsere Methode zur Beantwortung solcher Fragen ist.

Die Behauptung in der „Frankfurter Zeitung", ob Tiere im Spiegel etwas Gestalthaftes wahrnehmen können oder nicht, sei eine offene Frage, ist geradezu typisch für eine bestimmte Art Personen, die mit den Scheuklappen des Spezialistentums ausgerüstet herumlaufen. Denn das ist gar keine psychologische, sondern eine technische Frage. Auch einem Biologen dürfte die physikalische Tatsache einleuchten, daß sich die von einem gewöhnlichen Planspiegel zurückgeworfenen Strahlen in keiner optischen Eigenschaft von den Strahlen, die von ihrem Ursprungsort direkt ausgehen, unterscheiden, außer eben in der Richtung, die der Planspiegel für alle parallel geändert hat. Folglich muß jedes Auge, ob Tier-, ob Menschen- oder Photoauge von den direkten Strahlen denselben Eindruck erhalten wie von den durch Spiegel oder andere Optik parallel abgelenkten.

Daß wir uns selbst im Spiegel sehen, wissen wir lediglich aus Erfahrung (das heißt aneinandergereihter Beobachtung). Warum dem Tier hier die Fähigkeit der Erfahrung absprechen? Die Tiere haben diese Erfahrung nicht sofort: Der Hund läuft hinter den Spiegel, die Katze faßt nach ihrem Spiegelbild – solange die Erfahrung fehlt.

Zum Schluß will ich noch von einem auf den ersten Blick unscheinbaren kleinen Ferienerlebnis berichten, das aber von größter Wichtigkeit ist.

Ich war wiederum im „Adler" zur Erholung und lebte ganz zurückgezogen, ging mit dem Hund spazieren und las. Der Hund war auf meinem Zimmer, wenn wir nicht miteinander wanderten. Nach einigen Tagen ergab sich ein Gespräch mit einigen Damen, die mich nach dem schönen Tier fragten und nach der Rasse, die hier selten ist. Ich kam in Eifer und erzählte von seinem Können und beachtete nicht, daß ein Häuflein Kinder zuhörte, von denen mich ein 12jähriger Junge nach meiner Zimmernummer fragte, was ich ebenfalls nicht weiter beachtete.

Als ich nach längerer Zeit auf mein Zimmer ging, hörte ich schon vom Korridor aus lebhafte Stimmen dort, wunderte mich, und als ich eintrat, bot sich ein überraschendes Bild. Der an einem Tischbein angebundene Hund stand freudig wedelnd inmitten einer Schar Kinder, die mir gleich zuriefen, er hat uns geantwortet und immer richtig gerechnet! Bei Hund und Kindern herrschte darüber große Begeisterung.

Der Junge, der mich nach meiner Zimmernummer gefragt hatte, war auch hier der Anführer und stand vor dem Hund, der die Klopfschläge groß und frei in die Luft vor ihm klopfte. Der Junge hatte ja kein Brett und stand zuerst, wie er erzählte, so nahe, daß der Hund auf seinen Oberschenkel klopfte, was mit den harten Krallen aber weh tat. Der Junge wußte sich auch nicht mit einem Buchrücken zu helfen, hatte er doch noch nie so etwas gesehen. Da der Hund aber besonders gerne vor Kindern arbeitet – ich nehme an, daß die unverfälschte und echte Freude an seiner Leistung und das volle Vertrauen in sie und die Bewunderung ihm sehr gut taten –, hatte er großen Eifer, sich verständlich zu machen, was ihm auf diese Art vollkommen gelang. Die Kinder hatten ihm kleine Rechnungen aufgegeben. Von da an wurde der Junge unser ständiger Begleiter und fragte fast achtungsvoll, ob er den Hund mal führen dürfe, und ich erzählte ihm viel von den Antworten des guten Tieres.

Mir fielen die Worte ein: „Und was der Verstand der Verständigen nicht sieht, das übt in Einfalt ein kindlich Gemüt" – so selbstverständlich war das alles. Bei den verschiedenen Müttern tauchten ab und zu einige Vorbehalte auf, die sie den Kindern eingeben wollten, bis eine größere Vorführung des Hundes auch diese überzeugte.

Einmal erzählte ich Schlump, was Lola, mein erster unterrichteter Hund, auf die Frage: „Möchtest du ein Mensch sein?" geantwortet hat: „nein!" Worauf ich damals sehr erstaunt fragte: „Warum nicht?" Lola: „wegen viel Arbeit." Ich frage nun Schlump dasselbe, und er klopfte: „ja". Ich war, wie damals, sehr erstaunt, daß er nun nicht dasselbe sagte wie Lola, was übrigens auch der Hund Max antwortete. Ich frage weiter: „Warum?" Schlump: „Mensch immer frei." Das kam daher, daß ich ihn viel anbinden und einsperren mußte, weil sein Bewegungsbedürfnis ihn in Feld und Wald trieb und mir mit seinem Erschießen gedroht wurde.

Somit haben Sie hier einen Ausschnitt aus „Schlumps" Antworten. Orthographisch richtig, wie manch andere Hunde es lernten, habe ich nie versucht, ihn das Antworten zu lehren. Ich unterließ es, weil Schlump nur durchschnittsbegabt ist und um ihm unnötige Mühe zu ersparen. Es genügte mir, verständliche Antworten zu erhalten. Von welch feinem Gemüt zeugen aber diese wenigen Antworten, von welch liebevollem Herzen. Ein gutes Tier ist wirklich ein Freund, wie man ihn sich redlicher und treuer nicht wünschen kann!

Daß man diese treuen Geschöpfe, zu Rudeln zusammengetrieben, noch 1901 in Weimar im Schlachthaus abschlachtete, dreht einem fast das Herz um! So erzählte mir die Freiin von Freytag-Loringhoven – als ich sie im März 1941 zum erstenmal besuchte –, was sie Erschütterndes dabei erlebt habe. Als Vorsitzende des Weimarer Tierschutzvereins zwang sie sich, damals zu solcher Schlachtung zu gehen, um dagegen anzukämpfen durch eigene Anschauung. Und es geschah, als schon ein Haufen blutiger Leiber übereinandergetürmt lag und immer noch wartende Hunde in einer Ecke zusammengedrängt standen, daß eine schöne graue Wolfshündin die umherstehenden Menschen mit tiefster Verachtung ansah und dann freiwillig hinging, um sich hinschlachten zu lassen! Die Baronin sagte: „. . . bis an mein Lebensende werde ich diesen Blick nicht vergessen!" Sie rief dann durch eine Sammlung von Unterschriften gegen diese Zustände auf, indem sie diese der Weimarer Bevölkerung bekanntgab. Damit konnten diese beseitigt werden.

Ist damit aber alles und überall gutgemacht? Nein! und noch lange nicht! Helft mit, daß es anders werde!

„Seppl", der rechnende Hund

*Von Hedwig Lohß**

Acht Jahre lang war Seppl weiter nichts als eben mein Hund, und als solcher kam er vielen Leuten sogar recht überflüssig vor. Heute ist er „der rechnende Hund", er stand in allen Zeitungen, bald anerkannt, bald angefeindet. Männer der Wissenschaft beschäftigten sich mit ihm, und wer ihn einst so recht von oben herab ansah mit dem Hintergedanken: „Geh weg, du Köter!", der freut sich jetzt, wenn er von ihm beschnuppert wird.

Bei aller Hundeliebhaberei habe ich früher doch nie so recht an das Buchstabieren, das Rechnen und Antwortgeben von Pferden und Hunden glauben können. „Mein Hund versteht mich, jedes Wort!" Das stand fest bei mir. Aber daß ein Tier, selbst wenn es klüger wäre als Seppl, eigene Gedanken, Wünsche und Ansichten durch die komplizierte Klopfmethode ausdrücken sollte, das war selbst mir zuviel. Einbildung, unwillkürliche Zeichengeberei, bestenfalls Gedankenübertragung! So meine Überlegungen.

Dann kam ich nach Mannheim, sah dort den Hund Rolf, sah ihn rechnen und allerhand Fragen beantworten – und war besiegt. Zwei Tage später wanderte ich, den Rucksack auf dem Rücken, den Seppl neben mir, in aller Frühe in meine Ferien

* Hedwig Lohß, „Mein Hund, der Seppl". Aus „Arche Noah", Verlag Perthes, Gotha.

hinein, in meinen lieben Welzheimer Wald. In der Kesselgrotte, die von der hellen Sommersonne durchflutet war, machten wir Rast. Und dort hat der Seppl die ersten Zahlen gelernt. Ich sprach allerlei mit ihm – wie man das macht, wenn man mit einem klugen Hund, der jedes Wort versteht, mutterseelenallein durch die Welt wandert. Ich erzählte ihm zuletzt vom Hund Rolf, den ich vor zwei Tagen gesehen hatte. Da paßte er haarscharf auf, und als ich sagte: „Der ist halt doch noch gescheiter als du", da machte er sein allerbeleidigtes Gesicht, legte die Ohren zurück und packte die Unterlippe mit dem Eckzahn. Ein richtig schiefes Maul zog er.

„Kannst ja Rechnen vielleicht noch lernen", meinte ich mitleidig. „Komm, ich will dir's zeigen!" Ich nahm seine Pfote und ließ ihn ein-, zwei-, dreimal auf meine Hand klopfen. „So, mein Freund, das war drei! Guck, so viel!" und ich hielt drei Finger in die Höhe. „Nun zähl selber soweit – wenn du was bist!" Da hob der Sepp die Pfote und klopfte mir ein-, zwei-, dreimal auf die Hand.

Wenn mir in der Frühe die Ringelnatter ihr goldenes Krönlein geschenkt und der Fuchs „Guten Morgen" gewünscht hätte, das hätte mich nicht mehr wundern können! Kopfschüttelnd guckte ich den Hund an. „Noch einmal, du!" und ich hielt ihm die Hand hin. Mit dem allergleichgültigsten Gesicht von der Welt klopfte er wieder, unverkennbar deutlich drei Schläge. „Jetzt eins weiter, vier! Sieh, so viel!" Er tat's. „Und fünf!" Aufmerksam besah er meine ausgespreizten fünf Finger – und klopfe fünf. „Nun nehme ich drei Finger weg. Wie viele sind's dann noch? Kannst du das auch sagen?" „Mit Vergnügen!" antworteten Seppls Augen. Und zwei klopfte die Pfote – so leichthin und selbstverständlich, als gäbe es nichts Natürlicheres für ihn.

So fing es an in der Kesselgrotte – und aus Spiel und Scherz dort im Wald ist nachher in der Stadt bitterer Ernst geworden. Weniger für den Seppl: allmorgendlich sieben Minuten nur dauerte sein Unterricht, und er lernte gern – meistens wenigstens – und leicht. Es war, als hätte ich ihm ein Türlein aufgemacht, durch das nun alles, was schon lange in ihm lag, einfach herauspurzelte.

Denn nicht nur Rechnen, die schwierigsten Aufgaben flott und leicht lösen lernte er, nein, viel, viel mehr noch: mit zwei Pfotenschlägen „Ja“ und mit drei „Nein“ sagen. Das ganze Alphabet durch, für jeden Buchstaben eine bestimmte Anzahl Schläge klopfen. Mit dem Klopfalphabet ihm vorgesprochene Worte zusammensetzen, und endlich, was man ihn fragte, beantworten.

Ihm schien's Spiel und Spaß zu bleiben wie damals im Wald. Aber für mich kam der Ernst, ich quälte mich selber! Ich fragte ihn allerlei – aber nur Dinge, von denen ich die Antwort im voraus wußte, damit ich ihn bei einem Fehler gleich verbessern konnte. Das war nun ein böser Haken.

„Er klopft nur, was ich selbst vorher weiß!“ So sagte ich mir. „Gedankenübertragung ist's, nichts weiter. Vielleicht geb ich dem Hund auch Zeichen, ohne daß ich's will, unbewußt und so leise, daß ich sie selbst nicht spüre!“

Dann sah ich wieder in des Hundes kluge Augen, sah, wie er so selbstverständlich und deutlich buchstabierte, merkte, daß er die Buchstaben viel, viel besser im Kopf hatte als ich – und zweifelte von neuem. „Denkt er? Denkt er nicht?“ Es ließ mir keine Ruhe mehr, es nahm mir den Schlaf oder schickte mir wirre Träume.

Und jeden Vormittag saß ich vor meinem Seppl und ließ ihn rechnen und buchstabieren. Endlich überzeugte er mich selber, denn es kam der Tag, an dem er mir, ohne daß ich's erwartete und von ihm verlangte, ganz aus freien Stücken einen richtiggehenden Satz klopfte. Einen Satz, der nicht in meinem Hirn entstanden sein konnte – weil ich ihn im ersten Augenblick gar nicht verstand.

„W-i-l-i“ fing er an. Das war klar: Willi, das war mein Bruder, sein Freund. „G-a-r-n-i-m.“ Was soll das heißen? Garn im . . . ? „E-r-d-a?“ Erda? Was will er nur damit sagen? Sepp, ich merk's, wenn ich dir nicht vordenke, ist es nichts! Das Gescheiteste ist, wir stecken's auf – eh' jemand hinter unsere schwarze Wissenschaft kommt. Aber der Sepp sah mich an. „Du bist aber dumm!“ stand in seinen Augen. Und noch einmal klopfte er seinen Spruch. Da ging mir ein Licht auf, riesengroß, erlösend, befreiend: „Willi gar nimr da – Willi gar nimmer da!“ wollte er sagen. Am Abend zuvor war mein Bruder nach vierzehn Urlaubstagen wieder abgereist – und der Sepp hatte Heimweh nach ihm . . .

Sepp wurde besucht von Gläubigen und Ungläubigen, von Männern und Frauen, von kleinen Buben und Mädchen, von solchen, die ihre Freude daran hatten, und von solchen, die lachten und spotteten, wenn der Hund so sicher und bestimmt seine Antwort klopfte, und die alle, alle den Seppl sehen wollten. Es war nicht immer leicht, dem Hohn und Spott standzuhalten, den ich von vielen als Dank dafür erntete, daß ich ihnen bereitwillig den Hund zeigte. Ja, das war oft eine bittere, versalzene Suppe!

Hinterher kam der Sepp und klopfte mir so erstaunliche und merkwürdige Dinge, daß ich mich oft eine Weile besinnen mußte: „Was meint er denn eigentlich?“ Und je länger ich über einen solchen Seppl-Satz nachdenken muß, um so vergnügter bin ich, denn ich weiß da sicher, er ist Seppls ureigenstes Gedankengut, ihm auch nicht im Unterbewußtsein von mir vorgedacht. Vom Hundestandpunkt aus sind es auch ganz richtige Dinge, daß die Mäuse „wusln“, daß Freund Peter ein „lib Hund“ ist, daß er „fein hr“ hat (Haar), daß der Tierarzt „blagd“ und daß die Leute, die bei seinem ersten Auftreten zugegen waren, „rm (Arm) wdld“ haben. Ich hätte mich aber sicher anders ausgedrückt, daß die Mäuse „wuseln“, hätte ich schwerlich gewußt, und im allgemeinen pflegen wir zu sagen, „die Leute haben geklatscht“, und nicht „sie haben mit den Armen gewedelt“.

Ich könnte von manchen gelungenen Versuchen erzählen, von Zoologen und Gelehrten angestellt, die den Hund ganz allein in ein anderes Zimmer nahmen, ihm dort etwas gaben oder zeigten und ihn dann – ohne mitzukommen – wieder zu mir ließen. Leicht war das nie, den Hund dazu zu bringen, mit den Fremden zu gehen und aufmerksam und geduldig zu beachten, was sie ihm zeigten. Wenn dann trotzdem die meisten Versuche gelangen und Seppl mir richtig angab, was er erhalten oder auch nur gesehen hatte – dann war das immerhin allemal eine Erleichterung und Genugtuung für mich.

Aber für mich war es viel überzeugender, wenn der Hund selbst kam und klopfte: „or w(weh)“ – und sich beim Nachsehen herausstellte, daß er ein Geschwür im Ohr hatte. Wenn alles Zufall war – so etwas kann kein Zufall sein. Wenn der Hund seine Klopfsprache selber anwendete, um sich für irgend etwas Hilfe zu verschaffen, dann muß einfach etwas dran sein; dann kann es weder mit Lachen noch mit dem Wort „Schwindel“ abgetan werden.

Warum ich das nun alles erzähle? Warum ich‘s nicht lieber für mich behalte? Weil ich euch alle, die ihr Hunde und Pferde oder andere Tiere besitzt, bitten will: Seid gut zu ihnen! Sie fühlen nicht nur Fußtritte und Schläge, sie fühlen auch böse und harte Worte. Keine Maschinen sind sie, die nur Futter brauchen, um laufen zu können, keine stumpfsinnigen Geschöpfe; sie spüren Leid und Freude so gut wie den Schlag der Peitsche und die Liebkosung eurer Hand! Schaut in ihre Augen und habt sie ein wenig lieb!

Was ich mit „Seppl" erlebte

Von Baron von Moltke, München

Seit ich den „Klugen Hans" erlebt hatte, war ich überzeugt, daß Tiere – ähnlich wie Menschen – denken können. Seit dieser Zeit beobachtete ich die Tiere daraufhin und ließ keine Gelegenheit vorübergehen, Erfahrungen zu sammeln. Sie boten sich mir auch während des Krieges einmal.

Die Zeitung brachte eine Anzeige, daß in Stuttgart ein unterrichteter Hund geprüft und dazu von Herrn Prof. Dr. Ziegler ein Vortrag über die Frage, ob Tiere menschenähnlich denken können, gehalten würde. Ich fuhr mit mehreren Bekannten nach Stuttgart. Dort gingen wir mit Herrn Eisenbahndirektor Nefflen in den Saal des „Königsbaues", wo die Veranstaltung stattfand. Alle Plätze des wohl 400 Personen fassenden Raumes waren schon besetzt. Aber es wurden uns noch unmittelbar vor dem Podium, auf welchem der Hund Seppl von seiner Herrin, Fräulein Hedwig Lohß, geprüft wurde, Stühle hingestellt. Wir konnten also alles aus nächster Nähe beobachten. Herr Prof. Ziegler hielt einen Vortrag, den wohl die meisten nicht ernst genommen hätten, wenn nicht darauf Fräulein Lohß ihren Seppl als Beweis für Prof. Zieglers Behauptungen vorgeführt hätte.

Der Hund beantwortete nach der bekannten Weise jede Frage sehr schnell und so, daß jeder der zahlreichen Zuschauer folgen konnte. Unser Arzt, der auch mitgekommen war, und der Eisenbahndirektor meinten, es müsse irgendein Trick im Spiele sein. Ich konnte das Gegenteil nicht beweisen. Aber Seppl konnte es. Herr Prof. Ziegler sagte kurz: „Es wird behauptet, daß alles nur auf Zeichengebung beruhe. Sie haben zwar keine beobachten können, aber es wird dem Hund eine bessere Beobachtungsgabe als dem Menschen nachgesagt. Also müssen wir noch den Beweis führen, daß Seppl auch richtig antwortet, wenn es nicht möglich ist, ihm, wenn er aufhören soll, Pfotenschläge zu geben, ein Zeichen zu geben. Ich werde Sie aus einem Pack Ansichtskarten einige herausziehen lassen. Sie müssen sich die Karte ansehen. Fräulein Lohß und ich dürfen sie nicht sehen. Wir werden sie dann dem Hund vorhalten, ihn fragen, was er sieht, dann die Karte Ihnen zeigen und Sie fragen, ob es richtig ist, was der Hund geantwortet hat."

Ich zog eine Karte heraus. Sie stellte einen Schimmel dar, der aus der oberen Hälfte einer Stalltür herausschaute. Die untere Hälfte der Tür war geschlossen. Ich erwartete die Antwort „Pferd sieht heraus." Oder vielleicht gar keine Antwort, weil mir das Bild zu schwierig für den Hund erschien. Sepp antwortete – allerdings nach mehrmaligem Fragen: „Weißes Pferd will aus Haus raus!" – Das ist unbegreiflich, sagten meine Begleiter, nachdem sie zunächst eine Weile sprachlos dagesessen hatten. Ihre ganze Weltanschauung war über Bord gefallen!

Seppl war noch oft bei uns, auch habe ich ihn verschiedentlich im Haus von Hedwig Lohß erlebt. Fräulein Lohß hatte ein hohes Maß an Selbstkritik. Als sie merkte, daß Seppl besser antwortete, wenn sie die Antwort wußte, richtete sie an den Hund immer auch eine Anzahl Fragen, deren Antwort sie nicht kannte. Er beantwortete sie in meiner Gegenwart ebenfalls richtig. Aber der Hund ließ sich auch nicht veranlassen, etwas Falsches zu sagen, wenn Fräulein Lohß sich irrte.

Jedes Tier ist eine in sich abgeschlossene Persönlichkeit und muß persönlich erfaßt werden.

E. Gräfin von Montgelas

Mein Hund „Awa"

*Von Prof. Dr. Heinrich Ernst Ziegler**

Im Herbst des Jahres 1916 erhielt ich von Fräulein Henny Kindermann einen jungen Hund, der von Lola abstammte. Lola war eine Tochter des bekannten Mannheimer Hundes „Rolf" und der Hündin „Jela"; sie war ein reinrassiger Airedaleterrier. Mein Hund „Awa" dagegen ist ein Mischling, eine Kreuzung zwischen der Airedaleterrier-Hündin und einem Schäferspitz, mit dem die Hündin Lola, als sie sich verlaufen hatte, zusammengekommen war.

Der Name „Awa" erklärt sich daraus, daß Fräulein Kindermann Lola gefragt hat, wie die Jungen heißen sollen, und daß jedes von den Jungen auf diese Weise einen Namen erhalten hat, der aus der Phantasie von Lola stammte.

Als „Awa" 14 Monate alt war, begann ich ihn im Zählen zu unterrichten und verwandte täglich etwa 10 Minuten darauf. Sehr bald war erreicht, daß das Tier sich ruhig vor mich hinsetzte und mich aufmerksam ansah. Ich machte ihm mit den Fingern die Zahlen klar, und der Hund klopfte die Zahlen auf meine Hand, wobei ich laut mitzählte. Nach einigen Tagen hatte er verstanden, was man von ihm wollte, und kannte die Zahlen von 1 bis 10. Anfangs mußte man mit Zeichen nachhelfen, aber bald war dies nicht mehr nötig. Der Hund zeigte für das Rechnen dasselbe geradezu auffallende Verständnis, welches

* H. E. Ziegler, „Mein Hund Awa"; in: „Mitteilungen der Gesellschaft für Tierpsychologie", Neue Folge, 1. Heft, 1920. Der Artikel erscheint hier in gekürzter Fassung.

auch bei anderen rechnenden Hunden und besonders bei den Elberfelder Pferden alle Beobachter überrascht hat. Insbesondere konnte ich dem Tier wie einem Kind von der Addition aus die Subtraktion und die Multiplikation klarmachen und von der Multiplikation aus die Division.

Ich stellte für meinen Hund folgende möglichst einfache Buchstabiertabelle auf:*

2	3	4	5	6	7	8	9	10	12	13	14	15	16	17	18	19
m	n	a	e	i	o	u	l	w	g, k, ch	b, p	d, t	f	h	r	s, sch	z

Man sieht, daß für g, k und ch, für b und p, für d und t und für s und sch jeweils die gleiche Zahl verwendet wird. Bei dem Unterricht erkennt man deutlich, daß sich eine direkte Assoziation zwischen dem Laut und der Zahl bildet. Wenn ich zum Beispiel dem Hund gesagt habe, daß der Buchstabe a durch 4 Schläge angegeben wird und dies öfter wiederholt ist, wobei ich vielleicht Hilfen gegeben habe, so wird eben die Verbindung zwischen dem Laut a und der Zahl 4 allmählich geläufig, und dann ist keine Hilfe mehr nötig. Auf dieser Assoziation beruht das ganze Geheimnis des Buchstabierens der Tiere.

Ich ging nur langsam zu neuen Buchstaben über, um die früheren erst geläufig werden zu lassen, aber der Hund lernte

* Im Vergleich zu Lolas Klopfalphabet (S. 155) fällt auf, daß bei diesem „einpfötigen“ Alphabet meist mehr Pfotenschläge für die einzelnen Buchstaben gegeben werden müssen. So verlangt der doch sicher nicht selten vorkommende Buchstabe s immerhin 18 Pfotenschläge, während in Lolas Klopfalphabet die höchste Anzahl der Pfotenschläge 10 beträgt – 3 links und 7 rechts, und zwar für den Buchstaben Z. Das Zieglersche Alphabet hat zudem den Nachteil, daß die Zahlen 2 und 3 für das wichtige „Ja“ und „Nein“ durch m und n belegt wurden. Ändert man diese Belegung, etwa dadurch, daß man m und n die Zahlen 9 und 10 zuweist und die anderen Zahlen entsprechend nach hinten rücken läßt, wird dies ein brauchbares Klopfalphabet werden für die Tiere, die sich nicht zum Klopfen mit zwei Pfoten (Einer rechts, Zehner links) bringen lassen. [Der Herausgeber]

die übrigen Buchstaben sehr bald. Als ich ihm zum Beispiel eines Tages sagte, daß der Buchstabe w durch 10 Schläge anzugeben sei, machte er es am folgenden Tag sofort richtig. Auch bei den anderen buchstabierenden Hunden ist beobachtet worden, daß das Gedächtnis des Hundes das Erlernte leicht aufnimmt und sehr gut behält. Anfangs wollte ich, daß der Hund bei den Zahlen die Einer mit der rechten, die Zehner mit der linken Pfote angebe, wie es die Elberfelder Pferde und einige Hunde (Lola, Seppl) taten; aber Awa verwechselte dies oft, so daß ich wieder davon abkam. Er rechnet mit Zahlen bis 100 und klopft bei denjenigen Zahlen, welche höher als 20 sind, zuerst die Einer und dann die Zehner. Er benützt immer den rechten oder den linken Fuß nach Belieben, wobei er bei einer Zahl oft mit der einen Pfote beginnt und mit der anderen fortfährt. Meistens gibt er den letzten Schlag mit besonderer Bestimmtheit und setzt die Pfote deutlich auf, so wie auch bei dem Mannheimer Hund deutlich beobachtet wurde, daß er am Ende jeder Zahl den Karton, auf welchen er schlug, kräftig zurückdrückte.

Mein Hund klopfte die Zahlen auf die abwärts gehaltene Hand oder auf den Rockärmel oder auf einen von mir ihm hingehaltenen Karton. Auch habe ich ihn auf ein lose an einem auf dem Boden stehenden Hohlrahmen hängendes Pappstück klopfen lassen, was er aber nicht gerne tat.

Zwischen mein Gesicht und seine Augen kann ein Papier gehalten werden, was die Arbeit nicht stört und beweist, daß von mir mit den Augen oder durch die Mimik keine unbewußten Zeichen gegeben werden.

Nach jeder Antwort bekommt der Hund eine kleine Belohnung. Man muß ihn bei dem ganzen Unterricht bei guter Laune und im Eifer halten. Mit Drohungen oder Gewaltmitteln kann man ein Tier nicht zu Verstandesleistungen bringen, sondern nur zu Dressurstücken.

Der Hund freut sich, wenn Besuch kommt, und will dann gerne seine Kunst zeigen, teils aus Ehrgeiz, teils der Belohnung wegen. Ich lasse ihn meistens die Namen der Besucher buchstabieren. Er erinnert sich dann später noch an diese Namen.

Wie ich oben schon sagte, bleibt mein Hund Awa in seinen Leistungen hinter den anderen buchstabierenden Hunden erheblich zurück, was ich aus der Rassenkreuzung erkläre.* Es ist daher von selbständigen Äußerungen nur wenig zu berichten. Als ich den Hund eines Abends fragte, wo wir am Nachmittag gewesen waren, buchstabierte er: „du geb Brot." Und erst nachher gab er die richtige Anwort: „auf dem Friedhof."

Der Hund hatte auf der Straße eine Gans getötet, aber es stellte sich heraus, daß die Gans ihn angegriffen hatte; als ich ihn wegen dieses unliebsamen Vorkommnisses schalt, buchstabierte er „beißt", und auf die Frage „Wer beißt?" kam die Antwort: „Gans." Im Winter war der Hund während der Nacht im Vorraum des Kellers. Er urinierte dort an einer bestimmten Stelle auf den Boden und konnte weder durch Schelten noch durch Hiebe davon abgehalten werden. Als ich ihn deswegen zankte, buchstabierte er „riecht gut Wasser", und gab damit an, daß er durch den Geruch der Stelle zum Urinieren veranlaßt wurde.

Als der Hund von Karl Krall ein Paket Schokolade bekommen hatte, sollte er ihm brieflich danken und gab folgende Worte an: „Liber Her Kral, danke fir Schokolade, gut gewest, Awa. Klapard da, Zucker schicken." Der Hund hat also nachträglich hinzugefügt, daß Prof. Claparède hier war und daß er Zucker geschickt haben wolle.

Wenngleich mein Awa zu Vorführungen und Versuchen nicht so geeignet ist wie die anderen buchstabierenden Hunde, habe ich ihn doch oft bei Vorlesungen und Vorträgen zeigen können, um die wichtige Klopfmethode anschaulich zu machen.

* Nein, denn der Hund wurde nicht im Hause gehalten, er wurde nur zum Unterricht hereingeholt. [Henny Jutzler-Kindermann]

Neue Berichte über rechnende und buchstabierende Hunde

Von Prof. Dr. Heinrich Ernst Ziegler

Die Sprößlinge des Hundes Rolf, welche Paula Moekel aufgezogen hat, sind nun erwachsen, und einige von ihnen wurden mit gutem Erfolg unterrichtet. Es sind die Hündin Ilse, die Rüden Heinz und Harras und die Hündin Lola. Hier sollen die neuesten Nachrichten über diese Tiere zusammengestellt werden. Es ist von großer Wichtigkeit, daß die verschiedenen Personen, welche diese Hunde unterrichtet haben, unabhängig voneinander ähnliche Beobachtungen an den Tieren machten. Alle berichten von dem staunenswerten Gedächtnis der Hunde, welches die Grundlage des Rechnens und des Buchstabierens ist.

Indem an verschiedenen Orten durch Personen, welche sich weder kennen noch untereinander in Verbindung stehen, gleichartige Ergebnisse erreicht wurden, ist der sichere Beweis geliefert, daß bei dem Buchstabieren der Hunde kein Geheimnis und kein Trick im Spiele ist.

*Neue Mitteilungen über die Hündin Ilse (von Dr. Ohlshausen):**

Von der Hündin Ilse, welche im Besitz eines Pfarrers ist, hat Herr Dr. Ohlshausen bereits in einer früheren Nummer unserer „Mitteilungen“ erzählt. Er sendet mir nachträglich noch folgende Mitteilung, die er von Paula Moekel im vorigen Sommer erhielt.

Der Pfarrer hatte Ilse, wie schon oft, einige Stunden bei Frau Dr. Moekel gelassen, während er zu Einkäufen in die Stadt ging.

* Ohlshausen, „Neue Mitteilungen über die Hündin Ilse“; in: „Mitteilungen der Gesellschaft für Tierpsychologie“, Nr. 4, 2. u. 3. Jg., 1914/1915.

Abb. 21. „Lola“ und „Ilse“, Töchter von Jela und Rolf (vgl. Abb. S. 119). Ilse teilt gerade etwas mit und schlägt mit der rechten Pfote direkt in die vorgehaltene Innenhand ihrer Lehrerin.

Ilse machte diesmal auf Frau Moekel einen besonders gedrückten Eindruck, und auch ihr Töchterchen Karla hatte dasselbe Gefühl und sagte zur Mutter: „Muttel, Ilse hat sicher Sorgen, schau doch, wie sie so ernst ist.“ Paula Moekel fragte nun: „Ilse, hast du wirklich Kummer?“

Ilse: „Ja, hr hib.“ (Ja, Herr Hiebe.)

Frau Moekel: „Aber Ilse, dein Herrle ist doch sicher lieb zu dir. Geh doch. Das meinst du nur.“

Ilse: „Bd.“ (Bett)

Frau Moekel: „Bett? Ilse? Hast du denn ein Bett?“

Ilse: „Nein.“

Frau Moekel: „Ja, wo schläfst du denn?“

Ilse: „Hols.“ (Holz)

Frau Moekel: „Ilse, armes Kerlchen, du mußt hinter dem Ofen auf Holz schlafen?“

Ilse: „Ja.“

Frau Moekel: „Weißt du was? Da legst du dich einfach zu deinem Herrle ins Bett; er braucht nicht allein ein Bett zu haben!“

Wie Paula Moekel später sagte, meinte sie diesen Vorschlag nicht ernst und dachte sich eigentlich nichts dabei; es war mehr, um die kleine Karla zu beruhigen. Am nächsten Tag aber kam der Pfarrer zu ihr und klagte: „S'isch mit der Ilse gar nimmer auszuhalte . . . Denken Sie nur, legt sich das Tier heute nacht zu mir ins Bett!“ Nun mußte Frau Dr. Moekel ihm gestehen, daß sie selbst das Tier dazu angestiftet hatte. Von derselben Ilse berichtet uns Dr. Ohlshausen weiter:

*Protokoll Ilse (von Dr. Ohlshausen):**

Der Besitzer von Ilse hatte einen kleinen Hahn großgezogen, der Ilses besonderer Liebling war. Ilse, die vorher auf dem Hof ganz heftig den Hühnern nachstellte, wurde von ihrem Herrn belehrt, daß er die Hühner gern habe und daß sie sein Eigentum seien. In der Folge ließ das sonst sehr temperamentvolle, eigenwillige Tier die Hühner gehen. Ja, sie erkor ein armes mutterloses Hähnchen, das von der Haushälterin des Herrn künstlich großgezogen wurde, in der Küche zu ihrem besonde-

* Ohlshausen, „Protokoll Ilse (Bergzabern, Mai 1915)“; in: „Mitteilungen der Gesellschaft für Tierpsychologie“, Nr. 4, 2. u. 3. Jg., Elberfeld 1914/15.

ren Freund und hütete es, wie eine Mutter ihr Kind. Man konnte es zu Ilse setzen, sie tat ihm nichts.

Dieses Hähnchen wurde geschlachtet und verzehrt. Der Besitzer Ilses wußte, daß Ilse ganz besonders gerne Hühnerfleisch aß. Aus diesem Grunde sagte er beim Mahle zu Ilse: „Aber heut' gibt es was Feines", und gab ihr ein Knöchelchen von dem Hähnchen. Ilse verschmähte es. Er hielt ihr noch eines hin, auch das wurde nicht genommen. Dann gab er dem Tier ein Stückchen Brustfleisch, was ebenso verschmäht wurde. Ilse ging an ihren Platz und saß ganz still, was sonst ganz und gar nicht des lebhaften Tieres Gewohnheit war.

Der Herr rief nun seine Hausleute zusammen und machte sie auf Ilses eigentümliche Art aufmerksam, hielt sie am Ende sogar für krank. Er befragte das Tier in Gegenwart der Leute, warum es nun nichts esse von dem feinen Braten? Darauf gab sie zur Antwort:

„Draurig mein lieb hahn (Traurig. Mein lieber Hahn)."

„Warum bist du traurig?"

Antwort: „Mein lieb gockl dod (Mein lieber Gockel tot)."

Der Besitzer des Hundes versichert, daß er bei Hinzukommen des k dachte, Ilse wolle Kamerad sagen und daraufhin das o als falsch verwerfen wollte, aber Ilse klopfte es eigensinnig wieder. Als dann schließlich das Kokl herauskam, war er ehrlich überrascht. Ilse fraß aber trotz aller Mühe, die sich ihr Besitzer gab, nichts von dem lieben Kameraden.

Ich kann noch hinzufügen, daß Ilse auch weiterhin bis jetzt Hühnerfleisch verschmähte. Es hat sich also ihr Widerwille, den Freund zu fressen, übertragen auf die Gattung des Freundes überhaupt. Das Zartgefühl hat sich nicht nur bis jetzt erhalten, sondern noch verfeinert.

Dieses kleine Erlebnis hat schon manchen tief bewegt und das Gefühl vertieft, daß wir „erhabenen" Menschen über die Vorstellung unserer turmhohen Überlegenheit den Tieren gegenüber in jeder Beziehung doch ab und zu etwas nachdenklich werden könnten. Jedenfalls kann man, trotz allen Respekts vor der persönlichen Meinung Andersdenkender, doch nicht mehr begreifen, wie ein Gegner Kralls einst behaupten konnte, daß dieser durch seine Bemühungen „die Würde der Menschheit in den Kot trete".

Weit eher möchte man sich 1947 einem Pater anschließen, der da in seiner „Lamentatio" den Menschen anklagt: „Er ist das Scheusal, das Deine Welt verunstaltet." Wie oft dachte man in den vergangenen Jahren darüber nach, wie schlecht doch der Mensch seine hohen Gaben sowie auch den Reichtum der ihn umgebenden Natur anwendet und wie wenig er sich dessen würdig zeigt! – „Natürlich", so schreibt Dr. Ohlshausen weiter, „wird die Schar der prinzipiellen Skeptiker obige Beobachtungen wieder bestreiten oder bekritteln. Es wird sich aber wieder, wie bisher, herausstellen, daß diese Zweifler und Spötter von den fraglichen Tieren nichts gesehen haben, während die Überzeugten, zu denen auch ich gehöre, sich persönlich orientiert haben. Ich war früher 3 Tage in Elberfeld und habe die Krallschen Pferde in 6 langen Sitzungen kennengelernt; ferner war ich in diesem Sommer 5 Wochen Nachbar von Frau Dr. Moekel und konnte während dieser Zeit in zahlreichen Fällen Rolf aus unmittelbarster Nähe beobachten. In einzelnen Fällen hat er mir seine Antworten direkt auf den Handrücken geklopft. So habe ich mich, je länger, je mehr, davon überzeugt, daß die ihm zugeschriebenen Fähigkeiten in der Tat bestehen, und ich darf mich daher auch für berechtigt halten, die Berichte über den neuen buchstabierenden Hund zu beurteilen und zu veröffentlichen."

Bericht über den Hund Heinz (von Dr. Ohlshausen):

Ein zweiter Hund namens Heinz, welcher bei Herrn Landgerichtsrat Leser in Mannheim lebt, ist ein tüchtiger Rechner geworden, ohne daß er durch häufigen Unterricht geplagt wird. In ähnlicher Weise wie der Hund Rolf gibt er durch 2 Pfotenschläge „Ja“, durch 3 „Nein“ und durch 4 „müde“ an. Herr Landgerichtsrat L. berichtet: „Wenn ich ihn frage, ob er rechnen will, klopft er immer 3, wobei er mitunter gähnt. Ich bin meist genötigt, ihm eine Belohnung in Aussicht zu stellen, wenn er rechnen soll.

Aufgaben wie: 3 x 4 – 6 oder Wurzel aus 121 x 3 oder 14^2 und 2 und 4 oder 3^2 löst er in der Regel richtig, auch wenn er nur eine ähnliche Rechnung gelernt hat. Jedoch versagt er gewöhnlich nach der 3. oder 4. Aufgabe und wird leicht abgelenkt. Er kann auch die Zahlen lesen und klopft mir im allgemeinen die richtigen Lösungen von Rechnungen, die ihm aufgeschrieben worden sind und die ich selbst nicht gelesen habe.

Ähnlich wie Rolf schaut er nur von der Seite auf das Papier. Er liest sehr ungern. Sein Gedächtnis ist vorzüglich; besonders gut kennt er die Personen wieder, die sich einmal mit ihm befaßt haben.

Als ich am 22. März 1916 in Mannheim war, hatte Herr Landgerichtsrat die Güte, mir den Hund zu zeigen. Ich stellte dem Tier mündlich einige Aufgaben und konnte mich von seinem Rechenvermögen überzeugen. Von den Aufgaben sind mir noch folgende in Erinnerung: 24 : 3 – 3. Antwort: 5. Und: 100 – 87. Antwort: 13.

Ich hätte gewünscht, daß er auf einen Gegenstand klopft, den niemand in der Hand hat, oder daß er auf dem Boden mit der Pfote Zettel berührt, auf denen die Zahlen oder Worte angegeben sind; aber er läßt sich hierauf nicht ein, da er schon in seiner frühesten Jugend die gleiche Art des Klopfens wie Rolf gelernt hat. Indessen klopft er nicht nur mir, sondern auch anderen Personen, die er gut kennt.

Bericht über den Hund Harras (von Eva Hoffmann):

Der dritte Hund Lolas, Harras, kam zu Fräulein Eva Hoffmann auf Schloß Bergwartstein bei Bergzabern und wurde von ihr mit schönem Erfolg im Rechnen und Buchstabieren unterrichtet. Sie gibt folgenden Bericht:

„Erstaunlich war von Anbeginn sein Rechentalent. Es genügte, ihm den Begriff des Zählens und – darauf fußend – den der Rechnungsarten klarzumachen, um sogleich richtige Antworten für leichte Aufgaben zu erhalten. Brüche, Dezimalen, Wurzeln, leichtere Gleichungen mit einer Unbekannten, mit Nachhilfe auch Textaufgaben, bewältigte er auf diese Weise und gab dabei durch freiwilliges lebhaftes Ja und Nein Verständnis oder Unverständnis, Lust oder Unlust zu erkennen. Meistens rechnet er mit sichtlichem Vergnügen und verblüffender Schnelligkeit. Das Buchstabieren macht ihm mehr Schwierigkeiten. Ein von ihm selbst aufgestelltes Alphabet behielt er nicht, ein von mir erfundenes erst nach vielen Wiederholungen. Er setzt nur mit Unlust Worte zusammen und ermüdet bald. Selbständige Äußerungen von ihm sind: daß er den Sonntag an meinem Kleid erkenne, daß er von einer Kuh geträumt habe (nach einem Spaziergang, bei dem er Kühe gesehen hatte) und anderes.

Auffällig ist seine Wahrheitsliebe. Tut er etwas, auf das Strafe steht, so kommt er mit gesenktem Kopf und Schwanz heran und antwortet auf die Fragen, ob er Hiebe verdient habe, zaghaft ‚ja‘, ob er sich schäme, klopft er ‚ja, ja, ja‘.“

Wie bei Kindern sind Beispiel und Lehre von größerem Wert als Hiebe, die allerdings nicht ganz ausgeschaltet werden können. Die Wahrheit, daß sich ein Mensch gemäß der Behandlung entwickeln wird, ist auch auf das Tier anzuwenden und wird, je mehr erkannt, hoffentlich dazu beitragen, das Martyrium im Tierreich zu vermindern.“

Im März 1916 hatte Fräulein Eva Hoffmann die Güte, mir noch folgenden Vorfall mitzuteilen, welcher ein Gegenstück von einer früher mitgeteilten Beobachtung von Frau Dr. Moekel ist.

„Ich saß lesend im Garten, als man auf einem Baum in der Nähe Geräusche hörte, die von fressenden Vögeln herkamen. Harras betrachtete sie lange aufmerksam, und ich sagte ihm die Namen der Vögel: Häher und Specht. Am anderen Morgen war er nicht wieder mit dem Mädchen heraufgekommen, während er sonst kaum abwarten kann, bis er zu frühstücken bekommt. Endlich erscheint er. Ich frage ihn, ob er wieder die Vögel gesehen habe, worauf er erwidert ‚ja'. Auf die Frage, wie sie heißen, antwortet er: ‚Her' und ‚Spet'."

Bericht über den Hund Roland (von Paula Moekel):

Der kleine Roland wurde von Paula Moekel unterrichtet und kam leider durch einen Unglücksfall ums Leben. Sie schrieb mir darüber im März 1915 folgendes:

„Mein herziger Roland, genannt ‚Guckerle' (wegen seiner wundervollen Augen), ist mir von einem Auto überfahren worden. Er litt zwei Tage furchtbare Qualen und starb am 19. März. Sein Tod war nicht nur ein Schmerz für mich – es war auch ein Schaden für die ganze Sache, denn Roland fing an, sich reizend spontan zu äußern. Am letzten Abend vor dem Unfall kam er zu mir und klopfte ungefragt: ‚rolf arg beisd arm roland' (‚Rolf arg beißt, arm Roland'). Ich kam an diesem Abend nicht mehr zum Übersetzen; erst nach Rolands Tod fielen mir die notierten Zahlen wieder ein. Es stellte sich heraus, daß Roland von Rolf gebissen worden war, weil Roland Daisy (unser Kätzchen) verfolgen wollte. Roland kannte das Geld, Briefmarken und Banknoten, zählte Blumen, Bausteine, unterschied alle Farben und Gerüche, zählte Töne, kannte Melodien und kannte die Uhr."

„Tiere haben ihre Komik und ihre Tragik wie wir. Sie sind voller Ähnlichkeit und Wechselbeziehung. Die Menschen glauben meist, zwischen ihnen und den Tieren sei ein Abgrund. Es ist nur eine Stufe des Lebens, denn alle sind wir Kinder einer Einheit. Um die Natur zu erkennen, muß man ihre Geschöpfe verstehen. Um ein Geschöpf zu verstehen, muß man in ihm den Bruder sehen."

Manfred Kyber

X. Überblick über das Thema in Fragen und Antworten

„Hörst du, mein Liebling? Von dir ist die Rede! Sie sagen, du hättest keinen Geist, aber du h a s t d o c h Geist, mein kleiner Liebling!"

So steht zu lesen in der Geschichte Friedrich II. von Preußen (Gedenkausgabe zum 150. Todestage) von Franz Kugler. Als man dem König aus Beyles Wörterbuch einen Artikel über die Tierseelen vorgelesen hatte, sprach er diese Worte zu seinem Lieblingshund Arsinoe, den er auf dem Schoße hielt.

Seither sind mehr als 150 Jahre vergangen – und diese Worte scheinen im Winde verhallt. In unseren Tagen erhalten sie nun neues Leben.

Vor einer Zeitspanne von nunmehr vierzig Jahren begann durch die geniale Tat Wilhelm v. Ostens für die Wahrheit dieser Worte – mögen sie ihm auch unbekannt gewesen sein – beweiskräftige Forschungsarbeit. Diese hat sich verbreitert und ergab eine Fülle von Erfahrungen, die sich hier in diesem Buch zu einem Ganzen runden. Niemanden, der es liest, wird es unberührt lassen – ist doch das, was dieses Buch birgt, ein großes Geschenk allen denen, die es mit Herz und Verstand aufzunehmen bereit und fähig sind!

Früher ungeahnte Weiten des Erkennens tun sich auf. Verbunden sehen wir uns im großen Weltganzen mit den höheren Tieren, geistig wie auch der körperlichen Struktur nach. Wer allerdings von dem Gedanken einer isolierten Sonderstellung des Menschen – allein begabt mit Verstand in einer geistlosen Umwelt – nicht loskommt, dem wird der Wert des Buches verschlossen bleiben. Es entsprang jener Gedanke einst einer Einstellung, die zu verlassen wir uns anschicken auf nahezu allen Gebieten des Lebens.

Schon einmal erlitt die eine Sonderstellung, die der Mensch sich anmaßte, einen gewaltigen Stoß, als er damals erkennen mußte, daß die Sonne, die er als s e i n e Erde umkreisend annahm, der Mittelpunkt ist, um den diese Erde kreist.

Ein neuer, wohl noch gewaltigerer Stoß gegen die Sonderstellung des Menschen richtet sich gegen die veraltete Vorstellung, daß er allein auf dieser Erde Verstand besitzt. Damit sehen wir dieselbe Situation wie damals: Das Neue wird von vielen zuerst mit schärfster Ablehnung beantwortet. Manche allerdings läßt es stumpf und gleichgültig, andere aber nehmen es mit atemloser Beglückung entgegen, und einmal wird es Gemeingut aller werden.

Verstand und Denken gehören zusammen. Der denkende Verstand soll von uns erkannt werden, wo immer er sich offenbart, und sei es wie hier im denkenden Tier oder an anderer Stelle. Alles Geistige muß sich zu erkennen trachten, und der Mensch, als das höchst vernunftbegabte Wesen, will und muß sein Wissen und seine Erkenntnisse auf allen Gebieten erweitern.

Aus diesem Streben heraus entstanden schließlich die nachstehenden Fragen, die wir beantworten wollen.

F r a g e 1: Warum ist die neue Erkenntnis vom Wesen der Tiere, von ihrer Denkfähigkeit nicht so allgemein bekannt gemacht worden, daß man eingehend darüber unterrichtet wird und an einem Wissen teilhaben kann, das doch ebenso wichtig wie auch beglückend ist?

Antwort: Um diesem Vorwurf zu begegnen, entstand das vorliegende Buch „Können Tiere denken?“, das in allgemein verständlicher Form die Fülle der Tatsachen bringt, die seit der Entdeckung W. v. Ostens erarbeitet wurden und die, nur in Protokollform und rein wissenschaftlicher Darstellung gebracht, leicht ermüdend wirken würden. So ist es nun jedem möglich, einen großen Überblick zu gewinnen und gleichzeitig viele Einzelheiten kennenzulernen, die dazu beitragen, das Thema in seinen Gleichartigkeiten wie Gegensätzlichkeiten zu überschauen. Es ist dies ebenso wichtig für den Tierfreund wie für den Wissenschaftler, denn alles dargebotene Material ist zuverlässig von wahrheitsliebenden Menschen aufgezeichnet worden. Dies geschah mit der Absicht, zuerst einmal sich selbst in diesen erstaunlichen Dingen aus allen Zweifeln heraus zu einem klaren Urteil zu bringen. Verhält es sich wirklich so, oder ist es vielleicht anders?

Die Menschen, die auf diesem Gebiet aus eigenem Antrieb arbeiten, sind über die Welt verstreut und kennen sich fast alle persönlich nicht. Sie haben nur aus verschiedenen Schriften und Artikeln von dem einen oder anderen Tierlehrer gehört und dadurch den Anstoß zu eigener Forschung erhalten. Einige kamen schließlich in Schriftwechsel miteinander, die meisten blieben aber untereinander unbekannt.

Nun habe ich es unternommen, als vierte der Tierlehrer – als einzige Überlebende der ersten – alle unsere Arbeiten zusammenzufassen: eine große und weitverzweigte Menge von Versuchen und Forschungsergebnissen, die sich alle zu ein und demselben Resultat zusammenschließen, „daß Tiere über ein weitgehend selbständiges Denken verfügen“! Ferner, daß die in Gemeinschaft mit dem Menschen lebenden Tiere in verschiedenem Grade die menschliche Sprache verstehen und bei geeignetem Unterricht (nicht Dressur!) sich in derselben durch verschiedene Ausdrucksformen uns auch verständlich machen können.

Letzteres gab einen nie erwarteten und tiefen Einblick in ihr Fühlen und den sehr beachtenswerten Umfang ihres Denkens.

Frage 2: Besteht ein scharfer Unterschied zwischen *Dressur* und *Unterricht?*
Antwort: Ja! Die Methode des Unterrichts und ihre Resultate dürfen nicht verwechselt werden mit der Dressur, deren Resultate durch Einüben auf bestimmte Zeichen und Hilfen zustande kommen.

Der *Unterricht* aber ist, wie jeder, ein logisch verstandesmäßiges Bekanntmachen mit dem zu erlernenden Gegenstand. Es bleibt allerdings nach den neuen Erfahrungen dahingestellt, wieviel auch das „dressierte“ Tier von dem, was es mechanisch zu leisten hat, mit großem Verständnis tut.

Tiere verfügen über eine scharfe Beobachtungsgabe und ziehen Schlüsse aus diesen Beobachtungen. Daß sie ein ausgezeichnetes Erinnerungsvermögen besitzen und sinnvolles Handeln daraus ableiten, weiß jeder liebevolle Tierbeobachter. Scheitlin und Brehm, die großen Tierkenner, hätten unsere Resultate gewiß als Bestätigung ihrer wissenschaftlichen Überzeugung begrüßt. So heißt es in der, diese Ansicht genau wiedergebenden Auflage von „Brehms Tierleben“ (Ausgabe von 1893, S. 98) vom Hunde (Pudel) unter anderem: „Seine Seele ist unleugbar so vollkommen wie die eines Säugetieres sein kann. Von keinem Tiere können wir so oft sagen, daß ihm vom Menschen nichts mehr als die Sprache mangelt . . .“ usw. Und weiter: „ . . . er kennt *die Noten*, die *Zahlen, Karten, Buchstaben* und – nur wer kein Auge hat, sieht die ihm ursprünglichen und entstandenen Eigenschaften nicht . . .“

Daß die Haustiere viele unserer Worte verstehen, wie sich aus ihrem Verhalten feststellen läßt, ist ihren Freunden oft bewußt geworden und findet stets unwillkürlich Ausdruck in den Worten: Ja, mein . . . , der versteht jedes Wort!

F r a g e 3 : Können diese Fähigkeiten nicht – laut Descartes – die Auswirkungen eines „Instinktautomaten“ oder „Reflexmechanismus’“ sein?
A n t w o r t : Nein! Naturverbundenen Menschen wollte das auch nie ganz einleuchten – man nahm es nur so hin. Fortschrittlicher waren dann die sich aus eingehender Beobachtung ergebenden weniger mechanistischen Formen der Auffassung, nach welcher den Tieren eine Art Seele, ein primitives Empfindungsvermögen und eine gute Reaktionsfähigkeit zuerkannt wurden und die in keiner Weise je klar umrissene Gabe „Instinkt“. Letzterer wurde dann ganz allgemein für nahezu alles sinnvolle Handeln als verantwortlich bezeichnet. Was darüber hinausging – ja, das konnte man nicht erklären.

Instinkthandlungen gibt es auch beim Menschen. Instinktsicher zu sein, gilt als wertvolle Eigenschaft. Ein von gesundem Instinkt geleiteter Mensch ist von sicherem Wesen und Urteil und folgt einer guten Führung. Abirrungen davon bezeichnet man als „instinktlos“, was bei naturferner und ungesunder Überkultur – in der Großstadt eher als auf dem Lande – zu finden ist. Es gibt geradezu instinktlose Menschen. Instinkt ist – höher gefaßt – die innere Führung. Kant sagte, „der Instinkt, diese Stimme Gottes“.

Dieser Stimme willig folgen zu können, ist Gnade für den Menschen. Im Besitz des Instinktes – im einfacheren Sinne – finden wir uns also verbunden mit den anderen Geschöpfen dieser Erde, den diese – auf praktischem Gebiet – jedoch feiner und sicherer besitzen als wir. Jetzt wissen wir uns aber auch noch verbunden mit ihnen durch den uns allen gemeinsamen Verstand, der beim Menschen seine höchste Entwicklung und Ausbildung erlangt hat und im menschlichen Denken zu seiner Vollendung gekommen ist.

Dieser Verstand ersetzt verschiedene praktische Seiten des Instinkts und läßt den Menschen obsiegen über seine

Mitgeschöpfe im Kampf ums Dasein. Es befähigt den Menschen außerdem, mit seinem Verstand über alles Werden und Vergehen nachzudenken, bis ins Höchste und Tiefste zu dringen, nach Erkenntnis über sich und alles Sein zu streben und – was ihm als höchste Gabe allein ward – schöpferisch zu sein auf allen uns irgend erdenklichen Gebieten! Des Menschen große Bestimmung ist es, daß in ihm schrittweise alles Leben und alles Geschehen zum Bewußtsein seiner selbst kommen soll, weil schöpferische Erkenntnis sein göttliches Geschenk ist. Aus solchem Erkennen heraus wissen wir jetzt aber auch, daß die in ihrer körperlichen Form uns nahe verwandten Geschöpfe, wie die höheren Tiere, ebenfalls Verstand haben, in einfacher, aber immerhin schon hochentwickelter Form. Und weil sie Verstand haben, auch denken können!

Denken, nicht nur ungeformt als innerer Sinn, mit dessen Hilfe sie sich untereinander verstehen und für ihr eigenes Dasein völlig ausreichend ausgerüstet sind, sondern Denken im Umgang mit Menschen in Wortform, das heißt, daß sie Worte verstehen und diese auch selbst wieder sinnvoll anwenden können.

Wie diese neue Erkenntnis zustande kam und wie sie durch langjährige Versuche auf sichere Grundlage gelangte, das zu vermitteln ist die Aufgabe dieses Buches.

Frage 4: Wo kamen eigentlich diese überraschenden Kenntnisse zuerst auf?
Antwort: Das neue Wissen hatte seinen Ursprung in Deutschland. Das Verständnis dafür – das muß hier besonders anerkannt werden – kam oft impulsiv und warmherzig aus verschiedenen anderen Ländern. Es kam mit einem selbstverständlichen Vertrauen in die Aufrichtigkeit der Menschen, die das erstaunliche Neue vor der Welt vertraten und mit ihren Erlebnissen bekundeten.

Die Menschen dort brachten allen unseren Tierlehrern „guten Glauben“ entgegen, wie man es eigentlich jedem entgegenbringen sollte, der nicht nachweislich Mitmenschen zu betrügen und zu täuschen sucht, oder von dem Motive bekannt sind, die eine Täuschungsabsicht vermuten lassen. Sie begriffen sofort, daß es sich bei den Tierlehrern um Menschen handelt, die keinesfalls Gewinn aus der von ihnen vertretenen Sache zu ziehen suchten, die ganz im Gegenteil schon viele materielle Opfer dafür gebracht haben: Männer, die in verschiedenen Berufen standen, auch Frauen und Mütter, die, lediglich von dieser Sache angerührt, auf eigene Faust zu forschen begannen. Forschernaturen, welche dem Wege folgten, den Herz und Verstand und ein ruhiges Abwägen aller Notwendigkeiten sie finden halfen, um in dieses zuerst so schwer begehbare Neuland einzudringen.

Es ist wohl so: Wenn eine neue Wahrheit reif ist, finden sich die Helfer, die den Ruf vernehmen, um sie ans Licht der Welt zu bringen. Solchen Ruf zu hören, bringt viel Glück, bringt aber auch viel Schweres im Gefolge – das wollen wir hier nicht übersehen. Und gerade der geniale alte Entdecker des Weges in das für uns bis dahin unbekannte geistige Leben der Tiere starb in Vergessenheit.

Frage 5: Warum sind die meisten Tierlehrer Laien, das heißt, keine ausgebildeten Wissenschaftler?

Antwort: Ich gebe hier die Antwort von Geheimrat v. Unruh wieder. Er sagt in seinem Buch „Leben mit den Tieren“: „Man kann ein ehrenwerter Gelehrter in vielen Fächern sein, ohne doch im mindesten das Zeug zum Tierpsychologen zu haben.“– Peter Scheitlin sagt: „Auch der Tierpsychologe muß geboren sein. Die Beobachtungskunst kann man nicht machen. Wie will man richtig auslegen, wenn man ein falsches Prinzip hat? Wer die Tierseele fragen will, muß sie fragen können, dann antwortet sie ihm auch." („Versuch einer vollständigen Tierseelenkunde", 1840.)

Im Prinzip wäre also nichts gegen Laien zu sagen. Im speziellen aber und für unseren Fall ist die persönliche Eignung zur Einfühlung in die Tierseele, die Lehrbegabung, die allgemeine Unvoreingenommenheit gegenüber unerwartetem Neuen und die warme, liebevolle, tiefe Versenkung in unentwickelte Wesen, verbunden mit klarer ruhiger Besinnlichkeit zunächst wichtiger und wesentlicher als alle überkommenen Theorien. Mit diesen sich anschließend an die praktischen Versuche zu beschäftigen, schärft Verstand und Geist und läßt alle Gesichtspunkte unter den verschiedenen Blickwinkeln immer klarer werden. Sie sind aber nicht der Schlüssel zum Erfolg auf diesem Gebiet; sie können sogar hinderlich sein, wenn sie so stark im Menschen verankert sind, daß dieser, eingeengt von theoretischen Gedankengängen, überhaupt nicht mehr fähig ist, darüber hinauszusehen.

Sogar wir Tierlehrer hatten bis in unsere Anfangsarbeit hinein noch oft die überkommenen und uns eingewöhnten Begriffe über das Tier zu überwinden. Gerade diese Einstellung war aber die beste Garantie, daß uns nie die Gewissenhaftigkeit beim Forschen verließ, weil wir uns immer wieder zu Zweifeln und Nachprüfungen verpflichtet fühlten. Man wird dies beim Lesen verschiedener Berichte gespürt haben.

Frage 6: Warum sind mehr Frauen als Männer unter den Tierlehrern?

Antwort: Wer richtig überlegt, wird feststellen, daß die mütterliche Frau – die einfache wie die gebildete – die naturgegebene praktische Psychologin ist. In ihre Hand ist ja das unmündige Leben gelegt, daß sie es hüte und körperlich wie seelisch entwickle.

Durch Prüfung, Bearbeitung und Beachtung der Resultate des Tierunterrichts der verschiedenen Tierlehrerinnen haben namhafte Gelehrte bewiesen, daß sie obengenannte Auffassung praktisch anerkennen.

Frage 7: Ist das, was die Tierlehrer vornehmen, nicht eine unsymphatische „Vermenschlichung" der Tiere?
Antwort: Nein, das ist es nicht! Wir verhelfen ja den Tieren nur zum Aussprechen dessen, was sie ohnehin verstehen.

Denn daß sie die menschliche Sprache verstehen und auch ohne unseren Unterricht schon zuvor verstanden haben, das geht aus verschiedenen Äußerungen der unterrichteten Tiere hervor. Der Unterricht erweitert nur ihr Verstehen, ihre Anteilnahme wie ihren ganzen Interessenkreis. Das ist ja gerade das Auffallende, das wir nun begreifen lernen und das uns schließlich nachsinnen läßt über die eigenartige Bestimmung von Geschöpfen, die ein so weitgehendes Verstehen für die Sprache des Menschen besitzen und die, ohne dessen Hilfe und guten Willen, ihm dies nie begreiflich machen können. Für die besten dieser Geschöpfe liegt darin gewiß etwas Schmerzvolles. Es ist an uns, dies abzumildern durch unser Verstehen und durch unsere Liebe zu ihnen. Hier liegt auch eines der unergründlichen Geheimnisse Gottes verborgen.

Frage 8: Wie aber verhält es sich mit der Möglichkeit der Suggestion?
Antwort: Darauf möchte ich antworten mit der Formulierung von Prof. C. Kindermann (Nationalökonom Stuttgart-Hohenheim), der allein und mit Karl Krall die Elberfelder Pferde prüfte und auch den Hund Lola gut kannte:* „Die Annahme der Suggestion, der unmittelbaren zwingenden Übertragung seelischer und geistiger Vorgänge auf Dritte,

* Carl Kindermann in einem offenen Brief, veröffentlicht in der Zeitschrift „Tierrecht und Tierschutz", 6. Jahrg., 30. 4. 1932, Nr. 4, Seite 58.

enthält geradezu eine Bestätigung des Denkens der Hunde und Pferde. Kann ich einem Stein, einem einfachen Tier etwas suggerieren? Diese Übertragung setzt voraus, daß das andere Wesen ähnlich abgestimmt ist und seine eigenen seelischen und geistigen Fähigkeiten weckbar sind und geweckt werden. Zweifellos sind Hunde und Pferde häufiger solchen Übertragungen zugänglich, aber eben nicht immer."

Frage 9: Könnte es nun aber nicht *doch* sein, daß alle Antworten der Tiere aus dem Unterbewußtsein der Tierlehrer oder anderer Anwesenden übertragen würden?
Antwort: Diese Frage ist notwendig, ja, sie muß aus wissenschaftlicher Schulung, Selbstkritik und Genauigkeit gestellt werden. Wir stehen dafür ein, daß die Tiere *selbständig* denken können. *Darum* geht es ja, *dort* ist der Kernpunkt unseres Wissens – dort wurzeln auch die Forderungen, die zu ziehen sind für die Einstellung zum Tier!

Wir haben endgültige Beweise für unsere Einstellung:

a) Diesen Beweis kann man allerdings nur gewinnen durch jahrelanges Arbeiten mit den Tieren nach unserer Methode oder durch häufiges Miterleben des ganzen Vorgangs mit offenem Sinn und Herzen. Man spürt und sieht dabei untrüglich an vielen kleinen und kleinsten Beobachtungen das selbständig sich äußernde Wesen des Tieres – vielen äußeren und inneren Einflüssen zum Trotz. Diese Erfahrungen haben Gültigkeitswert, sofern überhaupt noch „Treu und Glauben" Werte sind, die man mangels eigener Erfahrung einem ernsthaften Forschen entgegenzubringen gewillt ist! Man übersieht nur zu leicht, daß wir Tierlehrer zumeist, wie auch unsere Freunde, genauso bereit waren, bei unserer Erforschung auch das Gegenteil festzustellen, wenn dies die Wahrheit gewesen wäre, nach der allein wir suchten!

b) Wer das grundlegende Buch von Karl Krall und die Bücher von Paula Moekel gelesen hat, findet – besonders in ersterem Werk – viele sogenannte „unwissentliche Versuche" ebenso wie als unwissentlich zu buchende Erlebnisse in der Zusammenarbeit mit den Tieren. Der Leser kann sich ruhig darauf verlassen, auch wenn die Wiedergabe der notwendigen Protokolle usw. hier nicht möglich ist. Die Lektüre obengenannter Bücher ist jedoch notwendig für jene, die ihre etwaigen Einwände sorgsam überprüfen wollen. Die Arbeit Karl Kralls wird sich heute kaum mehr wiederholen lassen, was ihren Aufwand an Zeit und materiellen Mitteln betrifft; deshalb muß sie auf unserem Gebiet vorbildlich und grundlegend bleiben.

c) Es kommt hier dann noch als wesentlicher Beweis hinzu die Blindenführhündin Freia II., die ihrem Herrn unter anderem an öffentlichen Haltestellen die jeweils richtige Nummer der Straßenbahn mit der Pfote klopft, in die dann beide einsteigen.* Aus welchem Unterbewußtsein sollte die Hündin – wenn allein mit ihrem blinden Herrn – ihre Antworten empfangen haben? Daß hie und da, bei sämtlichen Tieren, Übertragungen vorkommen, ist in diesem Buch auch behandelt worden. Ich finde es im übrigen ja noch viel erstaunlicher, daß Tiere dies *auch* können, das heißt, daß sie solche Übertragungen in bewußtem Handeln, Klopfen, Zahlbellen oder Buchstabenzeigen wiedergeben können. Es wird ja wohl heute niemand mehr annehmen, daß dies geschieht wie etwa die mechanische Auslösung elektrischen Lichts durch einen Schalter.

Frage 10: Zwingt man mit den Antworten in menschlicher Sprache dem Tier nichts Fremdes auf, und wird dann alles zu einer unnötigen Spielerei?

* Vgl. den Bericht von Wilhelm Dornbusch, einem Kriegsblinden infolge des I. Weltkrieges, in: Henny Jutzler-Kindermann: „Können Tiere denken? Ja"; Schopfheim 1954, S. 124 ff.

Antwort: Um die zweite Hälfte der Frage vorwegzunehmen: *Spielerei* kann niemals sein, was *ernsthaft* betrieben einem ernsten Zweck dient. Die Resultate, die sich aus diesen Forschungen ergeben, sind für den Aufbau der Weltschau des Menschen und für se*in* Verhalten zur tierischen Umwelt und anderes mehr von allergrößter Wichtigkeit! Gewissenhaftigkeit dem Menschen wie auch dem Tier gegenüber zwingt geradezu, der Spur zu folgen.

Und – von Aufzwingen kann gar keine Rede sein. Ein Tier läßt sich keinen Unterricht aufzwingen! Wenn es nicht freiwillig und gerne mitmacht, mithilft sozusagen, geht es gar nicht.

Bei Dressur mag das anders sein. Wer aber Tiere unterrichtet, weiß genau, daß er die Hand von jedem Tier lassen muß, das nicht Freude darüber empfindet, sich äußern zu dürfen. Wie mancher Tierfreund sagt unwillkürlich: Gelt, wenn du reden könntest, du möchtest mir was sagen . . . und leidenschaftlich drängend, wedelnd und aufspringend versucht der Hund dies zu bestätigen. Sie möchten ja so oft gerne reden! Seht sie doch an, wie gebunden stehen sie da und wissen nicht, sich auszudrükken! Natürlich reagieren nur solche Tiere, mit denen liebevoller Umgang gepflegt und liebevoll gesprochen wird!

Es sei noch erwähnt, zum Beispiel, daß Hunde untereinander keine Hundesprache haben. Wir wissen durch Antworten verschiedener Hunde darüber Bescheid. Mit „Augen ineinandersehen und Schwanzwedeln“ (Rolf), „mit Aug’ und Schwanz wie Hund“ (Lola): So antworten Hunde auf die Frage, wie sie sich verständigen. Das heißt, daß sie sich untereinander verständigen mit einer Art Zeichensprache, nicht mit irgendeiner Lautsprache. – Das alles können wir mit unserer Methode durch Erfragen genau feststellen!

Frage 11: Wird ein weitverbreiteter Tierunterricht angestrebt?
Antwort: Nein! – Wozu auch? Die Tiere sind für die Notwendigkeiten ihres Lebens so wunderbar ausgerüstet, daß sie selbst dessen nicht bedürfen. Wer aber Lust und Liebe und Können dazu hat, mag seinen vierbeinigen Freund zunächst einmal dahin bringen, „ja" und „nein" zu antworten. Das wird beiden Seiten viel Freude machen und schon sehr überzeugend wirken, um leichter all das zu verstehen, was in diesem Buch gesagt ist. Wer Zeit genug hat und ein kluges Tier besitzt, das gern auf den Unterricht eingeht (das tun nämlich nicht alle, selbst wenn sie intelligent sind), der möge ruhig weiterarbeiten, bis er an die Grenzen stößt, was nicht so bald geschehen wird. Jeder, der es versucht, wird erleben, daß er seinem Tier damit Glück schenkt, Stolz und eine erweiterte Lebensfreude, die einem dann selbst Freude macht.

Allerdings darf die Fragerei nicht zur Quälerei werden. Das Vorführen vor anderen darf nicht die Formen annehmen wie bei manchen der ersten unterrichteten Tiere, bei denen der Prüfer ohne jedes Verständnis für die Kraft eines Geschöpfes – die der eines Kindes gleichzusetzen ist – stundenlange Versuche machte bis zur Erschöpfung des Tieres. Daß dies geschehen konnte, erklärt sich nur daraus, weil es sich hier um etwas völlig Neues handelte und die Besitzer der Tiere in ihrem Forschungsdrang nicht genug bekamen und alles tun wollten, die Zweifler zu überzeugen. Es kam vor, daß die Besitzer ihre Wohnung verließen, daß Teppiche und Schränke gerückt wurden, um nach „elektrischen" Leitungen zu suchen und anderes mehr. Heute würde dies kein Tierlehrer mehr dulden.

Wenn aber, wie gesagt, die Tiere mit Schonung ihrer Kräfte gefördert werden, so sind sie darüber froh und fühlen sich gehoben. Was man außerdem in dieser Richtung tun kann, dient der Verbreitung des Tierschutzgedankens, denn daß dieser im

Bewußtsein und Gefühl der Menschen viel besser fundiert werden sollte, unterliegt keinem Zweifel.

Frage 12: Wie erklären Sie die rasche Entwicklung von Rolf und anderen unterrichteten Tieren in bezug auf das Sprachverständnis und das Rechnen, wo doch die Menschheit dazu Jahrtausende gebraucht hat?

Antwort: Auf eine jahrtausendealte Geistesbildung des Menschen hinzuweisen, halte ich in unserem Falle für irrtümlich, wenn auch durchaus für naheliegend. Kinder der allerprimitivsten Menschenrassen, bei denen die Vorfahren kaum einige wenige Zahlenbegriffe hatten, Menschenfresser waren und auf der bescheidensten Kulturstufe standen, vermögen hohe Geistesbildung zu erlangen, sofern es sich überhaupt um individuell begabte Geschöpfe handelt. Beispiele dafür gibt es genug.

Abgesehen davon, lebten unsere Haustiere ja in der Umgebung des geistig sich immer höher entwickelnden Menschen und nahmen mit mehr oder weniger Aufmerksamkeit an seinem Leben Anteil. Daß sie seine Sprache im Zusammenhang damit bereits ohne Unterricht in gewissem Umfange verstanden, haben uns unterrichtete Tiere eindeutig bewiesen (siehe die von Rolf geäußerten Erinnerungen). Es handelt sich also beim Unterricht nur um das Angebot einer Möglichkeit, diese Fähigkeit auszudrücken und sie zu fördern.

Das ist ungemein wichtig – wie auch die Besinnung darauf, daß die in Rudeln oder Herden lebenden Tiere besondere Fähigkeiten besitzen müssen, um die Gesamtheit der Tiergemeinschaft überblicken zu können. Diese läuft in stets ungeordneter Gruppierung hin und her, wobei jedoch die Leittiere genau wissen, ob alle da sind. Im kleineren Maßstab hat jede Glucke dieselbe Fähigkeit, genau zu wissen, ob ihre durcheinanderwuselnden Küken alle da sind. Natürlich ist ein solches

„Zählen“ nicht in Zahlworten, sondern in irgendeiner Mengenvorstellung zu begreifen, die sicher und rasch da ist.

Diese fast unbeachtete Fähigkeit kann durch die Unterweisung zu Zahlbegriffen in Worten werden, wie wir sie anwenden. Das alles erklärt vielleicht auch das fast unverständliche Interesse und die Begabung mancher unserer Tiere für das Rechnen. Letztere Darstellung verdanke ich der Erklärung von Prof. H. E. Ziegler.

Frage 13: Handelt es sich hierbei wohl um „Tiermedien“, und ist das als vorzügliches Beispiel dafür zu verwenden?

Antwort: Diese Frage trat kurz vor der Herausgabe des Buches noch überraschend an mich heran. Also kein „selbständiges Denken“, sondern alles mediale Vorgänge? Nein! Das darf ich klar und überzeugt durch unsere Erfahrungen sagen. Ich fordere den Leser auf, anhand der vorgelegten Beispiele und weiterer vieler Vorkommnisse selbständigen Handelns aus dem alltäglichen Leben diese Auslegung abzulehnen. Dazu das folgende Beispiel:

In der „Eßlinger Allgemeinen Zeitung“ vom 22. 7. 1952 stand zu lesen:

„Dem Blindenhund ‚Hella‘ soll am nächsten ‚Tag der Tiere‘ vom Braunschweiger Tierschutzverein der Titel Heldenhund verliehen werden. Die Hundesteuer ist für Hella von der Stadtverwaltung schon erlassen worden. Hella hatte ihren blinden Herrn am 13. Oktober 1944 bei einem Bombenangriff auf Braunschweig aus dem brennenden Haus gelotst und ihn durch Zerren an der Hose veranlaßt, sich über eine Mauer in Sicherheit zu bringen. Dann war Hella hinterhergesprungen und hatte ihren Herrn an brennenden und einstürzenden Mauern vorbei über glühende Asphaltstraßen in den rettenden Schutzkeller eines Polizeireviers geleitet.“

Es gibt unter den Menschen nur wenige, die als Medien zu bezeichnen sind. Sollte diese Erscheinung nun gar bei Tieren in solch hohem Umfang auftreten? Alle unterrichteten Tiere wären dann Medien. Daß es bei den Tieren Vorkommnisse gibt, wie sie in Kapitel VIII unter „Rätselhaftes" in diesem Buch behandelt wurden, eröffnet allerdings neue Perspektiven. Solche Fälle sind aber äußerst selten. Die nüchtern beurteilten alltäglichen Erlebnisse im Tierunterricht haben damit und mit Mediumismus nichts zu tun, ebensowenig wie die oben erwähnte Handlung des Blindenhundes Hella. Woher sollte bei diesem Hunde eine mediale Beeinflussung gewirkt haben? Auch Telepathie kommt hier nicht in Frage. Es handelt sich um ein wohlüberlegtes selbständiges Denken des Tieres, das zu seiner außerordentlich gewissenhaften Tat führte.

Frage 14: Sind aber nicht doch versteckte „Geheimnisse" dabei?
Antwort: Nein! Daß keine *Geheimnisse* vorliegen, um ein Tier zum Antworten zu erziehen, wird man selbst erfahren. Jeder unserer Tierlehrer hat auf seine Weise von seinen Erfahrungen berichtet. Jeder unserer Leser wird von dieser oder jener Erfahrung mehr überzeugt werden.

Frage 15: Könnten nun diese neuen Kenntnisse auch irgendwie zu einer praktischen Auswirkung im alltäglichen Leben kommen?
Antwort: Ja, in gewissem Maße schon. Es kommt dabei ganz auf die Eignung des Tieres an. Als ich fast all meine Kenntnisse auf diesem Gebiet auf meinen ersten unterrichteten Hund Lola gründete, war ich noch der Meinung, daß wenig praktische Auswertung möglich sei. Seitdem ich aber – durch den Überblick über die anderen unterrichteten Hunde – besser Bescheid weiß, kann ich bestimmt sagen, daß sich für Blinden- und

Polizeihunde, für Zollfahndungshunde und auch für Sanitätshunde mancher Nutzen erzielen ließe. Vieles ließe sich durch eine kurze Frage schnell erklären, die als Antwort nur ein einfaches *Ja* oder *Nein* erfordert. Ebenso wichtig wäre die Angabe einer Zahl oder auch die Angabe von Farben durch Zahlen und ähnliche Lösungen, was sich aus der Praxis ergeben würde. Dazu müßten mit viel Zeit und Ruhe Versuche durch hierfür geeignete und interessierte Führer der Tiere angestellt werden. Ich habe 1941 in Weimar eine unterrichtete Blindenhündin kennengelernt, die ihrem Herrn eine große Hilfe war.

Frage 16: Kann man etwas Besonderes mit diesem Unterricht vom Leben der Tiere erforschen?
Antwort: Vielerlei. Vor allem ihr Wissen von den uns unbekannten Vorgängen ihres Leibes und ihrer Seele; Vorwissen von Geburt (Anzahl der Jungen im Mutterleib) und Tod, kosmische Erscheinungen, Wirkung der Mondstrahlen, Erdbeben, Unwetterkatastrophen, Bombenangriffe usw. Dann absoluter Zeitsinn, Orientierungssinn, Zähltechnik als Überschau über unregelmäßige Mengen, Punkte, Blumen; ferner Urteil über Menschen, über Wahrheit, Lüge, Ichbewußtsein und Individualität. Ich kann hier nur nochmals eine kurze Übersicht dessen geben, was in den einzelnen Ausführungen detailliert berichtet wurde. Ebenso wichtig sind die Erfahrungen mit Ermüdungserscheinungen (ähnlich wie bei kleinen Kindern). Es kommen auch soziale Anlagen vor: Wohltun, Helfenwollen, seelische Schonung anderer, Takt usw. Wir spüren mit wachsendem Erstaunen eine große geistig-seelische Annäherung.

Frage 17: Stehen die Tierlehrer auf der Grundlage der Lehre Darwins?
Antwort: Mit anfänglichem Erstaunen hören viele Leser zuerst die Antwort: Nein, durchaus nicht! Ob dafür oder

dagegen – es ist von keinerlei Einfluß, weil es sich bei den Resultaten der Lehre Darwins um eine Theorie, um eine Hypothese handelt. *Wir* aber beschäftigen uns hier nur mit Tatsachen. Es lassen sich aus unseren Beobachtungen und aufgefundenen Tatsachen ebenfalls neue Theorien und Hypothesen aufbauen; doch kann man dafür ebensogut Anhänger wie Gegner Darwins sein. Das ist eine völlig persönliche Angelegenheit jedes einzelnen.

Frage 18: Sind noch weitere Zwecke dieser Arbeiten hervorzuheben?
Antwort: Ja. Sie sollen das Verhältnis des Menschen zum Tier in eine neue Sicht rücken. Neben der Güte, die wir dem Tiere zuwenden wollen, soll der *Anspruch* des Tieres auf *Recht* und *Gerechtigkeit* bestärkt werden, „bis die Hebung des sittlichen Verantwortungsgefühles gegenüber dem Tiere eine freundlich gelebte ethische Selbstverständlichkeit wird", wie Ehm Welk so schön sagt in seinem Buch „Die wundersame Freundschaft".

Frage 19: Ist es nicht in einer Zeit, da die Not der Menschen alle Begriffe übersteigt, ein Unrecht, Zeit, Kraft und Geld an dieses Problem zu wenden, an eine Beschäftigung mit dem Wesen der Tiere, an ein Eintreten für deren Nöte?
Antwort: Nein! Wir denken, daß es kein Unrecht ist, Erbarmen und Gerechtigkeit, Liebe und ein besseres Verständnis wecken zu wollen gegenüber unseren ebenfalls leidenden – und oft durch uns leidenden – Mitgeschöpfen.

Wir denken auch nicht, daß es ein Fehler sei – trotz allem – weiter zu arbeiten an fortschreitenden Erkenntnissen. Im Gegenteil, Wissenschaft und Kunst zu fördern, an der menschlichen Vervollkommnung überhaupt zu wirken, ist wohl einer der würdigsten Wege, über viele Nöte innerlich hinauszuwachsen.

Die Forderung nach einer „Ethik gegenüber der Kreatur" wird in diesen Tagen als etwas im allgemeinen Neueres von verschiedenen gütigen großen Menschenherzen erhoben. Vor allem von dem allverehrten großen Menschen- und Tierfreund Prof. Albert Schweitzer, der „die Ehrfurcht vor dem Leben" gegenüber aller Kreatur lehrt und lebt und der sich 1950 in einem Briefe an mich anerkennend und teilnehmend über Wilhelm v. Osten, Karl Krall und meine Arbeit geäußert hat (siehe Seite 12).

Keine Gesundung und Läuterung unserer menschlichen Atmosphäre kann eintreten, ehe nicht die Forderung nach einer „Ethik gegenüber der Kreatur" erfüllt ist.

Es wird über diese bescheidenen Wesen so souverän verfügt, ohne daß sie einen Einspruch oder auch nur eine Wehklage erheben könnten – da muß es wohl auch Menschen geben, die sich ihrer annehmen.

Julie Schlosser
(„Der kleine Doktor")

BITTE UND SCHLUSSWORT

Karl Krall sagt in „Basso":* „Auf die tätige Mitarbeit einer jüngeren Generation kommt es nun an. Die Sache der denkenden Tiere verlangt Forscher mit kritischem Verstand und warmem Herzen, frei von Vorurteil, aber erfüllt von Liebe zum Tier. Wissenschaftliche Instinkte und gutes Einfühlungsvermögen sind unbedingte Voraussetzung. Dann aber kann der Erfolg nicht ausbleiben. Der Forscher soll mit kühlem Verstand an das Problem herantreten, sich aber nicht durch dogmatische Vorurteile und unangebrachten Autoritätsglauben neuen Erkenntnissen verschließen. Er betrachte und behandle das Tier wie einen lieben Freund. Bei der Unterweisung frage er sich: Wie würde ich das einem aufgeweckten Kinde beizubringen suchen? Alles andere ergibt sich von selbst!"

Nochmals betone ich aber, daß zuerst das Herz den Weg zum Verständnis finden muß. Nur die freie Bereitschaft hierzu vermag der Schlüssel zur Tierseele auf diesem Wege zu sein.

In diesem Sinne bitten wir alle Leser – auch die ältere Generation –, die durch das Buch angeregt, selbst anfangen, Tiere zu unterrichten, uns ihre Erfahrungen, den Lehrgang und die Besonderheiten ihrer Arbeit mitzuteilen. Es sollen stete Verbindung und Meinungsaustausch unter sämtlichen Tierlehrern geschaffen und die Resultate der Öffentlichkeit bekanntgegeben werden. Auf das Erfragen uns noch unbekannter oder unverständlicher Vorgänge aus dem Tierleben rate ich, besonderen Wert zu legen.

* Karl Krall: „Basso, der rechnende Affe". Verlag der Gesellschaft für Tierpsychologie, Stuttgart, um 1917.

Nach allem, was wir jetzt vom Tier, von dessen Verstand und Herz wissen, sollte es eine heilige Pflicht sein, uns mit starken Kräften „dem Tierschutz“ zu widmen. Ich glaube, darin sind alle, denen dieses Buch Bereicherung und Aufklärung gab, mit uns einig, daß es anders werden muß als bisher!

Das Wissen, das wir hier vermitteln, hat schon manchen Menschen zu Achtung und verständnisvoller Rücksicht gegenüber dem Tier gebracht, der vorher – ohne Böses zu wollen – gedankenlos handelte. Deshalb muß diese neue Erkenntnis vom Tier verbreitet werden. Es ist uns vollkommen bewußt, daß diese neue Erkenntnis – diese Entdeckung einer Verständigungsmethode mit dem höheren Tier – im Vergleich zu anderen Entdeckungen noch mit besonderen Schwierigkeiten zu kämpfen hat. Jedes neue Wissen, das altgewohnte Theorien und Auffassungen grundlegend ändert, muß kämpferisch durchgesetzt werden. Die Anerkennung ist aber ungleich schwerer zu erreichen, wenn so viel guter Wille und auch einige Mitarbeit dazu gehört wie bei unserer Sache.

Der Stoff, den wir bearbeiten, widerstrebt allen Laboratoriumsversuchen, auf welche die Wissenschaft oft sehr stolz ist und auf die sie sich allein verlassen zu können glaubt. Wir können nur die eigene Gewissenhaftigkeit der Berichterstattung in die Waagschale werfen, wenn wir unsere Arbeit vornehmen im häuslichen Kreis, da dieser für ein scheues lebendiges Wesen die einzig richtige Umgebung und erfolgversprechende „Laboratoriumsarbeit“ ist. Die Versuchsreihen – um weiter bei diesem Vergleich zu bleiben – sind so vielen Imponderabilien ausgesetzt, daß nur feinstes Einfühlen und Liebe hindurchführen.

Die Intelligenz taugt nur
im Dienste der Liebe

Antoine de Saint-Exupéry

NACHWORT

Henny Kindermann wurde 1891 als Tochter des Nationalökonomen Prof. Dr. Carl Kindermann in Heidelberg geboren. Nach dem Abitur studierte sie Agrarwissenschaften an der Landwirtschaftlichen Hochschule Hohenheim, wo sie 1912 das Examen als Deutschlands erste Diplom-Landwirtin ablegte. Anschließend zog sie ins Rheinland, um – mit 21 Jahren – die Leitung des großen fürstlich-wiedschen Gutes Hahnhof (bei Neuwied) zu übernehmen. Neben dieser angespannten Arbeit verfolgte sie interessiert die aktuelle Berichterstattung über den Mannheimer Hund Rolf. Von derartigen Versuchen hatte sie bereits in einer Vorlesung von Prof. H. Kraemer in Hohenheim gehört, und als Paula Moekel Ende 1915 gestorben war, suchte Henny Kindermann Anfang 1916 deren Familie auf und nahm Rolfs zweijährige Tochter „Lola" mit sich. Über ihre Arbeit mit dieser Hündin während des Jahres 1916 berichtete sie in ihrem 1919 veröffentlichten Buch „Lola", welches 1927 in 2. Auflage und bereits 1922 in englischer Übersetzung erschien. Mit 26 Jahren gab Henny Kindermann Beruf und Hobby auf, heiratete den Schopfheimer Arzt Dr. Jutzler und widmete sich ganz der Erziehung ihrer Söhne (die es später alle drei zu leitenden Positionen in ganz unterschiedlichen akademischen Berufen brachten). Erst Ende der dreißiger Jahre nahm Henny Jutzler den Tierunterricht wieder auf, und zwar mit dem Hund „Schlump". Nach dem Kriege versuchte sie dann, die vormalige „Gesellschaft für Tierpsychologie" wiederzubeleben. So viele Leser und Augenzeugen sie auch mit ihrer Arbeit begeistern konnte, fand sie doch keine zweibeinigen Schüler, und ihr Bemühen, mit den Repräsentanten der damaligen Verhaltensforschung ins Gespräch zu kommen, stieß auf eisige Ablehnung.

Hochbetagt starb Henny Jutzler-Kindermann 1979 in ihrem Heimatort Schopfheim in Südbaden.

Henny Jutzler-Kindermann war die letzte aus jenem eigenwilligen Tierforscher-Kreis, den der Elberfelder Goldschmied Karl Krall (1863-1929) im Jahre 1912 gegründet hatte, um die im etablierten Hochschulwesen vernachlässigte Tierpsychologie zu fördern und dem Tierschutz eine wissenschaftliche Grundlage zu schaffen. Damals fand das Wirken dieses Kreises große öffentliche Beachtung und wurde leidenschaftlich diskutiert, doch nach 1933 geriet es rasch in Vergessenheit und landete schließlich sozusagen auf dem Müll der Wissenschaftsgeschichte. Henny Jutzler versuchte, sich gegen diesen unaufhaltsamen Prozeß zu stemmen, indem sie 1954 ihr Buch „Können Tiere denken? Ja“ im Selbstverlag herausbrachte. Sie bemühte sich um Kontakte zu den verstreuten Mitgliedern der früheren tierpsychologischen Vereine und dachte daran, alles noch verfügbare Material in einem Dokumentationszentrum zu sammeln. Doch der Erfolg ihrer Bemühungen blieb offensichtlich aus.

Insofern war Jutzler-Kindermanns Situation eine ungleich schwierigere als die, in welcher sich Karl Krall fünfzig Jahre zuvor befunden hatte. Kralls Versuch, durch Widerlegung der Pfungst-Hypothese („Minimale Zeichen“ steuern das Klopf-Verhalten der Tiere) Wilhelm von Osten zu rehabilitieren, war gescheitert, und dieses Scheitern bedeutete für alle seine Nachfolger eine zusätzliche Bürde: Wilhelm v. Osten und der Kluge Hans waren inzwischen zu Witzfiguren geworden, von denen man nur noch wußte (besser: zu wissen vermeinte), daß sie „durch sorgfältige experimentelle Untersuchungen glänzend widerlegt“ worden seien.

Und hatte der Kluge Hans um die Jahrhundertwende noch die „zuständigen“ Wissenschaftler quasi kalt erwischt und in ratloses Staunen versetzt, so war zur Jahrhundertmitte das Studium tierischen Verhaltens in den einschlägigen Disziplinen längst fest etabliert. Zugleich aber auch: kanalisiert, nämlich in den beiden Hauptströmungen Behaviorismus und Ethologie, auf welche die Fachwelt so gebannt starrte, daß man bezüglich des Anliegens Henny Jutzler-Kindermanns durchaus von Scheuklappen sprechen kann.

Der Behaviorismus knüpfte ideologisch dort an, wo Pfungst aufgehört hatte, beim marionettenhaften „Signaltier", welches als Reflexmaschine studiert und zerlegt wurde, um Einblick in die Chemie des Lernens und des Gedächtnisses zu gewinnen. Im Zuge dieser vorherrschenden Lehrmeinung waren Begriffe wie „Bewußtsein" oder gar „Seele" noch bis in die siebziger Jahre als nicht hochschulstubenrein verpönt.

Auf der anderen Seite untersuchte die damals moderne Ethologie das Verhalten im Spannungsfeld zwischen Instinkt und Umwelt, jedoch mit einem gegenüber Krall und Jutzler grundverschiedenen Verständnis von Tierseele oder Tiersprache: Tiere haben nur das zu tun und zu können, was die Verhaltensforscher für sie als „artgerecht" befinden.

So notwendig und berechtigt beide Aspekte waren und sind, wäre doch ihre Verabsolutierung eine zutiefst unwissenschaftliche Verhaltensweise – und gerade auch die ethologische Platzanweisung und Fähigkeitszuschreibung für jegliche Art oder Gattung haben ja durchaus auch etwas Absolutistisches. Allein, neben der bestechenden Eleganz dieser Mainstream-Forschung wirkten die Arbeiten von Krall und Jutzler wie hausbackene oder gar verschrobene Scharlatanerie, ein Odium, wie es vergleichsweise etwa dem Troja-Ausgräber Heinrich Schliemann zeitlebens anhaftete, ungeachtet all seiner vorzeigbaren Erfolge.

Heute ist die Lage sehr viel differenzierter; es gibt eine vielfältige und intensive, weit ausgreifende und entsprechend interdisziplinär angelegte Forschung zum Problem tierischer Kognitionen.

Der bedeutende amerikanische Sprachforscher Thomas Sebeok hat Linguistik und Ethologie zusammengeführt und ein umfassendes System der „Zoosemiotik" entworfen, wobei er allerdings zwischen tierischem Kommunikationsverhalten und menschlicher Sprache keinen graduell fließenden Übergang, sondern eine unüberbrückbare Kluft sieht (und diese bezeichnenderweise nach dem Fluß Rubikon benennt). Sebeok ist zugleich der einzige moderne Forscher in diesem Feld, der sich sehr eingehend mit den historischen Quellen zu klopfsprechenden Tieren befaßt hat und bei seinen gründlichen Recherchen sogar auf das Buch von Henny Jutzler-Kindermann gestoßen ist. Es hat ihn freilich nicht zu überzeugen vermocht, sondern war für ihn lediglich ein weiteres Beispiel für fromme Selbsttäuschung vieler Tierfreunde einerseits und sogenannte Erwartungseffekte („Kluger-Hans-Fehler") andererseits.

Unter dem Etikett „Kluger-Hans-Fehler" bzw. „Pygmalion-Effekt" sind die gelehrten Pferde vor allem in die Sozialpsychologie eingegangen, seit der Harvard-Psychologe Robert Rosenthal 1965 das Buch von Pfungst (1907) neu herausgab. Inzwischen ist diese Schrift auch im Deutschen mehrfach nachgedruckt worden, so daß eigentlich jeder Interessierte leicht nachlesen kann, was die angeblich so brillanten Experimente zur Entlarvung des Klugen Hans an höchst erstaunlichen Befunden zur wunderbaren Gedankenlesefähigkeit des Oskar Pfungst erbracht haben (z. B. ob sich eine Versuchsperson eine Null etwa kursiv oder in gotischer Schrift gedruckt vorstellte), Ergebnisse, die tatsächlich weit haarsträubender sind, als es ein rechnendes Pferd wäre. Doch hat dies dem Renommee der Berliner Gutachter bisher keinerlei Abbruch getan; im Gegenteil, sie wurden zu Helden der Wissenschaft im Kampf gegen den Aberglauben hochstilisiert und gefeiert, etwa durch einen (von Sebeok und Rosenthal veranstalteten) Kongreß der New Yorker Academy of Science (1980) oder durch einen nostalgisch-herzigen Gedenkband von Fernald (1984) im Stile der weiland hagiographischen Volksbücher über unsere gütigen preußischen Monarchen.

Gegenüber solch akademisch bemäntelten Frivolitäten ist das Buch von Henny Jutzler-Kindermann ein durchaus ernstzunehmendes. Sicherlich vermag es heute, angesichts der beeindruckenden Methoden und Ergebnisse der modernen Tiersprachenforschung, nicht ohne weiteres zu überzeugen. Aber ein guter akademischer Brauch besteht darin, unliebsame oder zweifelhafte Resultate durch kritische Replikationsversuche und ohne Ansehen der Person zu überprüfen (wie es derzeit etwa auch mit den berühmten Schlüsselexperimenten von Konrad Lorenz geschieht).

Einer der ganz wenigen namhaften Forscher in diesem Bereich, der seit langer Zeit immer wieder eine solche Überprüfung fordert, ist Heinz Hediger. Und als Beispiel für eine äußerst selten anzutreffende, ebenso knappe wie sachlich- kritische Würdigung der Tierlehrer und ihrer Gutachter sei W. Blendinger (1971, S. 282) zitiert: „Leider erfolgten die Nachprüfungen nicht wissenschaftlich exakt, sondern voreingenommen und emotionell. So sind diese Versuche bis heute ungeklärt geblieben."

Weltanschauliche und affektive Voreingenommenheit aber steckt nach wie vor hinter dem unverändert betriebenen Versuch, Tiersprachenforscher wie Krall und Jutzler, aber auch die Delphin- und Primatenlehrer unserer Tage als Spinner zu stigmatisieren.

Wer sich ernsthaft auf Replikationsversuche einlassen wollte, müßte womöglich damit rechnen, zumindest einen Karriereknick in seiner akademischen Laufbahn zu riskieren, da er mit einem solchen Unterfangen die Reputation seines Faches gefährden und dessen Position im Gerangel um „Definitionsmacht" bezüglich der Tierintelligenz schwächen könnte. Gegenüber derartigen Bedenken hat Henny Jutzler-Kindermann besonders in ihrem ersten Buch von 1919 die unbedingte, kompromißlose Liebe zur wissenschaftlichen Wahrheit geradezu beschworen.

Auch ihr zweites Buch aus dem Jahre 1954 ist von dieser Haltung geprägt, jedoch nun verbunden mit dem flammenden Appell, Tiere als Mitgeschöpfe anzusehen – ein Gedanke, der heute wieder aufzuleben beginnt (siehe z. B. Eberhard Röhrig: „Der Gerechte erbarmt sich seines Viehs", Neukirchen-Vluyn 1992).

Damals stand Albert Schweitzers Name für dieses Ethos „Ehrfurcht vor dem Leben", und Henny Jutzler-Kindermann pflegte seit 1950 brieflichen Kontakt mit ihm. Schweitzer war von ihrem Manuskript sehr angetan, setzte sich für die Veröffentlichung ein und erbot sich gar, die Druckkosten zu übernehmen. Offenbar wurde der Kontakt jedoch unterbrochen, als sich infolge der zahlreichen Ehrungen und Auszeichnungen (wie z. B. Friedensnobelpreis Ende 1952) eine wahre Flut von Zuschriften und Einladungen über das Urwald-Hospital ergoß.*

Ungeachtet seines hohen Ansehens aber war auch dem Eintreten Schweitzers für das Mitgeschöpflichkeits-Prinzip letztlich kein durchschlagender Erfolg beschieden; Tiere verschwanden zusehends hinter Fabrikmauern, wurden zum Industrieprodukt deklassiert. Diese mit der atomaren Aufrüstung (gegen die sich Albert Schweitzer ja ebenfalls leidenschaftlich wandte) einhergehende Abwertung des Lebens riß eine schier unüberbrückbare Kluft zwischen Mensch und Mitgeschöpf auf, welche heute den kultursoziologischen Hintergrund für die angesprochene „Rubikon"-Ideologie bilden dürfte. Um die Jahrhundertwende hingegen resultierte eine ähnliche Kluft aus einem mißverstandenen, verstiegenen „Humanismus" mit pseudoreligiöser Verbrämung.

Jüdische und christliche Religion jedenfalls kennen keinen „Rubikon" zwischen Mensch und Tier, worauf insbesondere

* Schweitzer hatte übrigens sein letztes Studiensemester 1899 in Berlin damit verbracht, als Versuchsperson im tonpsychologischen Labor Carl Stumpfs zu dienen, und daher gewiß später auch die Hans-Affäre mit Interesse verfolgt.

auch Karl Krall immer wieder hinwies (und doch gehörten gerade Kirchenmänner zu seinen ärgsten Gegnern). Albert Schweitzer hat seinerseits die Berührungsängste theologischer Ethiker gegenüber den Tieren kritisiert und bespöttelt, und er scheint sehr klar die dem Ansatz von Henny Jutzler-Kindermann innewohnende moralische Sprengkraft empfunden und begrüßt zu haben. Betrachtet man den kuriosen Berg von teilweise äußerst abstrusen Gegenargumenten, weltanschaulichen Ressentiments, entrüsteten Pamphleten und üblen Verunglimpfungen, wie er sich im Laufe der Jahrzehnte wider die Tierlehrer aufgetürmt und von welchem Jutzler in ihrem Buch eine in der vorliegenden überarbeiteten Neuherausgabe nicht abgedruckte „Blütenlese" nachgereicht hat, so drängt sich der Verdacht auf, daß sich eine empörte Menschheit damit quasi ein Bollwerk gegen diese ethische Heraus- und Überforderung errichtet hat.

Am Schluß des Buches faßt Henny Jutzler-Kindermann ihre Ausführungen nach alter Schulmeister Weise in 19 Fragen und Antworten zusammen, und interessanterweise findet sich darunter auch die Frage, wieso die meisten der Tierlehrer Frauen waren. Die mit dem Stichwort „Mütterlichkeit" recht lapidar ausgefallene Antwort dazu verdient jedoch eine etwas nähere Betrachtung, da sie einen bisher kaum beachteten, aber für das Problem selbst und dessen Rezeptionsgeschichte gleichermaßen wesentlichen Aspekt berührt.

Einfühlung und *Erwartung* zählen zu den Hauptmotoren der menschlichen Sozialisation; wo sie ausfallen, kann es zu den von René Spitz beschriebenen „Hospitalismus"-Schäden kommen. Zum anderen hat uns gerade die mit bewußtem Einsatz von Erwartungen arbeitende Verhaltenstherapie („shaping") die Augen geöffnet für das (vordem unbekannte) Seelenleben etwa autistischer Patienten.

Beide Erkenntnisse (zum Hospitalismus und zum Autismus) wurden im gleichen Zeitraum gewonnen, in welchem auch das Jutzler-Buch entstand; sie haben ebenfalls jahrhundertealte Umgangserfahrungen revidiert, in der Folge dann aber auch Anstoß zu einer ernsten Psychiatriereform zu geben vermocht – glücklicherweise, bevor der gegenwärtige Zwist um die Authentizität schriftlicher Äußerungen autistischer Kinder losbrach.

Die Wirkungen solcher Faktoren wie Einfühlung und Erwartung als „Fehler" oder „Artefakte" zu betrachten, kann freilich wohl nur einem Mann einfallen, der das lange dem mütterlichen Erfahrungsbereich vorbehaltene Wunder der sprachlichen Menschwerdung nicht hautnah erlebt hat und darum auf Artifizielles wie den (von R. Rosenthal bemühten) antiken Bildhauer Pygmalion mit seiner Diana-Statue zurückgreifen muß. Auch Karl Krall ist als ein sehr mütterlicher Typ mit einer wahren Engelsgeduld charakterisiert worden. Zudem scheint Jutzlers Argument übrigens auch im umgekehrten Fall zu gelten: Unter den vehementen Kritikern der klopfsprechenden Tiere war keine einzige Frau!

Neben der Möglichkeit, die ganze Sache einfach als „Weiberkram" abzutun, bietet sich dem bequemen Skeptiker noch die Rubrik „Esoterik/Okkultismus" an, und daher wurden in die nachstehende Literaturauswahl auch Beispiele dafür aufgenommen, in welch leichtfertiger und entstellender Weise die denkenden Tiere in diesem Metier abgehandelt werden.

Primär aber verzeichnet die Liste einige der wichtigsten Originalarbeiten, auf welche sich das Jutzler-Buch bezieht, sowie einige neuere Darstellungen. Unter diesen sei besonders diejenige von Eleonore Thun-Hohenstein hervorgehoben, da sie den Inhalt des hier vorliegenden Buches, ergänzt um neuere Forschungsberichte, in einer etwas ansprechenderen, leserfreundlicheren Weise schildert, als es Henny Jutzler-Kindermann gegeben war oder angemessen erschien.

Henny Jutzlers Buch ist ein Vermächtnis. Die Autorin hat es als eine Sammlung von Beweisen aufgefaßt. Zumindest aber handelt es sich um eine wertvolle Dokumentation nur noch schwer zugänglicher Originalarbeiten, deren erneute Veröffentlichung gerade heute, gut vierzig Jahre nach der Erstausgabe und sechzig Jahre nach dem Ende der Gesellschaft für Tierpsychologie, besonders wünschenswert erscheint.

Wuppertal *Dr. Johannes Abresch*

Literaturauswahl

a) Aus dem Kreis der Tierlehrer

Krall, Karl (1912): Denkende Tiere. Leipzig: Fr. Engelmann.
Tierseele. Hrsg. von Karl Krall. 1. Jahrgang 1913/14. Bonn: Eisele. (Hierin auf den Seiten 161 ff, 307 ff und 408 ff eine Übersicht über die von Feb. 1912 bis März 1913 in- und ausländischen Bücher und Zeitschriftenaufätze über die Elberfelder Pferde.)
Mitteilungen der Gesellschaft für Tierpsychologie: Jahrgang 1-4 (1913-1916, 10 Hefte), hrsg. von Heinich Ernst Ziegler. Elberfeld: Selbstverlag; Neue Folge (1920-1924, 5 Hefte), hrsg. von H. E. Ziegler. Berlin 3. Folge (1927-1929, 4 Hefte), hrsg. von Karl Krall. Stuttgart: Jordan; 4. Folge, Heft 1 (1930) hrsg. von Hermann Kraemer, und Heft 2 (1933), hrsg. von Carl Kindermann. Stuttgart: Jordan.
Ziegler, Heinrich Ernst (1916): Die Seele des Tieres. Berlin: Junk.
Kindermann, Henny (1919): Lola. Ein Beitrag zum Denken und Sprechen der Tiere. Stuttgart: Jordan. 2. erw. Aufl. 1926
Moekel, Paula (1919): Mein Hund Rolf. Stuttgart: Lutz.
Moekel, Paula (1920): Erinnerungen und Briefe des Hundes Rolf. Stuttgart: Lutz.
Jordan, Richard (um 1924): Senta von Fehmarn, der sprechende Hund. Verlag von Richard Jordan: Stuttgart
Jutzler-Kindermann, Henny (1954): Können Tiere denken? Ja. Ein Buch vom Verstand und Wesen der Tiere, die antworten lernten. Eigenverlag H. Jutzler-Kindermann: Schopfheim

b) Gegnerische Schriften

Pfungst, Oskar (1907): Das Pferd des Herrn von Osten. Leipzig: Barth. Mit einer Einleitung von R. Rosenthal (1965), neu herausgegeben durch H. E. Lück unter dem Titel „Der Kluge Hans“. Frankfurt: Fachbuchhandlung für Psychologie (3. Aufl. 1983).
Ettlinger, Max (1913): Der Streit um die rechnenden Pferde. München: Natur und Kultur.

von Maday, Stefan (1914): Gibt es denkende Tiere? Eine Entgegnung auf Krall. Leipzig: W. Engelmann.

Neumann, Wilhelm (1928): Mensch und Tier. Heidelberg: Merlin.

c) Moderne Darstellungen und Auseinandersetzungen

Rosenthal, Robert (1965): Vorwort zu Pfungst: Clever Hans (s. o.).

Timaeus, E. & Schwebcke, A. (1970): Die Leistungen des „klugen" Hans und ihre Folgen. Zeitschrift für Sozialpsychologie 1, 240-252.

Blendinger, Wilhelm (1971): Psychologie und Verhaltensweise des Pferdes. Heidenheim: Hoffmann.

Hediger, H. (1980): Tiere verstehen. München: Kindler.

Sebeok, T. A. & Rosenthal, Rob. (Eds.) (1980): The Clever Hans Phenomenon. New York: Annals of the New York Academy of Science.

Thun-Hohenstein, Eleonore (1983): Herr ist dumm. Tiere sprechen unsere Sprache. Wien: Zsolnay.

Fernald, D. (1984): The Hans Legacy. Hillsdale, N. J.: Erlbaum.

Griffin, Donald R. (1985): Wie Tiere denken. München: dtv (amerik. Orig. 1984: Animal Thinking).

Watzlawick, Paul (1990): Wie wirklich ist die Wirklichkeit? München: Piper (Erstausgabe 1976).

Emisch, Heidemarie (1991): Ludwig Edinger - Hirnanatomie und Psychologie. Stuttgart: G. Fischer.

Abresch, Johannes (1993): Denkende Tiere. In: Lück, H. E. & R. Miller (Hrsg.) Illustrierte Geschichte der Psychologie. München: Quintessenz (S. 11-14).

Arzt, Volker & Birmelin, Immanuel (1993): Haben Tiere ein Bewußtsein? München:Bertelsmann.

Candland, D. K. (1993): Feral Children and Clever Animals. New York: Oxford University Press.

Abresch, Johannes & Lück, Helmut E. (1994): Der Kluge Hans, Oskar Pfungst und die Hirnrinde. In: Gundlach, H. (Hrsg.): Arbeiten zur Psychologiegeschichte. Göttingen: Hogrefe (S. 83-94).

d) Esoterisches

Blake, Henry N. (1975): Talking With Horses. London: Souvenir Press.
Michell, John & Rickard, Robert J. M. (1985): Das rechnende Pferd von Elberfeld und andere Rätsel aus der Welt der Tiere. Frankfurt: Ullstein (engl. Orig. 1982: Living Wonders).
Bardens, Dennis (1989): Die geheimen Kräfte der Tiere. München: Heyne (engl. Orig. 1987: Psychic Animals).

e) Fremdsprachige Veröffentlichungen

Elberfelder Pferde (1912 bis 1913): Siehe Angaben unter a) Tierseele.
Vesme, C. de (1913): Les chevaux pensants d' Elberfeld. Conferenza, Parigi, Estrato degli „Annali di Scienze Psichiche". Società di pubblicazioni scientifiche e industriali.
Kindermann, Henny (1921): Lola or the Thought and Speech of Animals. With a Chapter on thinking Animals by William Mackenzie. Methuen & Co. Ltd.: London.
Borderieux, Carita (1923): Zou. Le chien qui sait lire et calculer. Presso l' Autrice: Paris.
Borderieux, Carita (1927): Les Nouveaux Animaux Pensants. Presso l' Autrice: Parigi.
Borderieux, Carita (1938): Les animaux conversants. Rivista „Psychica", März 1938: Parigi.
Tegani, Ulderico (1939): Il vostro cane puó scivere. (Neben 60 Seiten über die Terrierhündin „Bonni", Mailand, enthält dieses Buch auch Berichte über die denkenden Pferde von Elberfeld sowie Rolf und Lola.) A. Mondadori: Milano.
Life Magazine vom 22. 12. 1952, Vol. 33, Nr. 25. Bericht über das rechnende und buchstabierende Pferd „Lady" aus Richmond, Virginia (Besitzerin: Mrs. Claudia Fonda); Lady arbeitete mit einer Art „Schreibmaschine", d.h. hob mit ihrer Schnauze entsprechende Zahlen und Buchstaben, um ihre Antwort bekanntzugeben.
Mann-Borghese, Elisabeth (1966): The white Snake. (Enthält einen Bericht über den Spaniel „Arli", der schließlich auf einer von Olivetti eigens für ihn konstruierten Schreibmaschine mit der Schnauze auf Tasten drückte.) London.

Biographische Anmerkungen zu einigen (den wichtigsten) der im Text erwähnten Wissenschaftler

von BUTTEL-REEPEN, Hugo (1890-1933), Zoologe, spezialisiert auf Bienenforschung. Seinerzeit als Forschungsweltreisender sehr bekannt, Leiter des Naturhistorischen Museums in Oldenburg, gründete dort einen Zweigverein der Gesellschaft für Tierpsychologie.

CLAPAREDE, Edouard (1873-1940), Psychologie-Professor in Genf. Engagierte sich für die (in Europa vernachlässigte) Tierpsychologie, welcher er z. B. bei dem von ihm organisierten 6. Internationalen Kongress für Psychologie in Genf (1908) eine eigene Sektion einrichtete. 1912 besuchte er Karl Krall in Elberfeld und berichtete darüber in seiner Zeitschrift „Archives de Psychologie". Nahm Krall 1913 gegen den seltsamen „Monaco-Protest" einer Wissenschaftlergruppe in Schutz. Sein bekanntester Schüler war Jean Piaget (1886-1980).

GRUBER, Karl (1876-1927), Zoologie-Professor in Jena, von großer Popularität durch Schriften wie „Die Welträtsel". Er verhalf Darwins Evolutionstheorie zum Durchbruch in Deutschland. 1905 hatte er in Berlin den Klugen Hans inspiziert, und nach Erscheinen des Buches von Pfungst (1907) ermunterte er Krall zum Weitermachen in dieser Sache – woraufhin dieser die Elberfelder Pferdeschule einrichtete.

KINDERMANN, Carl, Vater von Henny Jutzler-Kindermann, war Professor für Volkswirtschaft an der Landwirtschaftlichen Hochschule Hohenheim. Er war der letzte Vorsitzende der Gesellschaft für Tierpsychologie, bevor diese sich 1933 auflöste.

KRAEMER, Hermann (1872-1940), Direktor des Tierzuchtinstituts an der Universität Giessen. Vorher, 1908-1921, Professor in Hohenheim. Nach Kralls Tod gab er 1930 die „Mitteilungen der Gesellschaft für Tierpsychologie" heraus. Im 2. Band seines Hauptwerks „Aus Biologie, Tierzucht und Rassengeschichte" (1913) ging er ausführlich auf die Elberfelder Pferde ein, die er mit Ziegler u. a. als einer der ersten begutachtet hatte.

KRALL, Karl (1863-1929), Goldschmied aus Elberfeld (Rheinland) mit ausgeprägten wissenschaftlichen Ambitionen und Fähigkeiten. Führte 1908-1914 Unterrichtsversuche mit über 20 Tieren, besonders Pferden, durch, gründete 1912 die „Gesellschaft für Tierpsychologie" und 1926 in München ein „Institut für Tierseelenkunde und parapsychische Forschung". Seine Ausgangsthese, daß Denkübertragung entsprechende Intelligenz auf beiden Seiten voraussetzt, sah er zunächst durch die Versuche von Ostens mit dem Klugen Hans bestätigt und untermauerte sie durch ein ebenso aufwendiges wie umstrittenes Tierprojekt.

MAETERLINCK, Maurice (1862-1949), belgischer Schriftsteller, Nobelpreis 1911. War seit 1913 mehrmals bei Krall in Elberfeld und hat in „Der fremde Gast" einen Essay über die „gelehrten Pferde" aufgenommen.

MARBE, Karl (1863-1953), Psychologie-Professor in Würzburg. Gehörte zu den ersten, die Denkvorgänge experimentalpsychologisch untersuchten und wäre insofern ein interessanter Partner Kralls gewesen. 1911 durch ein aufsehenerregendes Sachverständigen-Gutachten zu einem Eisenbahnunglück in die Schlagzeilen geraten, wurde er 1916 bemüht, einen rechnenden Schimpansen („Basso") im Frankfurter Zoo zu prüfen. Sehr rasch entlarvte er den Schwindel, auf den Prof. Ziegler zuvor offenbar hereingefallen war, und schloß sogleich – in einem offenen Brief an Krall – von diesem Fall auf die Elberfelder Pferde, welche er nun (2 Jahre nach Schließung der Pferdeschule) ebenfalls zu entlarven antreten wollte.

von OSTEN, Wilhelm (1838-1909), Pionier des Tierunterrichts. Als frühpensionierter Lehrer unterzog er um 1900 die Prinzipien der damals neuen Didaktik einem Härtetest – an seinen Pferden. Mit dem Klugen Hans erregte er 1904 großes Aufsehen; da es ihm jedoch vornehmlich um wissenschaftliche Anerkennung ging, erzwang er eine Begutachtung durch akademische Sachverständige (Stumpf, Pfungst), die ihm schließlich zum Verhängnis wurde.

PFUNGST, Oskar (1874-1932), arbeitete nach langem Studium als freiwilliger (d. h. unbezahlter) Assistent bei Prof. Stumpf am Psychologischen Institut der Universität Berlin und führte in dessen Auftrag die Untersuchung am Klugen Hans durch. 1907 erschien sein Bericht darüber. Bis nach dem Ersten Weltkrieg beschäftigte er sich mit weiteren Tierstudien, die heute vergessen sind. Er fungierte als Sekretär eines privaten Wissenschaftler-Zirkels von Berliner Physiologen und Psychologen („Hirnrinde", s. Abresch & Lück, 1994). Obwohl Krall sich jahrelang mit der Zeichenhypothese von Pfungst auseinandersetzte, ist letzterer nie in Elberfeld gewesen. In den zwanziger Jahren studierte Pfungst in Frankfurt Hirnverletzungen von Kriegsopfern, danach übernahm er in Berlin einen Lehrauftrag für Biologische Psychologie.

PLATE, Ludwig (1862-1937), wurde nach mehreren abenteuerlichen Weltreisen 1909 als Biologie-Professor Nachfolger Haeckels in Jena.

STUMPF, Carl (1848-1936), Geheimrat, Psychologie-Professor an der Berliner Universität, 1907 deren Rektor. Wichtige Schlüsselfigur für die Etablierung der experimentellen Psychologie im Wissenschaftsbetrieb. Spezialgebiet: Tonpsychologie. Seine Schüler begründeten die Berliner Schule der Gestaltpsychologie. Als Mitglied der Preussischen Akademie der Wissenschaften wurde Stumpf 1904 mit der Prüfung des Klugen Hans beauftragt, welche im wesentlichen jedoch Oskar Pfungst erledigte. Die Elberfelder Pferde würdigte Stumpf keines Blickes, Krall galt ihm als ein Verblendeter, Unbelehrbarer.

ZIEGLER, Heinrich Ernst (1858-1925), einer der renommiertesten deutschen Zoologen seiner Zeit (Abstammungslehre, Instinkt, Zoologisches Wörterbuch). Seit 1909 Professor an der TH Stuttgart und der Landwirtschaftlichen Hochschule Hohenheim. Von 1913 bis zu seinem Tode war er der überaus aktive und streitbare Vorsitzende der Gesellschaft für Tierpsychologie und gab deren „Mitteilungen" heraus. Im Anhang seines Büchleins „Die Seele des Tieres" (1916) veröffentlichte er eine Buchstabiertafel für Hunde.